U0734687

世纪波
Century Wave

[美] 奇普·康利（Chip Conley）_____著

陈秋萍_____译

马斯洛赋予
伟大公司的魔力

Peak
How Great Companies
Get Their Mojo
from Maslow

REVISED AND UPDATED

电子工业出版社·
Publishing House of Electronics Industry
北京·BEIJING

版权贸易合同登记号　图字：01-2018-2000

图书在版编目（CIP）数据

马斯洛赋予伟大公司的魔力 /（美）奇普·康利（Chip Conley）著；陈秋萍译. —北京：电子工业出版社，2019.4

书名原文：PEAK: How Great Companies Get Their Mojo from Maslow, Revised and Updated

ISBN 978-7-121-35961-3

Ⅰ. ①马… Ⅱ. ①奇… ②陈… Ⅲ. ①企业管理－管理心理学－研究 Ⅳ. ①F270-05

中国版本图书馆 CIP 数据核字(2019)第 015361 号

策划编辑：刘淑丽
责任编辑：杨振英
印　　刷：三河市兴达印务有限公司
装　　订：三河市兴达印务有限公司
出版发行：电子工业出版社
　　　　　北京市海淀区万寿路 173 信箱　　邮编 100036
开　　本：720×1000　1/16　印张：17　字数：261 千字
版　　次：2019 年 4 月第 1 版
印　　次：2019 年 4 月第 1 次印刷
定　　价：68.00 元

凡所购买电子工业出版社图书有缺损问题，请向购买书店调换。若书店售缺，请与本社发行部联系，联系及邮购电话：（010）88254888，88258888。

质量投诉请发邮件至 zlts@phei.com.cn，盗版侵权举报请发邮件至 dbqq@phei.com.cn。

本书咨询联系方式：（010）88254199，sjb@phei.com.cn。

对本书的更多赞誉

我喜欢快乐生活酒店集团的心形图标。奇普·康利用它来说明充满热情的企业文化如何培养快乐的雇员，快乐的雇员如何培养忠实的顾客，从而使企业保持盈利并持续发展。

——理查德·布兰森，维珍集团创始人兼董事长

在生命的最后阶段，亚伯拉罕·马斯洛想象他的标志性的个人需求层次如何转化为集体特别是公司的需求层次，但他从未完全实现过这一愿景。奇普·康利运用亚伯拉罕·马斯洛的观点，并将其与商业世界关联起来。在创建一个自我实现的组织方面，没有人比奇普更精通。本书就是奇普管理艺术的宣言。

——迈克尔·墨菲，伊莎兰研究所共同创始人

本书是 Life@Facebook 的灵感来源之一，这是我们用来关心我们的雇员及那些对他们重要的人的一个综合方法。

——都铎·哈夫里柳克（Tudor Havriliuc），Facebook 人力资源副总裁

我们可以有更多有觉察力的资本家，他们可以意识到在商业活动中最容易被忽视的事实：我们都是人。奇普·康利的这本书是在这个以利益相关者为中心的企业新时代中最实用和最鼓舞人心的书籍之一。我们希望高级管理者读一读这本书。

——基普·廷德尔，集装箱商店共同创始人兼董事长

WeWork 真的与奇普很有共鸣，因为我们相信我们的使命是创造一个让人们为创造生活而努力，而不仅仅是为谋生而努力的世界。我非常钦佩作为一家酒店的前首席执行官的奇普的领导力，以及他将这种领导力转化为成功的方式。

——迈克尔·格罗斯（Michael Gross），WeWork 副董事长

这本引人入胜、激发灵感并且丰富多彩的书，陈述的是一家非凡企业的故事。这家非凡企业面临着你能想象的最艰难的环境，并从中变得比以往更强大。如果你想创立一个伟大的企业，在一家伟大的企业里工作，或者想了解商业的伟大之处，那么你需要读一读本书。

——保·伯林翰，*Inc.* 杂志的特约编辑、

《小巨人：不做大也能成功的经营新境界》的作者

没有太多的书能够很好地展示公司和领导者如何通过运用一点心理常识来创造忠诚和差异化。就像这个世界上的许多奇迹一样，本书既简单又复杂，但最重要的是，它是领会商业和生活的有效方式。

——雷斯利·布洛吉特（Leslie Boldgett），

BareMinerals 的创始人和前首席执行官

奇普在这里抓住了特殊的东西。本书展示了如何运用基本的人类原则来创建伟大的公司，并且为所有领导者提供了可参考的深刻见解。

——约翰·多纳霍，eBay 前首席执行官

伊冯·乔伊纳德、蒂莫西·利里和一家三分之一的雇员都以打扫卫生间为生的公司有什么共同点？正如辉煌的企业家奇普将在这本具有开拓性的书中所告诉你的：亚伯拉罕·马斯洛。任何试图创建有意义组织的人都应该阅读该书。

——赛斯·高汀，《紫牛》与《部落》作者

奇普的书是深刻的故事、有力的理论和规范行动步骤的罕见组合——它适用于公共部门和私营部门的工作。

——加文·纽森，美国加利福尼亚州副州长

奇普证明了亚伯拉罕·马斯洛关于工作和领导能力的杰出理论不仅可以应用于现实世界，而且能够带来巨大的竞争优势。本书对任何希望创建充分发挥雇员潜力、抓住客户与股东的心的开明组织的领导者来说都具有指导性。

——德博拉·柯林斯·斯蒂芬斯，
《马斯洛论管理》和 *The Maslow Business Reader* 的合著者
及创新型领导力中心的联合创始人

序

　　我第一次见到奇普·康利是在 2017 年我们都有演讲的一次活动上。一年之后，我们美捷步的销售总额达到了 10 亿美元。当他介绍来自本书的概念时，我立即因我们的品牌和业务经营哲学过于类似而感到震惊。后来我发现，我们都是热爱积极心理学——实际上就是幸福学——的学生，而且我们都将我们的学习应用到我们各自的业务上、个人生活上。我感觉我们志趣相投。

　　在美捷步，我们的目标是超越我们的客户、雇员、供应商的期望，并最终超出我们投资人的期望。我们努力提供最好的客户服务和客户体验，并且我们的品牌最终要向全世界传送幸福。我们的希望是，10 年之后，人们甚至没有意识到我们开始在线上销售鞋品；20 年或 30 年之后，我们甚至可能成立专注于提供最佳客户体验的美捷步航空公司。

　　在美捷步，我们的第一优先级是企业文化。我们的信念是，如果我们营造出合适的文化，那么其他的大部分事情，如创造持久的品牌、提供最好的服务和找到有激情的雇员和客户，就会自然而然地发生。

　　现在创造品牌和 50 年前创造品牌截然不同。曾经，几个人聚在会议室里决定品牌定位，然后花大量资金用于做广告。他们通过广告告知人们自己的品牌是什么。只要舍得花足够的钱，你就能够创造自己的品牌。

　　今天，你做什么、你是谁，比你说什么要重要得多。你的品牌是每个人对你公司的体验的组合，而这最终是你的企业文化的副产品。

　　企业的文化和企业的品牌就像一枚硬币的两面。最初，品牌可能会落在文化的后面，但它会赶上。最终，每个品牌基本上都是通往情绪的捷径。

这个世界上一切优秀的、持久的品牌最终都是诉求于一种或多种情绪。而本书就提供了一个思考如何做到这一点的完善框架。

在美捷步，我们的核心价值观之一是追求增长和学习，所以我们提供了许多不同的课程来帮助我们的雇员实现个人成长和职业成长。我们都是奇普这本著作的粉丝，以至于它成了我们许多雇员必读的一本书，而且我们的培训团队专门开发了一门课程来介绍这本书里的所有理念。

我们在拉斯维加斯总部的每一位雇员和访客都能免费得到一本本书。我们在拉斯维加斯总部的墙上有一张海报，它每天提醒我们的雇员记住奇普对马斯洛的需求层次的修改版本。

如果你对创建持久的品牌和业务感兴趣，本书将是你最好的投资之一。我鼓励你像我们在美捷步所做的那样：给每一位雇员发放这本书。它是少数可以帮助你和你的雇员实现个人成长和职业发展的书籍之一。

谢家华，美捷步公司首席执行官（ceo@zappos.com）

附：如果你到了拉斯维加斯，我乐意邀请你来参观我们的总部，实地观察本书的理念是如何付诸实践的。如果你要预约参观，请访问 https://www.zapposinsights.com/tours。

导　言

　　书籍教给我很多东西。即使是我自己写的书。写书帮助我把学到的心理学和商业的交叉知识梳理清楚。与此同时，我喜欢分享在这个过程中收获的体会。希望自己能成为你在困惑的十字路口的领路人。

　　距离本书的首版出版已经 10 年了。我为这本书仍然有那么多人喜欢，并且在那么多不同的行业和国家受欢迎而感到激动。这个修订本包含了我的新见解，以及将巅峰模型用于其组织战略的新的公司案例——从 Facebook 到 WeWork。另外，修订本增加了关于巅峰领导力实践的一章（第 14 章）内容，附录中还新增了关于雇员金字塔的巅峰管理评估。

　　对我来说，过去 10 年发生了很多变化。在本书首版 2007 年出版之后的 6 个月，我们很清楚我们正在进入大衰退，而这离经济从互联网泡沫中恢复过来也没有多久。谁知道我们的公司会在 10 年之间经历终身难遇的两次衰退？Déjà vu（似曾相识），Joie de Virvre（快乐生活酒店集团）。不要担心，这不是法语课，我只是说在 2008—2010 年，我感受到了快乐生活酒店集团许多似曾相识的地方。

　　在困难时期，感到无能为力并且只用生存模式来运营，这是很正常的。我们大多数人都在易传染恐惧的工厂里工作，在那里，人们对风险的厌恶进行猖獗的传播。然而，这种情况比以往任何时候都更需要创造力、创新和团队合作。这就是领导者发挥作用的时候。"全面质量管理之父"爱德华兹·戴明曾经说过，每位领导者的主要职责是消除工作场所中的恐惧。但是，如果只是没有了恐惧，健全的组织并不会自然而然地生成。还必须用本书所描述的原则带来的成就感和活力来替代恐惧。我们认可公司也意味着我们认可领导者。我们深深仰慕他们的激情、聪明、坚韧、值得信赖、具有创造力和谦卑——这些也是我们仰慕的人的品质。

快乐生活酒店集团渡过了难关。但在 2008 年年底，我的健康状况出现了很大的危机。这让我意识到，我的新使命是去做一位作者和演讲者。当然，这让我和身边的人都感到很困惑，因为我们都以为我会当公司的所有者和首席执行官至少 25 年。最后，在 2010 年年中我卖掉了"快乐生活"这个品牌和管理公司。但是我仍持有这家酒店多数不动产的所有权，并为新的管理团队［由 Geolo 资本的约翰·普利策（John Prizker）领导，他的父亲创建了凯悦连锁酒店］提供指导。这让我有时间来整理我 47 岁时心脏就日渐衰弱的心情，从而写就《如何控制自己的情绪》一书。

2013 年 3 月，爱彼迎的首席执行官和共同创始人布莱恩·切斯基 来找我。当时爱彼迎还是一家很小的房屋共享的创业公司。他和一些年轻的管理者阅读了本书，并且产生了将它应用到爱彼迎业务模式上的兴趣。布莱恩问我是否想要"将酒店民主化"，这在我听来是相当有吸引力的说法。但是我只想兼职做，因为我刚刚创办了一家 Fest300 公司（现在已成为 Everfest 的一部分），来分享我对世界上最好的节日的激情。毫无意外地，兼职咨询的临时工作变成了全职的投入，我这位"退休的"首席执行官又扮演起了领导者的角色。每周 15 小时的工作变成了每天 15 小时。你有多少机会能够颠覆你最喜欢的行业？对我来说，这发生了不止一次——很久之前作为精品酒店老板是一次，第二次是在共享经济的最前线。

我最初的头衔是酒店大师，几周之后变成全球酒店与战略总监。布莱恩说他喜欢我的战略性思维的工作方式，另外还请我创办一个学习与发展部门。4 年多后，我在公司管理了不止 6 个部门，之后才进入战略咨询师角色——回到比较幸福的兼职状态。但是，这是一段多么迷人的旅程！在 2013 年年初的时候，我们还没有被称为酒店公司，而被认为是一家专注于设计的旅行科技创业公司。今天，我们提供的住宿比全球三大酒店巨头——万豪（包括它收购的喜达屋）、希尔顿和洲际——加起来的还要多，而且我们的私有市场估值已经超过了 300 亿美元。

今天，我还能在爱彼迎总部和遍布全球的 20 多个办事处的白板上看到金字塔模型。记得在任职 4 个月后，当布莱恩要求我为 Estaff（我们的十几人的高级领导团队）举行一个 3 天的会议时，我引入了"巅峰"的原则来制订我们 2014 年的战略计划。看到我提出的商业模式被如此深入地应用到一个快速增长的高端跨国公司，这实在是一个真正的巅峰体验。不管我本人是否在那里，爱彼迎都会取得成功。帮助这个刚刚起步且极具才华的领导团队在 2014 年 12 月获得了 *Inc.* 杂志年度公司封面故事，以及 2015 年 12 月获得了 Glassdoor 的最佳工作环境奖，我感到非常高兴和荣幸。我也相信，"巅峰"对待商业的人性化的基本原则，使爱彼迎避开了一些损害共享经济公司声誉的文化和战略等方面挑战。

虽然这段经历给我的生活带来了极大的干扰，但我还是很高兴自己答应了布莱恩的邀请。许多酒店经营者意识不到爱彼迎即将崛起，但是我意识到了。布莱恩对公司文化的投资及房屋共享解决了一个没有被认识到的旅行者的需求——像当地人享有的一样经济实惠——这一事实，意味着爱彼迎有做大的潜力。正如我在第 7~9 章"客户金字塔"中提到的那样，如果成熟的公司过分注重基础，并且仅仅满足其核心客户的期望，它们就可能会错过创新。

更多的流动人口导致住宿需求的变化。越来越多的千禧一代选择当"数字游牧民族"，他们一年中大部分时间在巴厘岛或巴哈等地度过，其余时间在波士顿或奥斯汀等城市。这些人对于向上移动并不感兴趣，而对向外移动感兴趣。这些自由职业者、企业家和其他现代商人配备了笔记本电脑、智能手机、WiFi 连接和一起工作的空间。他们通常不会受到房屋或汽车所有权的影响。

我们的"婴儿潮"一代将工作和休闲看成"鱼和熊掌"不可兼得。他们偶尔休个长假也会做个中等的工作狂，而全球"游牧民族"的生活则表明"鱼和熊掌"可以兼得——在路上工作的同时享受美好生活。此外，还有"商务休闲"的趋势，商务旅行者可以加上几天休闲时间去一个有趣的地方。你可以看到延长停留的住宿市场有增长的趋势。在许多主要的大城市市场，爱彼迎近 60%的客人对房间的需求是持续一周或更长时间。而大多数城市酒店的平均停留时间少于 3 天。基于这些新型旅行者的期望、愿望和没有被认识到的需求，我们帮助爱彼迎实现了远高于酒店行业平均水平的客人满意度水平（以作为常用指标的净推荐值为基准）。这是爱彼迎发展如此迅速的原因之一。

在过去的 10 年中，我接触了许多同样也是"巅峰者"的商界领袖。令人惊讶的是，无论公司所处的行业、地理位置或文化如何，这种巅峰模式都具有普遍性。投资银行家也对这种人性化的商业模式很感兴趣，有些人可能会对此感到惊讶，但美林已经邀请我向其全球各地的雇员和客户做了8 次演讲。

还有另一家投资银行——华利安，让我意识到在写《定义雇员、客户和投资者金字塔的生存、成功和转化水平之间界限的两条线是不固定的》（*The Two Lines That Define the Boundaries Between Survive, Success, and Transformation Levels of the Employee, Customer, and Investor Pyramids Are Not Fixed*）这本书以来，我已经初步形成了我的马斯洛模型。当我在给华利安的高管上课时，有一位高管敏锐地指出，根据行业和经济形势，"金字塔"中定义生存的底层可能代表金字塔的 80%。例如，投资银行家都是财迷，所以他们的雇员金字塔的基础主要是金钱。但是美林和华利安的高管都认为，金字塔中再往上的两层（认可与意义）虽然在投资银行世界很薄弱，却代表着雇主的差异化。这是略为唯利是图的投资银行家创造忠诚的地方。正如一位高管对我说的那样："这本书帮助我们看到，我们的许多银行家都被困在金字塔的成功水平，没有看到在巅峰可以出现的颠覆性转变。"我称之为"领先的幻象"，它困扰着许多基于过去的势头前进的公司和高管。

完全不同的大陆上的一个完全不同的公司，则强化了雇员金字塔中可移动的部分。莱德曼（Liderman）是拉丁美洲最大的安保公司之一，有超过 12 000 名保安，大多数分布在秘鲁和厄瓜多尔。它的一般雇员一个月的工资和华利安投资银行家一个小时挣得一样多。然而，莱德曼首席执行官，

自称"文化的守护者"的哈维尔·卡尔沃·佩雷斯·巴迪奥拉（Javier Calvo Perez Badiola），在南美洲的一个巅峰研讨会上告诉我，他们的雇员金字塔也是以金钱为主，因为他们的保安及其家人靠薪水生活。但是，正如投资银行家一样，哈维尔——他是我见过的最专注于巅峰的高管之一——认识到，你可以在金字塔的更高层创造一种独特的、由忠诚驱动的文化。这是他的公司一直被评为拉丁美洲最佳雇主之一的原因之一。相反，在许多非营利机构、政府机构或教育机构中，金字塔中金钱这一层非常薄，而顶端的意义则占主要部分。所以，这些新见解证明了巅峰模型适用于任何机构。

我在旅行中遇到了许多具有内在动力的商业领袖——有些是在会议上，有些是在大苏尔的伊莎兰研究所悬崖边的温泉中，甚至有一些是在内华达州一年一度的火人节活动中。比尔·林顿是一位具有内在动力的理想主义者。40年来，他一直是一位务实的企业家。他的生命科学公司普洛麦格的年销售额达到约4亿美元，在生物技术领域享有世界级的声誉。

比尔和我意气相投。我们都认为马斯洛理论是我们看待生活和商业的基础。比尔解释说："在20世纪90年代早期，普洛麦格董事会和管理团队开始探索我们的商业目标和意义。我们选择了马斯洛的需求层次作为一种有意义的增长路径，并通过把企业'自我超越'作为我们的抱负，开始发展我们的目标。发现本书和它的见解，这让我们很激动。当然，它对我们也很有帮助。我们公司所有的领导者都收到了这本书。在企业如何获取和实践一种能够给涉及的各方带来更大回报的运营方式上，奇普提供了一份优质的资源。在过去的20年里，我们已经将这些概念付诸实践，并取得了很好的成果。"[1]

卡里·纪伯伦说："工作就是看得见的爱。"[2]的确如此。你正在实现你的使命并形成支持这一使命的习惯。遗憾的是，世界上只有一小部分人才可以这么说。所以，我希望你考虑陌生人之间会互相问的一个经典问题，以此作为练习坚持一个月。当有人问"你做什么"时不要回答你的职业、职称或公司。告诉他是什么为你创造了意义。这给人们一个可以看见你职业灵魂的窗口，并促使他问自己更深刻的问题。

　　或者，当你回答"我是心理学与商业拥堵路口的一名'协管员'"或"我传播智慧和发现盲点"或"我帮助人们在他们的生活中做到最好"时，你可能会被认为是个疯子。医生可以回答"我'修理'人"或"我倾听"或"我帮助人们自我治愈"。我的朋友和同事黛布拉·阿马多尔·德拉罗莎帮助人们讲述他们独特的故事，并说："我是故事园丁。"薇薇安·郭，我在2010年的TED演讲开始时着重介绍的人，已经在我的第一家酒店——凤凰酒店打扫了30多年的卫生，说："我是管内心宁静的警察。"那么，你是谁？

　　最后，我要分享下面这封信，它来自受到本书积极影响的一个人。收到这种信，让我有动力继续写关于我的商业经验和生活经验的书。谢谢你，加布！我的下一本书《工作中的智慧：一位现代长者的形成》（*Wisdom@ Work: The Making of a Modern Elder*）就是为年轻人和不那么年轻的人能够提供给彼此东西而写的。

亲爱的奇普：

　　我知道你是一个讲故事的人，所以我希望你也可以花一些时间阅读和享受这个故事。故事有点儿长，但我向你保证你花的时间是值得的。

　　我的第一份工作是电梯操作员。尽管我是一名大学毕业生，但我唯一能找到的酒店入门级职位就是做一家新精品酒店的屋顶场地的招待人。我处于社会的最底层，每天晚上我的工作是操作独立的电梯，使客人上27层到酒店广受欢迎的屋顶，以及下27层离开屋顶。

　　我为我的工作感到极其尴尬。我因为热爱为周围的人创造良好的体验而进入酒店业，尽管我已经在服务行业和旅行预订中取得了成功，但是在这里我只能囿于狭小的空间，一次要待上几个小时。我不得不做出一些改变。

　　首先，我计算了一趟电梯的时间——32秒。我开始练习用不同的方式来介绍自己，并在客人到达顶层之前传递给他们所需的基本事实和信息，而且总是留下一个笑话或即兴创作的时间。我甚至会推荐吧台的饮料、屋顶周围的景观，并把自己的名片给他们用来预订桌位。过了一段时间，客人开始指名找我，而不是找

实际在场的招待人员。

我已经充分利用了我的"电梯场地"，但我还没有关注到另一个机会：电梯下行的时间。事实上，大部分时间我都是在单独使用这台电梯，那么我该如何利用这段时间呢？

当告诉父母我找到工作时，我决定对他们隐藏一些细节（特别是关于电梯的工作），但他们仍然知道我处于食物链的底端。我的妈妈寄给我一本书作为礼物。她说："一旦你到了想去的地方，这本书会帮助你。"这本书就是《马斯洛赋予伟大公司的魔力》，我会在每次电梯下行的半分钟里看这本书，然后把它藏在紧急舱里，随后打开门让下一批客人上去。

因为这本书，我开始在我的工作及酒店其他部门的人当中看到越来越多的价值，也开始更加真诚地与同事和客人建立关系，构建我的关系网，并加速我作为领导者的发展。当我得到机会的时候，它还为我做决策提供了一定程度的信心。

在接下来的三年半时间里，我从电梯工升到管理层。虽然我个人的许多动力促成了我的成功，但是您的书让我在机会来临时已做好准备，并为我评估场地和酒店整体领导力提供了环境。在 2015 年加入一个大有前景的酒店集团前，我还决定回到学校去取得硕士学位，研究客户服务心理学和商业管理。之后，我离开了这个职位，并一直环游世界，同时准备开始我生活中的下一篇章——自我实现，也就是我自己的"快乐生活"。

我希望你喜欢这个故事，并继续影响那些准备影响世界的年轻职场人士和公司。我已经等不及要看下一本书了。

致以我最诚挚的祝福。

加布·汉汀

前　言

在内心深处，我始终认为做生意可以有不同的方式。凭着这种"离经叛道"的信念，我创办了我的公司——快乐生活酒店集团（Joie de Vivre Hospitality），而且生意越做越大。但是，如果不是令人绝望的、萎靡不振的经济衰退让我从天堂坠入人间，我也不能真正认识到我的理论有多么强大。

大名鼎鼎的餐厅老板丹尼·梅耶（Danny Meyer）告诉我他写了一本书，叫"布置好餐桌"（*Setting the Table*）。因为这本书能帮助他在经营联合广场酒店集团（Union Square Hospitality Group）时从靠直觉经营转变为有意识地管理。巴西一家公司的首席执行官里卡多·塞姆勒写了两本书——《周末有七天》（*The Seven-Day Weekend*）和《塞氏企业》，目的是回答他的公司董事们提出的问题，即在实践中为公司做的哪些工作在理论上也是行得通的。我决定写本书是因为这有助于把我的三个最大的爱好结合在一起：写作、哲学和商业。要写这本书，我需要解决一个问题，即快乐生活酒店集团如何成功地用我们的商业实践解释一个最著名的人类行为动机理论。但是，当我发现许多其他处于巅峰期的公司也有意或无意地依赖马斯洛的需求层次理论时，我认为我的认识是其中最为深刻的。喜欢马斯洛金字塔的不仅有我们这个小公司。然而，获得所有这种认识并将其体现到文字上，是一项相当艰巨的任务。令人欣慰的是，在很小的时候我就知道自己长大了要当一名作家，因此我把所有的时间都用在研究和写作上。这恰好帮助我找回了人生的目标。我想这意味着我现在成熟了。

这本书讲的是人类潜力的奇迹：雇员在工作场所充分地发挥潜能，顾客可能因他们没有被认识到的需求得到满足而感到极大的快乐，投资人因

看到他们的投资所发挥的力量而感到满足。著名作家弗雷德·赖希赫德（Fred Reichheld）说："领导者的基本职责是以身作则，成为合作伙伴典范，其主要目标是帮助人们充分发挥自己的潜力。"[1] 伟大的领导者知道如何挖掘潜力，并在实际中运用这种潜力。无论你是处于创业期的企业家，还是世界 500 强企业的管理者，我都希望你能够运用本书的理论最大限度地挖掘你自己及周围人的潜力。如果你觉得这种理论在某种程度上似乎有违常规，请不要失望。在快乐生活酒店集团，我们也不是十全十美的。我不能说每天在管理 40 多个企业时我们都遵循这个理论，但是将这些原则教给公司中的每一个人的过程，也对我们的生活产生了非常大的影响。

我本来可以把这本书命名为"我如何挺过大萧条危机并创办了一个非常成功的公司"，但我想出版社不会在封面上给这个题目提供足够的地方。"公司就是各种关系构成的社区"的说法似乎是老生常谈。然而，常识和实证研究表明，与雇员、客户和投资人建立比较深厚的忠诚关系的组织，会取得较为持久的成功。在这个商品化的时代，真正让企业领导者及其企业与众不同的是他们建立起来的关系的品质和持久性。本书（一个简练得多的标题）将帮助你和你的同事一起迈向巅峰。这些长盛不衰的关系将有助于你保持巅峰绩效。

目 录

第 5 篇　将真理付诸实践

第 1 篇

我与马斯洛

第 1 章 / 企业心理学

> 如果我们想回答"人类能长多高"这个问题，显然最好的方法就是挑选已经长得最高的人并对他们进行研究；如果我们想知道人类可以跑多快，那么算出人类的平均速度是没有用的，比较好的方法是对奥林匹克金牌获得者进行统计分析，看看他们跑得有多快；如果我们要知道人类的精神进步、价值观进步或道德发展，那么我主张研究最有道德的人或圣贤。
>
> ——亚伯拉罕·马斯洛 [1]

"pop"这个单词让我在脑海里浮现一幅怀旧的景象：兼任我所在的少年棒球联赛教练的我的父亲，一种我听不够的音乐风格，以及我过去常喝的萨斯塔橘子水。

2000 年年底，当我们沉浸在欢庆千禧年的喜悦中时，"砰"这一声对我有了新的意义：这是香槟酒喷涌出来的声音，是快乐时光接踵而来的声音，是成功为我戴上英雄光环的声音。

我需要感谢许多人。我的公司快乐生活酒店集团已成为美国三大著名精品酒店之一。我的第一本小有名气的书《叛逆法则：敢于在生意场上坚持自我》（*The Rebel Rules: Daring to Be Yourself in Business*）已摆上了柜台。我的偶像理查德·布兰森给我写了前言。《今日美国》刚刚把我列为 2001 年需要"关注"的 14 位美国人之一，其中还有茱莉亚·罗伯茨（Julie Roberts）和迈克尔·埃斯纳（Michael Eisner）。各种迹象都表明，我的生活、我的公司和我作为作家刚刚起步的事业，都在朝着正确的方向发展，即保持上升的趋势。新的一年应该是令人愉快的一年。而关于 2001 年真正要"关注"的是我没有从金门大桥上跳下去这件事,我所知甚少。

在短短的一年里,我从天才变为白痴。你知道我公司的所有 20 家独具特色的酒店都位于旧金山湾地区。是的,你可以告诉我地理多元化的重要性,但在 20 世纪 90 年代末期,要开酒店,没有比这更好的地方了(曼哈顿可能除外)。很久以前我就知道一个公司可以在产品线上做到多元化,或者在地域上做到多元化,但要两者兼得,则是非常困难的。在创办公司时,我们不想成为提供全世界都有的产品的假日饭店,所以谨慎地选择了截然不同的战略。我们要把发展的重点放在加利福尼亚,在这个地理位置创造出被公认是最综合化的、最富有创意的和最精致的产品,是集酒店、旅馆、饭店、酒吧和水疗中心于一身的胜地。

但是,我在新年到来之际听到的"砰"的一声,不仅仅是香槟酒的声音,它还是网络公司泡沫破裂的声音。全世界都听到了这个声音,但任何地方的都没有我在自己的后院听到的响亮。我不会不厌其烦地把详细的情况告诉你。即使在"9·11"事件让全世界的旅游业陷入空前恐慌之前,旧金山和硅谷的酒店已经因高科技神话的破灭而亏损达到两位数。湾区的商业领导者不想承认我们沉溺于电子产品,就像底特律沉溺于汽车和休斯敦沉溺于石油一样。但是在 2001 年,在千禧年的头一年里,我们逐渐认识到,我们正在经历衰退。

事实证明,千禧年在一定程度上处于跷跷板的正中央。在 90 年代的后 5 年,湾区已经度过了经济繁荣期。但是,就像你在新年到来前可能会狂饮 5 天、也可能会难受 5 天一样,我们这个地区在千禧年的头 5 年中,经历了一个相对痛苦的时期。跷跷板重重地碰到地面,我的生意、信心和自尊都一落千丈。

如果有记者问你:"成为美国最脆弱的酒店老板,感觉如何?"你会对他说什么?我知道我的感觉很不好,但我没有意识到我的郁闷成了全国瞩目的焦点。现实情况是,我的公司在经历了 15 年的上升期,登上服务业的巅峰后,突然面临资金短缺的局面,并且过度地曝光在一个一夜之间发生许多变化的世界里。我从来没有意识到,自己在 26 岁创办快乐生活酒店集

团并将其后的 15 年全部公司的发展后，会面临失去一切的风险。大多数业内评论员认为，我们注定要完蛋。

真正导致旅游业陷入困境的不只是网络公司的灾难或"9·11"事件。数场战争、SARS 事件的爆发和 2001—2004 年非常疲软的世界经济，这些真是一点帮助也没有。似乎每一个人都不想出远门。对于美国酒店集团遭遇的这场"大萧条"危机来说，湾区是"核爆点"。在千禧年的头几年里，湾区的收入大幅下滑，其幅度之大，在第二次世界大战后的美国历史上，乃至在任何酒店商圈都是绝无仅有的。同时，由于快乐生活酒店集团经营的酒店在数量上多于本地区内的任何其他酒店集团，我们面临着经典的"非昌即亡"的困境。

我记得在一个天气非常晴朗的早晨，我坐在挚友方达的游艇上，面对着海湾对面生机勃勃的旧金山市。当时海水已经退潮，海岸线上的污泥完全暴露在阳光下。眼前的场景似乎很熟悉：我的事业处于低潮期。方达当然知道这一点，痴迷于诗词的她给我念了玛丽·奥利弗的一句诗："你只呼吸到一点空气，就称之为生活吗？"

我无言以对。自从听到泡沫破裂的声音之后，我就一直紧张得屏住呼吸。在某一瞬间，我想清楚了。事实证明，这次危机对我的事业来说是一次真正的考验，而且也是对我人格的真正考验。我一直以开玩笑的方式对快乐生活酒店集团的领导团队说我们正在成为一个"基于信仰"的组织。我们完全相信这次危机不会没完没了，但是每过一个季度，形势只会越变越糟糕。在压力之下，我感到自己马上就要"砰"的一声爆炸。但我意识到自己需要停止屏气。说不出话？是的；无法呼吸？还没有。

几天后，每当感到有点不舒服时，我就偷偷地溜进拐角处的边境书店里。这个书店就在快乐生活酒店集团总部附近。我需要的是某种玛丽·奥利弗式的灵感。首席执行官在工作日的下午居然待在市区书店的诗词柜台前？我觉得真不可思议。也许我应该戴上太阳镜，并乔装打扮。不知何故，我不由自主地走到心理学柜台，这可能跟我自己的精神状态有关。

在成堆的书里，我偶然发现马斯洛写的一些书。他是 20 世纪的心理学大师之一。我开始翻阅《存在心理学探索》，20 年前我在大学的心理学入门课上就喜欢上了这本书。一会儿变成了几分钟，几分钟变成了几小时，这时我蹲了下来，偶尔腼腆地小心观察着，确定没有人在看我。这本书让我放不下。马斯洛所说的一切是如此有道理：需求层次、自我实现和巅峰体验。这场威胁到我事业的危机前所未有地挑战着我，而这本书让我重拾创办公司的初衷。

当你像我这样用一个非常难发音、更难拼写的法语短语给公司命名时，你的动机肯定与从斯坦福大学毕业的"典型"的工商管理硕士不同。刚刚从斯坦福大学毕业时，我为自己设定的目标是：在工作的地方，我不仅能在日常工作中找到快乐，而且可以帮助我的雇员和顾客创造快乐。我在摩根士丹利投资银行工作过一小段时间，并认识到我的人生目标不是在公司里论资排辈向上爬。在决定离开投资银行后，我在混乱的商业房地产建设与开发领域摸爬滚打了几年，并认识到整天与不友善的人打交道也不是我心目中的快乐时光。

在 26 岁时我完成了快乐生活酒店集团的商业计划书。在那时，我对传统商业界有些微的失望，甚至曾考虑写电影剧本或做按摩治疗师（我接受过这两方面的培训）。在离开商业领域之前，创办精品酒店公司是我最后的选择。如果干得好，我们就会带给人们快乐。影响我进入酒店领域的就是这一点。同时，作为精品酒店的经营者，我可以发挥创造力，做我在建造办公楼时无法做到的事情。早在 1987 年，我的一位 MBA 朋友帮我粉刷第一个酒店（我没有钱雇用专业的油漆粉刷公司）。记得当时我对他说，快乐生活酒店集团是我达到自我实现境界的表现形式（我们俩在商学院上"人际动力学"课时再一次受到马斯洛的影响，我们当时以嘲笑的口吻称该课程为"婆婆妈妈"）。

在 2002 年年初的每一天，当旧金山酒店业的衰退趋势看起来似乎没有止境时，我会在工作结束后疲倦而憔悴地回到家，打开马斯洛的另一本书。我甚至有机会拜读他在生命的最后 10 年中写的个人日记。我开始在工作中运用他的一些理论，并逐渐认识到，我将来不会沿着传统的企业阶梯向上

爬,而是会沿着马斯洛的需求层次金字塔向上攀登。在随后的几个月里,我开始在精神上用这本书来"堆肥"——把过去所经历的一切和学习的一切都扔进了垃圾桶,同时以马斯洛的理论为基础,开始对我的事业进行复苏拯救。

马斯洛理论简介

> 音乐家必须演奏音乐,画家必须画画,诗人必须写诗,这样才会使他们最终平和地面对自己。是什么样的角色就应该干什么样的事,我们把这种需要称作自我实现……它指的是人们对自我满足的渴望,即人们倾向于在现实中做他们有潜力做的事:人们做他们能做的每一件事。

> ——亚伯拉罕·马斯洛[2]

在企业大学和在有关领导力的书籍中,马斯洛可能是获得赞誉最多、理论被引用最多的心理学家。在史蒂芬·柯维、彼得·德鲁克和沃伦·本尼斯等著名作家的最畅销的经管类书籍中,你会发现有许多地方都在某种程度上提到了马斯洛取得的开创性的成果。他的影响深入人心。吉姆·柯林斯写道:"想一想,如果你的组织允许绝大多数人自我实现,允许他们发现和利用自己真正的才能和带有创造性的热情,然后允许他们通过不懈的努力,投入这些活动中去,直至到达卓越的高峰,你会看到什么样的效果?"[3]

马斯洛认为人类被低估了,尤其被传统的心理学界低估了。弗洛伊德有关人类精神的观点是一种类似"带地下室的平房",在精神病学上,他主要关注的是人及其神经衰弱症,而神经衰弱症常常来源于人们在童年时期受到的创伤。斯金纳假设我们可以通过在实验室研究老鼠的方式(想想畅销书《谁动了我的奶酪》)掌握许多有关人类的知识,并在这个基础上在心理学领域率先提出"行为主义"的观点。马斯洛从与之完全不同的角度出发，他更多地关注的是人类的未来而不是过去。他不研究心理不健康的人，而是开始通过读书了解历史上的圣贤，以便从他们的观点和行为中找出共同的特征。马斯洛关注的是人性的"更高的天花板"，而不是"地下室"。当然，这二者都是有意义的：在体育运动、艺术和经营中，我们研究达到巅峰状态的人，思考如何提高我们自己的成绩。马斯洛认识到人们都拥有更高层次的本性。在他的推动下，20 世纪六七十年代出现了人类潜力运动。美国陆军甚至也用了他的理论，当时他们内部的三角洲特战部队把马斯洛的"是什么样的角色就应该干什么样的事"变为"尽你所能"，而后者成为该部队招募新兵的广告语。

马斯洛理论的基础是他的需求层次金字塔（见图 1-1）。他认为："人是一种有欲望的动物，除了少数时间外很难有完全满足的时候。一种欲望得到满足后，另一种欲望就会立即冒出来取而代之……得到满足的需要不会激发人们采取行动。"[4]

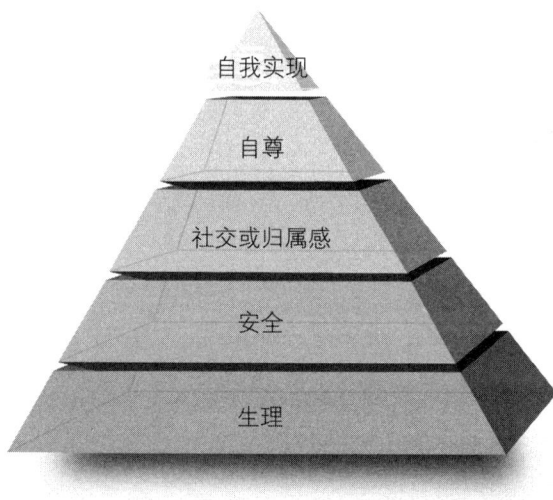

图 1-1　需求层次金字塔

马斯洛相信我们每一个人都有基本的生理需求，即睡觉、喝水和吃饭。他认为，我们在这个时候所关注的是我们最低的、未被满足的需求。随着这些需求得到部分的满足，我们就沿着金字塔向上爬，上面是更高层次的

需求，涉及人身安全、从属关系或社会关系和尊重。金字塔的最上层是自我实现，在这里，人们停留的时间非常短暂，称为"巅峰体验"。

巅峰体验——相当于"处于最佳心理境界"或"处于心流状态"——是恰好达到应达到的状态。巅峰体验是超凡体验的时刻，是所有一切似乎恰好完美地融合在一起的时刻。要捕捉这个时刻非常难，就像你无法用罐子捕捉到彩虹一样。马斯洛写道："这是狂喜的时刻，是无法用钱买到的，是无法保证的，甚至是无法追求的……但是人们可以创造条件，使获得巅峰体验的可能性大一些；或者人们可能会不恰当地创造条件，获得巅峰体验的可能性就小一些。"[5]

这是非常令人着迷的东西。但是，我翻遍了所有有关马斯洛的书，也没找到哪一本书将他的理论应用到能定义工作场所中关键关系的普适动机真理。

虽然我知道我找不到一本写着"这里告诉你如何在快乐生活酒店集团摆脱晦气、创造巅峰体验"的书，但我仍然在想：如果人们渴望自我实现，那么为什么公司（公司实际上只是把人们集合到一起而已）就不能同样希望达到这种巅峰呢？马斯洛写道："获得巅峰体验的人通常感到自己的力量达到了巅峰状态，最大和最充分地发挥他的能力……他处于最佳状态，处于高度紧张状态，表现出最好的状态。"[6]这种状态为什么不能应用于我的公司？达到自我实现境界的公司是什么样子的？快乐生活酒店集团该如何创造条件，使它"获得巅峰体验的可能性大一些"？

我开始更深入地研究马斯洛。这位智商高达195的"离经叛道"者，在晚年被选为主流的美国心理学学会的会长。通过研究亚伯拉罕·林肯、阿尔伯特·爱因斯坦和埃莉诺·罗斯福等杰出人士，他认识到人性的"最高点"是逐渐升高的，而事实证明这个"最高点"可以成为其他人效仿的榜样。他称这些人为"巅峰体验者"，而与之相反的大多数是"非巅峰体验者"。这些达到自我实现境界的人所具有的特征包括：有创造力、有灵活性、有勇气、愿意犯错误、开放、分享成果和谦卑。

▍工作场所中的马斯洛

1962 年夏天，马斯洛在非线性系统公司（Non-Liner System，NLS）待了几个月。该公司是一家生产数字电压表的工厂，位于加利福尼亚州圣迭戈市正北方。他的目的是了解达到自我实现境界的人所具有的特征是否也适用于公司。他认为，工业是一种"产生知识的来源，取代了实验室……一种新型的、不停歇的生物实验室，在这里，我可以满怀信心地、满怀期待地搞清楚古典心理学的普遍性问题，如学习、动机、情感、思考、行动等"。[7] 其实，马斯洛是希望了解精神科学能否被转化为管理艺术。

在营造更富有成效和更开明的工作场所上，NLS 的老板安德鲁·凯（Andrew Kay）非常依赖马斯洛 1954 年出版的《动机与人格》一书。他认为，根据马斯洛的理论，如果雇员亲眼看见他们的劳动成果，那么他们更深层次的社交和尊重需求就得到了满足。安德鲁·凯注意到，生产线最后一道工序的工人拥有比较高的生产力。装配工作结束了，他们会有一种成就感。安德鲁·凯把生产线拆成几个实行自我管理的生产小组，赋予他们期权，并设置了一个名为"创新副总裁"的职位。他甚至允许这些小组为属于自己的工作间选择装饰风格。在"组织人"的时代，这是一个非常具有革命性的做法，而第一批网络公司是在 30 多年后才出现的。

马斯洛对 NLS 如何运用人类动机的基本理论，以及如何将这些理论应用到工作场所中非常感兴趣。接着他于 1965 年出版了一本涉及企业经营的书，书名是《优心管理》。但是，这一难以理解的书名，以及书中许多可能太超前的观点，注定了它失败的命运（在第一次印刷时，这本书的销量只有 3 000 本）。马斯洛对企业经营的兴趣没有减弱。他生命中的最后几年时间是作为驻萨伽（Saga）公司的学者度过的，这家公司位于加利福尼亚州门洛帕克市沙丘路，在斯坦福大学校园的右侧（几十年后，这条街成为世界领先的风险投资公司的首选位置）。我真希望马斯洛能活得更长一些（他

于 1970 年逝世，享年 62 岁），这样我就可能有机会见到他——在他逝世 8 年后，作为斯坦福大学水球队的一年级新生，我经常沿着沙丘路跑步。

虽然马斯洛对工作场所的影响在几十年后才得到广泛的认可，但是在安德鲁·凯之后的许多企业经营先驱，都受到了他的理论的影响。当科氏工业公司成为这个国家的第二大私营企业时，查尔斯·科赫获准为他的高管重印被人们遗忘了很长时间的《优心管理》。20 世纪八九十年代，李·欧莱（Lee Ozley）担任哈雷戴维森公司总裁的顾问，当时这个公司为了生存而苦苦挣扎。李·欧莱与马斯洛曾是同学，都是威斯康星大学的研究生，他认为要复兴哈雷公司，关键是要促使雇员的内在动力与公司的需求和当务之急保持一致。哈雷公司的复兴及其与顾客一起创造偶像级摩托车品牌的独特方式，可部分地追溯到马斯洛的理论。从全食超市到苹果公司，再到品趣志（Pinterest），这些不同公司的高管也都认为他们是在马斯洛的影响和帮助下逐渐掌握企业经营的基本要素的。

马斯洛的思想引起了许多企业领导者的共鸣。本质上，他说人与人之间存在一种质的差别，即没有生病与感觉健康或真正充满活力的差别。这个观点可以用在经营上，其中大多数公司属于中间派，即虽然没有生病，但也不是真正充满活力。

根据他的需求层次理论，如果一个公司想要在健康的金字塔中上升，办法不是仅仅减少负面影响或过度全神贯注地应付基本需求，而是要关注具有远大抱负的需求。对于某些人来说，这个观点是难以认同的。心理学与企业经营的趋势始终是关注缺陷。心理学家和企业经营顾问寻找缺陷，然后努力修补。然而，修修补补不一定会让他们有机会变得更加理想或更富有成效。

重视马斯洛

企业的蜕变与个人的蜕变没有太大的差别，这样认为似乎是很自然的。

在这个越来越多的人发生深刻的个人变化、努力追求自我实现的时代，这也毫无意外地吹响了促使许多公司采取行动的号角。雇员在寻找意义，顾客在追求蜕变的体验，投资人希望他们的投资产生不同的效果。我们常常忘记，特别是在今天的高科技领域，一个公司是一群人的集合体。正如我的朋友德博拉·斯蒂芬斯在《马斯洛论管理》（这本书使《优心管理》重新获得生命）中写道："在今天让人印象深刻的科技创新中，企业领导者有时忽略了这样一个事实，即劳动在本质上主要是人们付出的努力。"[8]

作为一个把公司开在标志性的泛美金字塔大厦的影子中的人，我这样迷恋金字塔是相称的。正当残酷的旅游经济要求我重新思考经营方式时，马斯洛的金字塔为我提供了一种重新思考的方式。在经商的前 15 年里，我发现，拥有一种可以自己实践并教给团队的组织哲学，有助于推动快乐生活酒店集团的成功。畅销书《引爆点》与《眨眼之间》的作者马尔科姆·格拉德威尔在接受《纽约时报》的采访时说，他的书之所以成功，部分原因是"人们富有经验，但缺乏理论或忙于做事的人没有机会把他们经历的事情收集和组织起来，并形成理论"。[9]我逐渐认识到，马斯洛的需求层次理论将成为我理解人们在我的工作场所里和在市场上表现出来的抱负动机的组织框架。它将成为我们公司的路线图，指引我们写下新的篇章。

受马斯洛的启发，我们创造了一种新的企业哲学。这种哲学的基础是不仅要满足关键的利益相关者有形的、根本性的需求，更重要的是还要关注他们无形的、自我实现的需求。我逐渐认识到，为我们的雇员、顾客和投资人创造巅峰体验，就可以为公司创造巅峰绩效。这本书通过具体的例子介绍了这种新的企业哲学，并讲述了快乐生活酒店集团在千禧年的前 5 年里是如何战胜困境的——它不仅生存了下来，而且蒸蒸日上。关键在于你所关注的点。在与雇员、顾客和投资人的关系中，你关注的是金字塔的底层，还是金字塔的塔尖？

在 2001—2004 年，酒店业出现了严重的衰退。我们在酒店业的最大竞争对手虽然实力雄厚，但也面临着破产、银行不发放贷款的困难。在这个特殊时期，快乐生活酒店集团的市场份额却上升了 20%，营业收入翻了一

番，取得了有史以来最大成功。我们被选为旧金山湾区十佳雇主之一，而且每年的雇员流动率降到了业内平均值的 1/3。酒店业遭遇了 60 年来最严重的经济危机，并且看似即将面临灭亡。快乐生活酒店集团不仅避免了同行的命运，而且开始了历史上最成功的时期。这是如何做到的？应该归结为我们在最黑暗的时期受马斯洛的启发而采用的管理哲学和实施的实践。这些哲学和实践是切实可行的。但是，你不必等到你的公司遭遇危机时才实施。

本书的英文副标题是"*How Great Companies Get Their Mojo from Maslow*"，讲述的是这样一个观点，即今天最成功的公司每天都在有意识和无意识地运用马斯洛的人类动机理论。"魔力"（mojo）一词对于不同的人来说有不同的含义，但如果你查一下俚语字典，你会发现它指的是麻醉剂或某种不可思议的迷惑力。在我看来，魔力是赋予组织生命与活力的神秘因素。本书旨在帮助你和你的公司与雇员、顾客、投资人、供应商和社会建立并保持卓越绩效的关系。

本书的组织结构

本书分为 5 篇。第 1 篇为"我与马斯洛"，包括第 1~3 章，是背景介绍，即讲述在新千禧年的困难时期，我是如何在研究马斯洛的基础上总结出一套适用于快乐生活酒店集团的新的管理理论的。我用我所谓的"关系真理"概念来阐述这套理论。我们成功地将这种金字塔所代表的理论作为指导处理快乐生活酒店集团与雇员、顾客和投资人的关系的原则。关系真理金字塔由 3 个比较小的金字塔组成，每一个金字塔关注工作场所中的不同关系。

本书的第 2 篇包括第 4~6 章，详细阐述了"雇员需求金字塔"——在关系真理理论的 3 个金字塔中，它是第 1 个。雇员需求金字塔关注的是如何运用马斯洛的理论成功地与雇员建立比较深厚且更有意义的关系。这 3 章简单介绍美国的一些最受尊敬的雇主，如基因泰克公司和谷歌公司，以说明它们如何运用需求层次理论建立一支比较注重自我实现的雇员队伍。

本书的第 3 篇包括第 7~9 章，描述了"顾客需求金字塔"，并举例说明了"偶像级品牌"是如何培养比较注重自我实现的顾客，以及照顾到他们没有认识到的需求的。书中提供了一些具体的例子，如网飞、哈雷戴维森和苹果等公司，它们都处于这个金字塔的塔尖上。

本书的第 4 篇包括第 10~12 章，阐述了"投资人需求金字塔"，并将需求层次理论的概念应用到公司或企业家与投资人或他们对之履行职责的人的关系上。美敦力公司的前任首席执行官介绍了他的公司利用投资人的关系魔力，成为 20 世纪八九十年代华尔街市值增长最快的公司之一，成为投资人追捧的对象。风险投资公司和小企业的领导者也介绍了他们如何在基本的人性基础上建立可持续的关系。马斯洛相信建立新型企业的过程是一个通向自我实现的典型途径。

第 4~12 章，每一章都开出了"巅峰处方"，以帮助组织的管理者、首席执行官和领导者建立专注于金字塔塔尖的工作场所关系，从而使绩效得到最大限度的提高或实现。这些"朝闻道，夕可用"的工具，普遍地适用于任何涉及领导者和雇员的情形。它可以为跨国公司的管理者所用，也可以为最近创业的企业家、非营利组织的执行理事和其他处于权力职位的人所用。

本书的第 5 篇包括第 13~15 章，描述了"将真理付诸实践"。第 13 章关注的是把关系真理金字塔的三个要素凝聚在一起的核心，即企业文化。第 14 章关注的是领导实践是如何支撑着一个巅峰公司的。第 15 章就如何在你自己的职业生涯中，以及在工作之余利用这种金字塔创造巅峰体验提出了一些见解。

由于本书涉及的内容非常广泛，而有些内容只是简要的介绍，所以每章结尾都有一个推荐读物清单，其中列出了我根据本章主题推荐的相关书籍、文章和论文。

组织生活能够超越弗洛伊德的精神分析理论和斯金纳的行为主义背后偏于阴暗的前提吗？我认为是可以的，我相信组织可以找到更好的方法与

雇员、顾客和投资人进行交互。在脑力和团队合作已经超越了体力和个人主义的世界里，马斯洛留给我们的理论遗产在今天毫无疑问是非常值得学习借鉴的。电视频道里充斥着露丝博士、劳拉博士和菲利普博士，为什么就不能把我们的注意力转向马斯洛博士及其能够引起共鸣的有关人类潜力的理论呢？如果不关注马斯洛的理论，我们可能无法承受其后果。柏拉图曾说过："我们肯定会原谅一个怕黑的孩子，但人生的真正悲剧是大人惧怕光明。"我希望本书可以帮助你发出更加耀眼的光芒，并在此基础上，促使你周围的人也发出更加耀眼的光芒。我们都值得成为"巅峰体验者"。

推荐读物

Flow by Mihaly Csikszentmihalyi

Maslow on Management by Abraham Maslow

Motivation and Personality by Abraham Maslow

Need, Greed or Freedom by John Whitmore

The Art of Possibility by Rosamund Stone Zander and Benjamin Zander

The Caterpillar Doesn't Know by Kenneth Hey and Peter D. Moore

Toward a Psychology of Being by Abraham Maslow

第 2 章　投资业力

每一个管理决策或行动的背后都是关于人类本性和人类行为的假设。

——道格拉斯·麦格雷戈，《企业中人的方面》[1]

尽管困难重重，但我的第一家酒店还是取得了巨大的成功。1987 年，已经 26 岁的我在旧金山破旧不堪的田德隆区收购了一家几近破产的无名汽车旅馆。我的商业计划带有一点幻想，即把凤凰酒店打造成旧金山的官方摇滚乐酒店。这样我就可以经常接触著名的音乐人，并经营一家使我能发挥创造力的企业和设计一个让我每天都可以过上"快乐生活"的工作场所。

"廉价把戏"（Cheap Trick）和"坏伙伴"（Bad Company），既是我年轻时最喜欢的一些乐队，也是我接手的主顾。酒店最大的企业客户是文尼（Vinny）（及其女友们）——至少在我重新装修酒店和停止"小时房"之前是这样的。"小时房"是酒店最大的生意。由于我们采用了一个典型的细分市场营销计划，加上我们在销售上许多的大胆尝试和一点点运气，这个拥有 44 间房的酒店很快就成为国际上备受推崇的创意中心。

关于凤凰酒店的经营，我有讲不完的故事：临时客串辛迪·奥康娜的新生宝宝的保姆，服侍琳达·朗丝黛在床上吃早餐，小约翰·肯尼迪向我们借衬衫链扣，当科特妮·洛芙使用游泳池时，请她穿上游泳衣，等等。但这些故事可能更适合写到另外一本书里。实际情况是：在看似不可能的革新不久之后，这个 20 世纪 50 年代的、位于贫民区的汽车旅馆不仅重新开业了，而且业绩超出预期，吸引了无论是正当红还是逐渐过气的人。我

们成了逐渐走红的"涅槃"（Nirvana）、"珍珠果酱"（Pearl Jam）和"红辣椒"（Chili Peppers）等乐队（他们不止一次同时住在酒店里）的避风港，也是风光不如当年的"退化"（Devo）乐队、约翰尼·罗顿（Johnny Rotten）和"俄亥俄乐手"（Ohio Players）等的首选下榻之处。

但是，在凤凰酒店接待的所有客人中，与我谈起马斯洛的人只有一个——蒂莫西·利里。他是哈佛大学著名的心理学讲师，被越南战争时期出生的具有反叛精神的孩子们奉为偶像。20 世纪 90 年代初，当经常光顾我们的酒店时，他已经处于薄暮之年。在我们酒店的游泳池边，他在一群二十来岁有文身的年轻人当中，显得很不合群。利里是 20 世纪六七十年代神秘莫测的歌星，曾经被理查德·尼克松（Richard Nixon）认定为美国最危险的人。

我在游泳池边与利里进行的唯一一次长谈是关于马斯洛的，这时距离我 10 年后在困难时期重新认识需求层次理论还有很长的一段时间。在 60 年代初，他们都曾在波士顿教心理学，虽然与利里相比马斯洛显得有点保守，但他欣赏后者敢于打破陈规和乐观的个性。在谈话中，我把自己不同寻常的工作经历告诉了他，即从可能发财的斯坦福大学工商管理硕士毕业生到相对贫困的、初出茅庐的摇滚乐酒店的经营者。我绝不会忘记当时他对我说的话："你选择了自我实现的道路，这是你应该做的事情，鉴于你与你的雇员的关系（他曾经注意到我拥抱过一些领班），你似乎也在为你周围的人创造自我实现的条件。"曾经是理想主义者的他告诉我说，马斯洛希望看到更多像我这样的资本家。利里低声说："如果我的一些朋友听到我这样说，他们可能会给我一枪，但是商业人士可能具有让这个世界变得更美好的较大潜力。"

最近，在拜读马斯洛的日记时，我感到利里在重复马斯洛相信的观点。马斯洛对大众疗法的观点非常感兴趣，他发现工商界是影响人数最多、效率最高和意义最深远的地方。如何将他的动机理论应用到实际的一线企业实验室里而不是在象牙塔似的大学实验室里，这个问题对他怎么度过人生的最后几年产生了深远的影响。马斯洛写道："什么样的工作条件、什么样的工作、什么样的管理、什么样的报酬或工资将有助于人类的身心健康地成长,达到比较完美和最完美的境界? 在承认了人类有更高层次的需求(包括自我实现的冲动和追求最高的价值观的需要)这个事实后,目前仍基于不恰当的人类动机理论的古典经济学理论可能会发生巨变。"[2] 马斯洛有点乌托邦式地认为,好的管理者能够创造出好的企业,而好的企业能创造出好的社会。换句话说,好的企业能够种下善因缘。

在过去的几年中,我有幸在世界各地的会议上与企业领导者进行深入的交谈。我引导他们中的大多数人摆脱工作中日常的琐碎事务,让他们有一些观察的时间。他们在内心深处认为我是一位崭露头角的哲学家。根据这些谈话,我总结出了本章的 4 项关键假设:

(1)每一个公司都是依据关于人类本性的某种特定假设来组织的。

(2)大多数公司没有清楚意识到这个事实,其经营活动是以过时的或短期的视野为基础的,即使另外的经营方式可能能更好地取得可持续的结果也不予考虑。

(3)许多公司都习惯性地"倾向于以有形为目标",这意味着财务结果通常比关系问题获得更多的关注。

(4)越来越多的企业学者和顾问正在把无形的关系与人的精神变得更加有形化,而且许多成功的公司正在引领重组,以同时追求利润与快乐。

以工作场所为镜

我们组织工作场所的方式反映我们对人类行为的假设以及我们想创造的世界。作为雇员,大多数人对此鲜有直接的发言权,这通常令他们失望。然而,我们作为管理者或领导者对创造工作条件具有很大的影响力。通常,这些假设是无意识的或至少是没有说出来的。遗憾的是,大多数工作只是对人类能力的嘲讽。

马斯洛及其作为管理学家的同事道格拉斯·麦格雷戈都认为，企业的领导者如果想要建设一个比较成功的工作场所，就需要更密切地关注这些假设。麦格雷戈写道："当你下一次参加管理层会议时，如果在会上大家要讨论政策问题或考虑采取某种措施，你要改变靠涂鸦打发时间的态度，简要地记下与会者在讨论过程中提出的有关人类行为的假设（观念、意见、信念和结论）。有些假设是明确陈述出来的……大多数假设是含蓄的，但要推断出来相当容易。"

麦格雷戈就人类本性提出了两个形成鲜明对照的假设——"X 理论"与"Y 理论"。如果你相信 X 理论，你很可能赞成机械式或高度层次化的管理方法。X 理论认为人们天生就不喜欢工作，而且希望被指挥，因此他们需要被监视和被管理。然而根据符合 Y 理论的人类本性理论，如果有某些条件得到满足，人们会具有工作的动机，并享受控制工作场所的乐趣。当然，虽然我们中的大多数人会全心全意地支持 Y 理论，但实际情况是，大多数企业仍旧是按照 X 理论组织的。当你开始新工作时，你会面临从上到下的员工考核、出勤记录和 90 天的试用期，这只是 X 理论存在的一个例子，即使在我的一些酒店里也有这样的情况。我发现，当我与其他公司的领导者交谈并促使他们关注这个问题时，他们常常意识到他们为自己、雇员、顾客和投资人创造的环境，实际上与他们所说的、被他们视为如同个人价值观一样珍贵的东西格格不入。这些人（许多是出于一片好心）是故意创造出一个与自己的价值观相矛盾的工作场所的吗？当然不是。他们很可能无法停下来、进行自我分析并有意识地改变自己的行为。[3]

我们在工作场所中做的许多事情是我们在家庭、学校和工作中的前辈教给我们的。我们有义务用实际行动去践行我们的观点，而不是我们的祖父母、教授或以前的雇主的观点。无论你在公司是初级雇员，还是首席执行官，你知道你的工作场所是以什么理论为基础的吗？仅仅提出这个问题就会颠覆许多事情，因为这种有意识的行为可能让你领悟到公司的习惯与你自己对人类动机的看法不相符。

我们为什么如此关注短期目标

对于我来说，言行一致，意味着把我的企业当作让世界变得更美好的工具。我喜欢用"业力资本主义"（karmic capitalism）的表达，它指企业可以改变我们的个人生活及我们在本地和全球的影响力。如果投资行为有以短期为目标的习惯性倾向，那么业力的概念是在生生世世中延续的。应用于商业社会的业力，意味着在公司工作的人们要考虑他们的行动对环境、社会、他们的关系和自己的长期影响。听起来有点新世纪的味道？可能吧。但是，在新千禧年的前 10 年里，我们目睹了安然公司和伯纳德·麦道夫等的所作所为的业报，他们体会到了圣经中的业力：自食其果。

史蒂芬·柯维在他的畅销书《高效能人士的 7 个习惯》中以"情感银行账户"比喻"社会关系中逐渐累积起来的信任度"。[4] 成功的领导者认识到，他们不能一直从他们的商业关系中提款。如果你要从你的关系中提款，你必须先有存款——以向别人提供他们想要或需要的东西的形式。富裕的农民是这样对待他们的土地的，和睦的夫妻彼此之间是这样互相对待的，对社会负责任的公司与社会之间也是这样互相对待的。"9·11"事件之后，经济陷入衰退，全球服务业和快乐生活酒店集团的所有酒店都受到了挑战。帮助我们公司不仅生存下来而且发展壮大的关键因素之一，是我们与当地客人和企业客户建立长期关系的能力。在最黑暗的那段日子里，我和我们的销售副总裁彼得·加姆斯（Peter Gamez）不会只按照传统的方式通过电话推销我们的服务，我们去拜访长期的顾客，并直接地表示我们需要从多年以来建立的情感银行账户中提款。在很大程度上，由于顾客理解并感谢我们没有在网络公司飞速发展的好时光里向他们收取高价，因此我们在与公司客户建立起来的情感银行账户里的余额是净值，所以我们能够提款。我们还采取了其他措施，以便利用在银行账户里的积蓄，包括给最频繁光顾我们酒店的客人写信，告诉他们，在这些具有挑战性的日子里我们需要

他们的帮助，并请他们将我们的情况告诉他们的朋友和家人。听起来有点像电影《风云人物》中的乔治·贝礼，不是吗？我们以自己的方式在希望我们的"镇民"会出现、手上拿着现金，就像这部经典电影结尾时镇民所做的那样。

业力资本主义仅仅是换一种方式说"善有善报，恶有恶报"。当你有意识地决定以这种方式安排你的职业生涯时，它会完全改变你对制定商业决策和处理商业关系的观点。而且它可能重新引导我们经济逻辑的方向，这样人力资本就会得到重视，具有与金融资本相同的地位。

传奇的经济学家米尔顿·弗里德曼主张"基要主义资本主义"（fundamentalist capitalism），即企业要严格地专注于让股东得到最大化的价值。在公司中，他所支持的理论与我认为比较开明的、接受长远观点的哲学体系的企业领导者之间不断地发生着矛盾。在《基业长青》一书中，吉姆·柯林斯和杰里·波拉斯通过实际经验证明：从长远看，重视核心价值观和有方向感的公司，比纯粹受利润驱动的公司更容易成功。然而，我们看到的是，一个又一个的公司在作决策时牺牲长期绩效和价值以满足短期目标，如季度收入，这是为什么呢？我们生活的世界常常被浓缩为隐晦的、由单音节构成的、时不时从我们所谓的智能手机中发送出去的短信或推特。商业社会感受到的更多的是短期的、交易性的，而不是长期的、变革性的。飞快的变化节奏，使我们在"做"生意上创造了一种几乎是"租关系"的方式（有点像凤凰酒店在快乐生活酒店集团出现前的小时房）。许多企业领导者是按照"纯粹的"弗里德曼式的资本主义创办企业的，而这种资本主义似乎符合我们所采用的、让人痛苦不堪的生活节奏。特别是在"9·11"事件之后，我们把职业上的成功和个人的满足与实现画上了等号。然而，许多公司倾向于关注短期、关注渴望纯粹功能化的关系。这种趋势与我们通过调查得来的美国企业家的抱负有直接的冲突。

如何解释这种悖论？我们知道，利润最大化并不是杰出企业的唯一驱动力。

创办了世界第二大共同基金公司——先锋集团的约翰·博格尔，在他的《资本主义灵魂之战》(*The Battle for the Soul of Capitalism*) 一书中非常惋惜地指出这样一个事实：股票市场的投资人越来越多地以短期和获取利润的角度来进行他们的投资。他说，随着投资人持有一只股票的平均时间从 6 年以上降到 1 年左右，他们的投资方式已经从"持有股票"变为"租股票"。然而，与柯林斯和波拉斯持类似观点的博格尔说："长期持有公司股票并希望其内在价值随着时间的推移而增加的（共同）基金经理带给客户的回报，要高于短期持有股票，而每当市场报出诱惑力但属于暂时性的价格时就交易的基金经理带给客户的回报。"[5] 美国最受尊敬的投资人、伯克希尔·哈萨韦公司的总裁沃伦·巴菲特，靠的就是这种关注公司永久内在价值的理论。

詹姆斯·辛尼格是好事多公司的共同创始人和长期的首席执行官。他总是受到股票分析师们的攻击。股票分析师们说他拿的薪水太少（他的薪水等于他的一线工人的平均工资的 12 倍）而雇员的薪水太高。他却说："华尔街的任务是现在投资，下星期二就挣钱。而我们的任务是创办一个组织，一个我们希望从现在起 50 年之后还葆有生命力的机构。"[6]

米哈里·契克森米哈在 *Good Business: Leadership Flow, and the Making of Meaning* 一书中写道："我们已经学会了培养 5 分钟管理者，甚至 1 分钟管理者，但是，我们最好问问自己，要成为一个帮助企业创造更美好未来的管理者，需要具备哪些素质。我们需要百年管理者来掌管公司，这是最重要的。"[7] 对此，马斯洛应该会表示赞同。他曾写道："开明的管理具有许多特征，如果有人问管理者，'你希望这个公司在你去世后还能继续发展吗？'这些特征就会变得非常清晰，而且很容易理解。"[8]

我们知道人们一般希望影响其他人、留给后人遗产，以及做某些自己认为具有真正实质的事情。这些人——我们的同事、下属、上级、顾客和投资人——渴望与其他人建立联系，并寻求超越他们自己的东西。我相信他们希望突破金字塔的底层。

满足我们追求有形之物的需要

你可能认为，在嬉皮士的旧金山，从我那名字可笑的、开明的酒店公司来谈论新的管理哲学、因果关系、金字塔之类的事情很容易，但现实社会并不是那样运转的。在商学院的教室里和华尔街的走廊里，人们对市场基本原则的关注仍多于对人性基本原则的关注，因为企业会自然地倾向于追求有形之物并奖励短期绩效。责任是企业的基础之一，当它与成果有关而不是与关系有关时，对它的度量就相对容易。

最近，学者和企业领导者都在寻找让企业无形的、长期的价值观变得更加有形的方法。《忠诚效应》（*The Loyalty Effect*）的作者、企业经营顾问弗雷德·赖克哈尔德认为，"对利润的追求占满了企业和个人的日程，而以建立起良好关系为目标的责任被人们遗忘在角落里……任何组织的发展只是构成组织的个人关系积累和发展的结果"。他和他在贝恩公司的合伙人设计了一个简单的度量方法，即"净推荐值"（Net Promoter Score，NPS），它允许公司将无形的顾客忠诚度以及他们口头的宣传转变为企业领导者能够度量的东西。例如，Enterprise Rent-A-Car 和 Intuit 两家公司，都在用这种新的工具作为确定他们是否已经建立长期关系的一种手段。有些东西太大，几乎无法度量。例如，人类的精神动机是非常难以计算的，但看到它却很容易。还记得万事达卡的"无价"商业广告吗？你如何比较棒球棒的价格与看到你的儿子在青少年棒球联赛中打出第一个本垒打时的感觉？然而，在商业社会里，责任（accountability）——字面的意义指"计算（count）的能力"——定义了我们对事物的重视程度。但是，如果某些事物无法简单地度量，这就能成为我们不管其价值的借口吗？有许多商学院都告诉学生："如果你不能度量它，你就不要关注它。"但是，正如马斯洛在《优心管理》中提出的问题那样："消费者的友好和消费者的忠诚度，你要放在资产负债表的哪个位置？"[10] 又如在《卡拉 OK 资本主义》（*Karaoke*

Capitalism）一书中提到的那样，经济学家乔纳森·肯德里克的工作成果说明，在过去 70 年里现代公司的无形资源与有形资源的比例总的来说已经从 30∶70 变为 63∶37。我们都知道，在我们的知识经济中，知识产权的价值呈几何增长，但是，公司如何把它反映在一张简单的资产负债表里呢？

想想你的笔记本电脑。20 年前，80% 的成本是硬件，20% 的成本是软件。而到了今天，基本上是反了过来：计算机里无形的软件在价值上是把它装进去的有形的硬件的 4 倍。这是公司本身发展方式的隐喻吗？

心理学出现了一个新的领域，称为"积极组织学"（Positive Organizational Scholarship，POS）。它研究的是让工作场所的无形之物变得更加有形的方法。有关学者已经找到了一种方法，可以用来系统化地度量赋予组织生命与力量的能力和过程。他们发现，在最成功的组织中存在一种把各种关系相互交织在一起的生态系统：如果公司的环境允许个人创造出巅峰绩效，公司也会创造出巅峰绩效。他们已经能够证明：创造力、诚实、信任、乐观主义和团队协作等品质，对生产力、顾客回头率和产品质量具有深远的影响。

在工作中追求快乐

对快乐的追求与对利润的追逐并不是互相排斥的。汉诺威保险公司的前任首席执行官比尔·奥布赖恩（Bill O'Brien）曾经说过："在马斯洛的需求层次理论中，我们的传统组织在设计上可以满足前三个层次的需求：食品、住所和归宿。由于任何一个社会成员现在都可以普遍地拥有这些东西，因此我们的组织无法提供明显独特的机会来激励人们对组织表示忠诚和全身心地投入组织当中。在组织开始处理更高层次的需求（尊重和自我实现）之前，混乱的管理局面仍将继续下去。"[11]

在撰写《独立宣言》时，托马斯·杰弗逊总统和美国的开国先驱们用某些更多地体现业力的措辞转述了英国哲学家约翰·洛克的至理名言："生

命、自由和财产。"[12]他们本可以选择不同的词语：追求财富或智慧，或者甚至是安全。但他们选择用"追求快乐"作为使命的宣言。对于你的公司，你也可以这样做。事实上，全世界的公司都正在改变他们的工作章程和公司的习惯，以确保更加符合人类的本性。这些开明的公司每天都在证明：在努力攀登自己的金字塔塔尖时，他们在尽可能地完善与雇员、顾客和投资人建立起来的关系的同时也可以创造出不凡的财务成果。什么样的假设定义了你如何组织你的工作场所，以及如何将这种金字塔整合到公司的价值观里呢？

全食超市公司的创始人和首席执行官约翰·麦基提到了人类向更高层次发展的趋势。全食公司的领导层都知道，约翰在说明公司的商业模式时突然提到马斯洛金字塔。根据他的观点，当人们不直接以利润和个人快乐为目标时，他们反而更容易得到它们。它们是其他活动共同作用的结果，这些活动是激励你的雇员和你自己形成有意识的相互依赖的关系。因此，全食超市的工作模式全部来源于这些假设。这就是为什么你会看到他们的一线雇员对于每一件事情都有相当大的发言权，这些事情包括他们可以享受什么样的福利、他们应该聘用什么人、获得多少股票期权，使整个公司的工资完全透明化。

另一个例子是巴塔哥尼亚公司的创始人和老板伊冯·邱依纳德（Yvon Chouinard）。在他写的《让我的员工去冲浪》（*Let My People Go Surfing*）一书中，他所总结的哲学不仅是关于工作场所的，也有关于人的本性的。这个大型的私有企业不相信打卡制度与严格的日程安排。实际上，当一个"巨浪"高起来时，你可能会看到一线员工和高管们疯狂地冲出门去。为了回报公司表现出的灵活性、公平性和对雇员的关怀，巴塔哥尼亚公司的雇员会强烈地忠于他们所奋斗的事业（他们就是以这种方式看待这个环境友好的公司的）。雇员离职率低得微乎其微，雇员和顾客的满意度出奇的高。

甚至还有更传统的公司也会接受类似马斯洛的管理哲学。市值数十亿美元的能源巨头 AES 公司，有意识地在公司的商业模式里加入了关于人性的假设。共同创始人丹尼斯·巴基在他所著的《工作中的快乐》（*Joy at*

Work）一书中提到了这一点，他说大多数公司还没有从工业化的管理意识中转变过来。巴基开始向他这样的公司提出更多根本性的问题："如果我们扔掉员工手册或工作规程细则，又会怎么样？"[13] 根据人们对这些问题的反馈，他把公司重新组织成若干个拥有自主权的团队，这些团队在决策上拥有空前的灵活性，从而证明了领导层对自己雇员能力的信任。这些家庭式的小组有助于改善公司内部的人际关系，同时增强了雇员的学习能力和意义感。

最后，我必须提到 Y 理论型管理风格的巅峰：里卡多·塞姆勒在巴西创办的塞姆科公司。塞姆勒在他的两本敢于问为什么的书——《塞氏企业》和《周末有七天》——中提到了他创办的独一无二的公司。这种问题和塞姆勒的管理哲学质疑了在管理公司被认为理所当然的东西。塞姆科公司鼓励雇员给自己定工资、规定自己的工作时间，而且没有头衔。

让需求层次理论有形化

当快乐生活酒店集团在后网络公司时代、"9·11"事件之后的经济衰退中苦苦挣扎时，在我面临职业生涯中最大的挑战时，在我的竞争对手纷纷宣布破产、媒体预测下一个将是快乐生活酒店集团时，我钻研马斯洛理论越来越深。在某一天晚上的一瞬间，我想明白了：我需要让马斯洛博士的理论在我的公司中有形化。

我不知道你以前是否有在一个正在遭遇毁灭性打击的公司里工作的经历。所有的工作场所都会有恐惧的涟漪从企业中最不健康的地方扩散出去。但在困难时期，这好像你向池塘里扔的不是小石子，而是几块大石头。这时涟漪就会变成海啸，除非你采取某些措施让人们把注意力转向比较积极的结果。在我们公司经历的海啸中，当我们的每个部分都受到浪潮的威胁时，我决定将我们的注意力转向如何将需求层次理论作为有形的经营模式以取得可持续的成功。

问题是：我如何把马斯洛的理论转变成团队可执行的东西？我在詹姆斯·麦格雷戈·伯恩斯的《领袖》一书中找到了答案。这本书描述了两种领导能力："交易型"和"蜕变型"。伯恩斯写道："大多数领导者与追随者的关系是交易型，即领导者在与追随者打交道时注重的是以物易物……蜕变型的领导能力虽然比较复杂，但更有效。蜕变型的领导者能够发现和挖掘潜在追随者已有的需要或要求。但除此之外，蜕变型领导者还能够发现追随者身上蕴藏的潜在动机、努力满足较高层次需求的愿望，并使得追随者全身心地为其服务。蜕变型领导努力的结果就是，双方形成了相互激励与提高的关系。这种关系使得追随者蜕变为领导者，并可能使得领导者转变为道德的化身。"[14]

我真希望那是我写的！这段简短的摘录解决了我在思考如何带领大家走出当前的困境时考虑到的所有问题。以这种方式思考我作为首席执行官的任务是多么刺激！这几乎就像是交易型领导者在金字塔的底层发挥领导作用，而蜕变型领导者在金字塔的塔尖上发挥领导作用。

在研究马斯洛的金字塔理论时，我开始意识到他的金字塔的五个层次——生理、安全、社交或归属、尊重与自我实现——实际上代表的是三种生存状态。在金字塔的底层是生理和安全的需求，我们竭尽全力地生存下去，关注的是基本的生存需要。在公司中，这意味着组织仅仅关注企业经营的基本要素。这就像是在踩水，但可能是在一个充满了恐惧涟漪的池塘里踩水，而且恐惧涟漪正在变为海啸。在这种情况下，交易型领导者可能只关注基本要素。例如，在经济萎靡不振时，为维持现金流和省钱，他可能取消公司的节日晚会（我们的许多竞争对手就是这样做的）。在短期内，这是非常好的一步棋，但很可能与渴望在海啸中冲浪的公司文化所需要的东西背道而驰。

当沿着马斯洛金字塔向上爬时，我们在努力地满足对社会关系和尊重需求。需求层次中的第三层和第四层是许多人和公司梦寐以求的东西。它是给我们个人带来快乐、给我们企业家带来成就感的东西。它给人满足感，但未必是蜕变性的。大多数个人和公司都没有超越这个层次，尽管他们事实上可能有能力和机会取得更微妙但强大的成功，而这种成功位于金字塔的塔尖上。

在马斯洛金字塔塔尖存在着一种比较无形但非常强有力的状态。它使得我们能够改变我们自己以及我们与其他人的关系。如果应用到工作场所中，这种有关自我实现的观点意味着公司可以充分地发挥潜力，而且就像超人一样，纵身一跳即可跃过一栋栋小楼。这就是快乐生活酒店集团在美国酒店业遭遇60年来最大经济危机时所做的事情。在海啸来临时，我们不能只是生存下来。我们需要转变与雇员、顾客和投资人的关系，这样才能带着更大的动力和新的方向感，走出衰退。

当画出这个分为生存、成功和蜕变的三层蜕变金字塔（见图2-1）时，我就能描述从金字塔底层的有形存在到塔尖的无形存在的自然发展过程。这样我就能更容易地阐述如何将马斯洛的需求层次理论应用于工作场所中与雇员、顾客和投资人之间的三种最重要的关系。显然，每一种关系都包含必不可少的基本需求，此外，如果无法满足生存需求，你就无法进入金字塔的上一层。然而，只关注这些基本需求，也无法促使这些关系或公司取得成功并转变到发挥其最大潜力的状态。

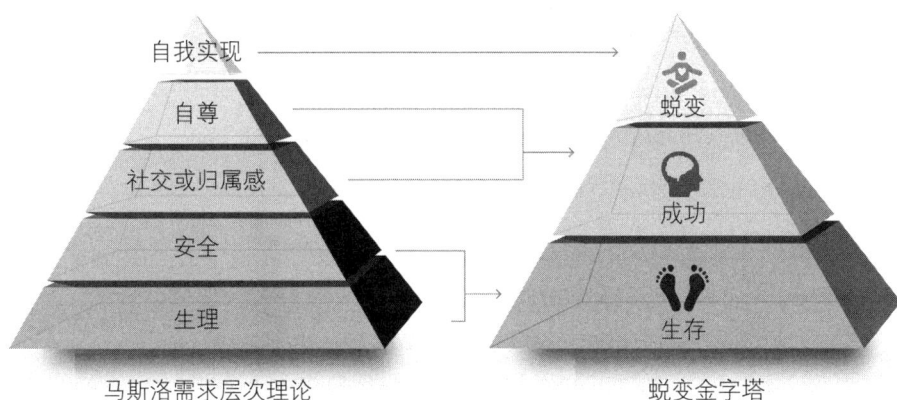

图 2-1 蜕变金字塔

当然，蜕变金字塔是生命的一个很好的模型。我们中的许多人把成功重新定义为某些更无形、更有意义的东西，即我们可以通过工作改变自己和世界。但是，如果没有一个组织原则来指导我们如何抵达彼岸，这种虚无缥缈的方式会使人没有方向感。由于从生存到成功再到蜕变层，这是一个发展的过程，因此我们可以相信，超越生命的这些有形的基本需求是值得选择的途径。或者，正如阿奈斯·宁（Anais Nin）曾经写的那样："当含苞不开的危险变得比开花的危险更令人痛苦时，黎明就来临了。" [15]

在下一章，我将描述如何把蜕变金字塔转变为一个模板，使快乐生活酒店集团能够与三类重要的利益相关者（我们的雇员、顾客和投资人）建立更深厚的关系。

推荐读物

Good Business by Mihaly Csikszentmihalyi

Joy at Work by Dennis Bakke

Karaoke Capitalism by Jonas Ridderstrale and Kjell Nordstrom

Leadership by James MacGregor Burns

Let My People Go Surfing by Yvon Chouinard

Love and Profit by James Autry

Maverick by Ricardo Semlar

Positive Organizational Scholarship by Kim Cameron et al.

"Rethinking the Social Responsibility of Business," *Reason Magazine* (October 2005)

The Battle for the Soul of Capitalism by John Bogle

The Human Side of Enterprise by Douglas McGregor

The 7 Habits of Highly Effective People by Stephen Covey

The Ultimate Question by Fred Reichhel

第3章 关系真理

> 一切都是关系。宇宙万物之所以存在，是因为它们与其他的一切都有关系。任何事物都不是孤立存在的。我们必须停止假装我们是可以独立的个体。
>
> ——玛格丽特·惠特利，《领导力与新科学》[1]

蜘蛛网是世界上最坚固日，但也是最脆弱的结构。尽管不是一个级别，但蜘蛛网比钢铁还坚固，它们可以拉伸近 40% 的长度但也会因被手指轻轻一触而断裂。

早在万维网成为我们交友和彼此问候的新媒介之前，蜘蛛网就是这种关系的恰当比喻。关系可能是有弹性的，也可能是脆弱的。在受到考验时，它们可以拉伸，或者一遇到大风就会破裂。在"9·11"事件之后的世界里，快乐生活酒店集团遭遇了飓风。

所在的行业经历了螺旋式的下跌，我感觉自己就像是被网住的猎物，被困在几乎无法跨越的困境中动弹不得。幸运的是，每天晚上阅读的马斯洛理论给我带来了一些希望，即通过挖掘人类的基本动机，快乐生活酒店集团可以利用它多年以来建立的关系，并发展更牢固的关系，以迈过此刻的挑战。通过专注于我们与雇员、顾客和投资人的关系网的建设，我逐渐认识到关系真理，或者说三个金字塔是我们成功的基础。

运用本章简单介绍的及在本书后面九章里更深入探讨的原则，快乐生活酒店集团能够从这些真理中获益。所以，尽管旧金山湾区酒店收入的蛋糕逐渐萎缩，但我们的那一块却在显著增长。

快乐生活酒店集团的关系网

　　我的公司由一个复杂的关系网组成。我们管着 40 多个企业，年收入近 2.5 亿美元。我们为快乐生活酒店集团家族的每一个企业都设计了独一无二的名称和个性。我们只拥有其中不到一半的酒店，也并不是所有酒店的控股股东。在我们控股的酒店中，各种各样的投资人有 100 多个，他们代表十几个不同的所有人实体。这只是简单的一面。

　　在其他我们没有控股的酒店中，其所有者各种各样，有华尔街的投资公司，也有本地微不足道的房地产业主。在这些酒店中，我们作为第三方管理人管理其中的每一家酒店，就像希尔顿酒店一样，他们管理的酒店以他们的名字命名，但不归他们所有。在我们的雇员和顾客看来，大多数人不知道哪一家酒店是我们控股的，哪一家是仅仅归我们管理的。但我可以告诉你，"所有者"肯定知道。

　　总而言之，我们要对将近 30 个不同的所有人团体负责。对于一个酒店管理公司来说，这是司空见惯的事情。在上一个十年中不同寻常的是，世界经济崩溃了。3 年内，硅谷地区的酒店收入史无前例地减少了 50%，旧金山地区的酒店收入下降了近 35%。设想一下你的公司收入在一夜之间缩水近一半，你就会明白当时的形势。快乐生活酒店集团的所有酒店，都位于这个在全美国情况最糟糕的地区，而且许多酒店都是在同一个地区或价格相同的细分市场中竞争。萎靡不振的经济让你认识到生活中哪些关系（工作之内和工作之外）可靠、哪些不可靠。

　　即使快乐生活酒店集团领导团队中的任何一个人，有一天会忘记关系是我们的经营核心，我们的神经紧张、激动的投资人或所有者也会提醒我们这个事实。在这些拥有产权的团体中，每一个团体都想有这样一种感觉，即他们是我们的头等大事，而且在某些情况下是我们的唯一重点。这是可以理解的，他们投入的钱存在风险，惨淡的酒店经济每况愈下，他们需要不断地确定我们把注意力放在他们的酒店上。令事情变得更复杂的是，他们需要确认快乐生活酒店集团在同一条街上的另一个酒店没有在抢他们的生意。

在驾驭雇员和顾客关系网上，我们面临同样棘手的挑战。在我们酒店的雇员中，有些人是工会代表，有些人不是。在某些酒店内，代表不同工种的工会有 4 个。另外，在我们的雇员中，移民到美国的人几乎占一半，他们把英语作为第二或第三种语言，因此在工作中就会存在各种各样的文化背景差异。至于客户，我们最大的公司客户在总收入中所占比例不足 2%。我们需要给予常客待遇的个人和团体的列表是一长串。可能有些行业能够只靠签一份公司销售协议就能一夜暴富，但我们不是。

我非常清楚在经济衰退时期我们可以把关系延伸多远。大多数经济学家认为雇员是"生产部门"，顾客是"消费部门"，投资人是"投资部门"。我逐渐认识到，由于影响雇员的是他们的动机、能力和我们提供给他们的工具，而且他们的成果是由这些影响因素共同决定的，因此一成不变的生产部门是不存在的。同样，所有顾客或投资人都不是以相同的方式处理他们与某个公司的关系的。总之，许多企业观察家把这些"部门"视为固定不变的商品（就像钢铁），而事实上它们完全是有弹性的（就像蜘蛛网），这取决于人们如何培育或编织这些关系。

工作场所中关系的价值

因为准备写这本书，我阅读了有关工作场所中关系的性质的近 100 本书和相关学术文章。其中，最吸引人的文章之一是由哈佛商学院教授及管理顾问兰杰·古拉蒂（Ranjay Gulati）与戴维·克莱特（David Kletter）合写的，发表在《加利福尼亚管理评论》上。这篇文章是《核心缩小、外围扩张：高效能组织的关系结构》（*Shrinking Core, Expanding Periphery: The Relational Architecture of High-Performing Organizations*），文中提出"成功的公司以一种始终如一的、明确的且包含多面的方式来定义关系"。[2]

为了写这篇文章，古拉蒂和克莱特调查了《财富》1 000强公司的高管，以掌握"以关系为中心的组织"的特性。他们发现绩效持续稳定的组织与竞争对手的区别在于，它们更愿意从事增加它们内部和外部关系寿命的活动。在经济衰退时期尤是如此。

然而，从马洛斯需求层次理论的角度我们看到，当面临经济衰退时，公司和个人困于金字塔底层似乎是自然趋势。恐惧孕育了安全保障需求。这种朝着金字塔底层移动的趋势，使得雇员的士气、客户的满意度和财务绩效急转直下。

在身处困境之时，在古拉蒂和克莱特调查对象中绩效最优的公司（最优的25%）中，超过2/3的公司将它们的注意力主要放在提高自己对顾客需求的意识上，而绩效最差的公司把注意力更多地放在削减成本和放弃绩效不佳的资产上。古拉蒂和克莱特在总结时提出：一个公司既需要管理、监控和度量金融资本，也需要对关系资本采取同样的措施，这两方面同样重要。事实上，我们可以认为，健康的关系有助于企业取得财务上的成功。

当你与成功的企业领导者讨论他们职业生涯中一些最美好的记忆时，你经常会听到他们说起在经济衰退时期建立起来的深厚关系。真正面对威胁的共同经历以及来源于一个紧紧联系在一起的团队的那种共命运的感觉，可以在工作场所给他们带来名副其实的自我实现的体验。我们从开明的领导者和成功的公司身上观察到了这种行为。遗憾的是，当面临越来越大的财务压力时，许多公司和企业领导者选择了截然相反的道路：他们产生了一种"地堡心态"，即高管们不能面对面地与雇员或顾客沟通。

但是，如果要在今天的工作场所中表现出智慧，你就需要了解其他人，与他们相互交流。《情商》系列畅销书的作者丹尼尔·戈尔曼说："在分析了来自世界121个组织的181个核心能力模型后，我们发现在人们认为获得有效绩效所必需的核心能力中，67%属于情商。情商的重要程度是智商和专业知识的两倍。"[3]

戈尔曼还发现，这种感觉具有传染性，积极的一面甚至大于消极的一面。脑边缘系统被描绘成一个开放的回路，而且它在很大程度上依赖于各种连接机构。组织的情绪对组织内部的每一个人都会产生因果关系式的影响。这种科学的研究结果恰好是对我在上一章提出的观点的有力支持，即公司内部会出现恐惧涟漪或海啸。在你的公司内形成健康的"心理卫生"是你可以采取的最有价值的步骤，特别是在困难时期。

2001 年，当快乐生活酒店集团的酒店在收入上开始以 2 位数的速度下滑时，我没有让自己和我的领导团队躲在"茧"里隔离起来，分析我们的策略、组织流程或我们如何削减费用。我们的高管们尽可能多地与我们的一线雇员、经理、经常光顾酒店的顾客及忠诚的投资人相互交流。

你可能记得我提到过弗雷德·赖克哈尔德，他是贝恩公司的顾问，曾经写过许多关于忠诚感价值的书。他的第一本书《忠诚效应》里面颇具说服力地提出：极其重视雇员忠诚度和顾客忠诚度的公司，具有更大的经济增长能力，且能保持比较低的雇员重招聘、销售和营销成本。由于你的大多数新雇员和顾客会在最初几年让企业支付比较多的费用，随着时间的推移，他们将更能带来利润，因此上述观点是非常有道理的。赖克哈尔德能够告诉我们，顾客回头率只要上升 5%，利润就能增加 25%~95%，具体比例因行业的不同而不同。在收入上，这些公司的增长率一般是竞争对手的 2 倍多。他写道："新经济中唯一可能提供可持续竞争优势的源泉，将很可能是你创造的忠诚的纽带……人这一资本与其他资产不同，不会随着时间的推移而贬值。它就像好酒一样，实际上会随着年份的增长而升值。"[4]

对工作场所中的关系的重视，西南航空公司堪称典范。作家乔迪·霍弗·吉特尔在《西南航空模式》一书中描述了该公司如何创造出一系列相互加强的组织方式，使之能够拥有令人瞩目的内部关系、外部关系。通过统计分析，作者告诉我们，协调的关系使得飞机周转的时间越来越短、雇员的生产力越来越高、顾客的投诉越来越少、行李丢失的现象越来越少。这本书还指出，西南航空公司的大多数竞争对手在"9·11"事件后，在财务和文化上急转直下，而此时的西南航空公司在组织上具有弹性，使之能

够应付自如。它是美国这个困难时期唯一能够保持稳定盈利能力的大型航空公司。在该书的结尾，吉特尔以以下观点作为总结："对于西南航空公司的领导者来说，管理好企业就是管理好关系……他们认为要想公司发展，就要必须不断地在这些关系上进行投资。"[5]

基于所有这些证据，你可能会认为现代公司首选的投资项目是他们的关系结构和流程。然而，施乐公司帕洛阿尔托研究中心的前任主管约翰·西里·布朗（John Seely Brown）说，许多公司在商业流程上的支出反而占投资的95%，而只有5%的投资用于支持挖掘公司的人力资本的方式上。有形的流程统治了无形的人力。

关系真理介绍

上一章介绍了蜕变金字塔的组织原则，它将马斯洛的需求层次理论浓缩为三个必不可少的层次：生存、成功和蜕变。由于雇员、顾客和投资人在大多数企业中是最重要的利益相关者，因此我们利用这三个层次思考真正能够激励他们的因素。我对这些利益相关者加以分类，分成三个被我称为"关系真理"的金字塔。在随后的九章里，我们将按照生存、成功和蜕变的顺序分析每一个金字塔。在这之前，让我首先概括介绍一下这三个金字塔的主要原则以及我们在后面要面对的问题。

许多公司常常错误地判断雇员的真正动机，以为报酬是他们渴望获得的主要东西。对于大多数雇员来说，金钱（或更广义地说，整个薪酬和福利包）是基本需求（见图 3-1），但也是基础动机，这与马斯洛将生理需求置于金字塔底层的观点类似。沿着金字塔再往上，才能培养出忠诚感与内在动力。我们需要更广泛地看待认可。它不仅仅是知道某个人的姓名，还要知道他们的才能、目标和梦想。雇员需求金字塔的最上层是雇员们很少谈论过或甚至很少思考过的概念（因为它不像金钱这个主体那样有形）。通过在工作中（在你日常所做的事情中和在公司的使命上）寻找意义，雇员

会变得更有动力。在雇员需求金字塔的每一层，你会看到让你可以选择如
何处理该层需求的二元性。例如，我们有两种方式处理金钱问题：通过薪
水或工资，或是通过你提供的传统或独特的福利待遇。类似地，认可也有
正式的和非正式的两种方式。最后，意义在本质上源于雇员所做的工作，
或更广泛地说，源于组织所做的事情。

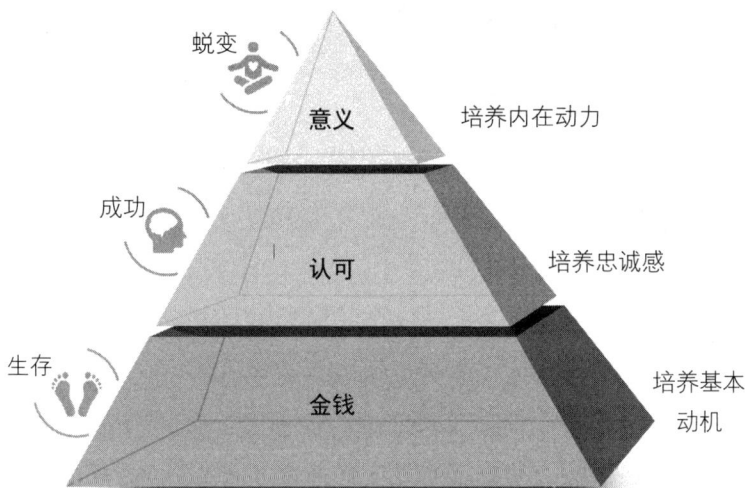

图 3-1　关系真理第 1 条：雇员需求金字塔

　　就像金钱位于雇员需求金字塔的底层一样，满足顾客的期望是关系真
理的第 2 条：生存需求（见图 3-2）。大多数公司耗费过多的时间，只是试
图在这个金字塔的底层让顾客感到基本满意。如果仅仅是让顾客感到满意，
你未必能够改变顾客在日益混乱的市场中左盼右顾的倾向。挖掘顾客的愿
望可能是实现差别化的一个途径，而在逐渐商品化的世界里，差别化能够
成为你的"药方"。当顾客的愿望得到满足时，他们实际上更有可能回头来
购买更多的产品，而且他们还会告诉别人。

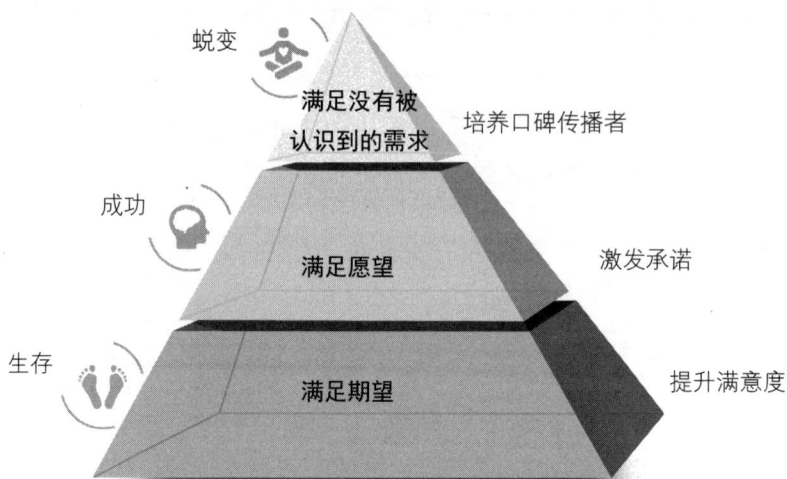

图 3-2　关系真理第 2 条：顾客需求金字塔

　　联邦快递董事会主席兼首席执行官弗雷德里克·史密斯对这个金字塔的塔尖做了总结：我们认为我们推销的是货运业务，事实上我们推销的是心灵的平静。[6]大多数公司在他们是谁以及他们为谁服务上考虑得短浅了。他们确实很少去挖掘和满足顾客没有被认识到的需求。相反，他们最多组建焦点小组，以听取客户有意识地提出的要求。但是，像苹果和哈雷戴维森这样已经做得非常成功的偶像级品牌，却给顾客带来了自我实现的体验。

　　如果企业没有资金来源，雇员或顾客就不存在。这条关系真理强调了一个公司做哪些事情才能满足投资人的需求（见图 3-3）。我们中的许多人认为投资人的唯一需求是赚大量的钱。毫无疑问，投资人投资的基本前提是希望稳健地获得强劲的投资回报。为了实现这个目标，他们需要与公司的管理者或与创办企业的企业家结成交易同盟。设定一致的目标能够培养信任感。

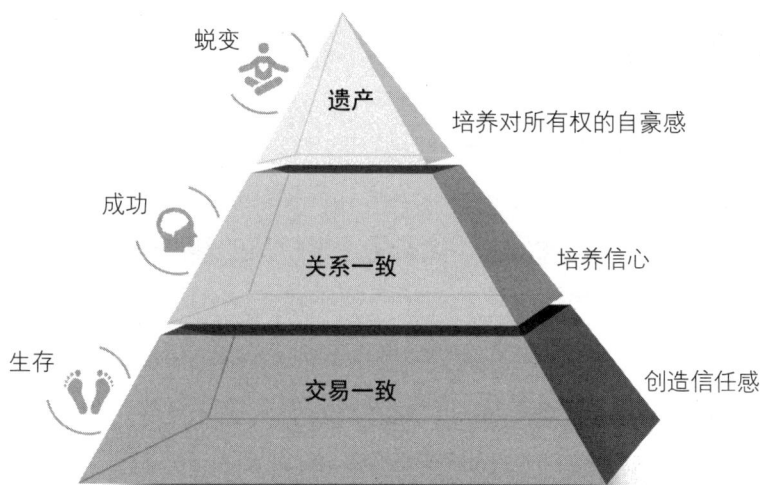

图 3-3　关系真理第 3 条：投资人需求金字塔

　　然而，如果只是在特定投资项目的关键目标上达成一致，建立的关系是一种短期的交易关系。要越过这个基本的生存层，就意味着要建立一种合作伙伴关系，其中企业家或公司及其投资人将这种关系视为他们在一起做生意的核心，而不是把这种交易或商业行为视为维持这种关系的黏合剂。关系一致的核心是：投资人对使用资金的人抱有坚定不移的信心，而且他们之间很可能建立起密切的个人关系。在这一层次上，投资人的社交需求和尊重需求可能得到了满足。最后，投资人需求金字塔的塔尖是蜕变，即投资活动在影响世界的过程中可能具有的意义。自我实现的投资人在他们的投资活动中看到了可以流传后世的遗产，无论这种遗产是颠覆某个行业的新产品的突破，是公司所做的事产生了负起社会责任的成果，还是这种投资活动和投资人的投资计划有助于他们与刚刚崭露头角的企业家建立师徒关系、这都可以使企业家充分地发挥自己的潜力。当投资人以这种方式进行投资时，他们就体验到了对所有权的自豪感。

金字塔的力量

这些金字塔有一个共同点，每一个都是由位于底层的有形元素向塔尖的无形元素发展的——就像需求层次理论从食物、水和睡眠上升到自我实现的巅峰体验一样。你会发现位于这些金字塔塔尖的都是有意义的东西，无论是内在动力、品牌传播者还是对所有权的自豪感。

金字塔是对进展的一种强有力的比喻，它不同于阶梯或其他几何形状。金字塔越到顶层越窄，这似乎在暗示：登得越高，挑战性就越大。当然，传统的公司金字塔表明，狭窄的塔尖意味着管理公司的只能是一小部分人（希望狭窄的塔尖不是代表位于塔尖上的人的思想特性）。

在这三个金字塔中，每一个金字塔都有位于底部的生存层、以成功为目标的中间层和最高的蜕变层。如果不关注生理需求而把所有时间用在自我实现上，人类是无法生存的。例如，一些非营利组织将雇员的全部体验放在对在工作场所中形成的意义的认识上，但由于它们提供的工资还不够付房租，因此它们存在雇员流失的风险。一些十分富有创意的创业企业把注意力过多地放在想象顾客的没有被认识到的需求上，那么它们也存在忽略客户的基本期望的风险。

实际情况是，大多数公司面临截然相反的问题。它们把过多的时间消耗在这三个金字塔的底层上，以为有了有一定动力的雇员、基本感到满意的顾客以及受交易驱动的投资人，就会让它们蜕变为行业的领先者。蜕变发生于金字塔的塔尖，并从塔尖开始锐减。空前的忠诚感来源于我们能够为雇员、顾客和投资人带来的巅峰体验。我总是本能地认为，人们在商业社会里能够记住的不是平凡的日常琐事，能够培养终身的内在动力、品牌传播者和对所有权的自豪感的，是巅峰体验。持久的印象来源于巅峰体验。

从星巴克到谷歌，各种公司取得成功的关系魔力是这些关系真理。这三个金字塔将使你有机会在公司内部进行关于如何处理雇员、顾客和投资人的自我实现需求的对话。大多数企业领导者希望以新的方式思考他们的主要利益相关者。关系真理提供了一种将无形变得更有形的语言。

我们大多数人一生中都把注意力放在现状上，而马斯洛早已提醒我们去关注可能性。这种观点的转变对个人、对公司都有意义。马斯洛认为，公司在改造世界方面可能会发挥重大的作用。他曾写道："简而言之，通过恰当地管理人类的职业生涯、管理他们的谋生手段，他们及世界的状况就会得到改善。在这个意义上来说，这是一种乌托邦式的或革命性的手段。"[7]

对我来说，这些关系真理是天赐的。它们证明我不需要成为试图独自解决所有的组织问题的最伟大的领导者，我可以让我们极具天赋的管理者和高管讨论我们该如何处理雇员、顾客和投资人的真正动机。我们的雇员越是认同和理解这些动机，他们就越容易感到被赋予了解决问题的能力。

推荐读物

Emotional Intelligence by Daniel Goleman

Love Is the Killer App by Tim Sanders

"Shrinking Core, Expanding Periphery: The Relational Architecture
　　of High-Performing Organizations" by Ranjay Gulati and David
　　Kletter, *California Management Review* (Spring 2005)

The Loyalty Effect by Fred Reichheld

The Maslow Business Reader by Abraham Maslow (edited by Deborah
　　Stephens)

The Soul of the Firm by C. William Pollard

The Southwest Airlines Way by Jody Hoffer Gittell

第 2 篇

关系真理第 1 条: 雇员需求金字塔

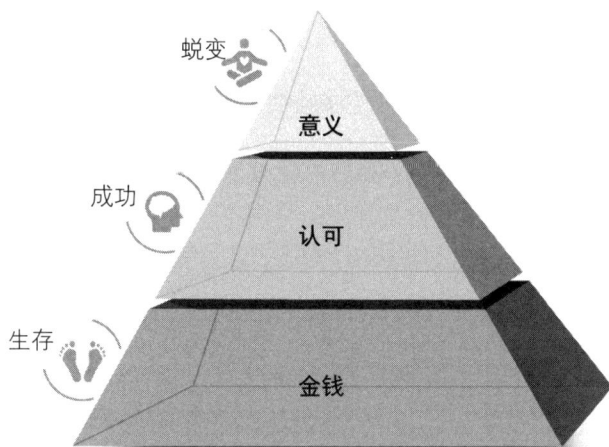

工作关系到每天的面包, 也关系到每天的意义; 是为了金钱也是
为了认可。简单地说, 是为了一种生命而不是一种从周一到周五的死
去……我们有权力追求一种包含意义、认可、惊奇和生命的工作。

——斯图兹·特克尔 (Studs Terkel),《工作》(*Working*)[1]

第4章 培养基本动机

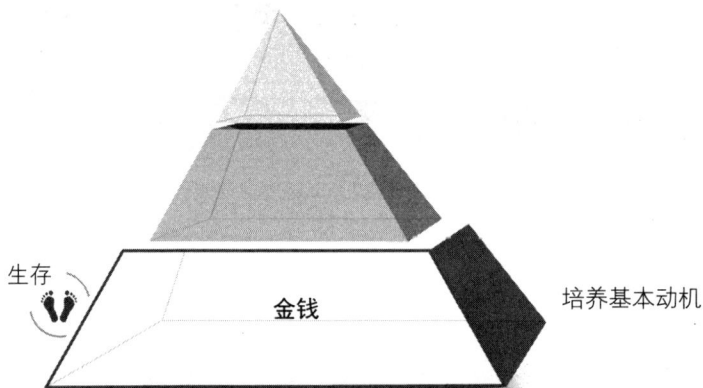

金钱不是生活中最重要的事情，但从必不可少的程度上来看，说它接近于氧气是合理的。

——作家及激励大师金克拉[1]

在童年时代，我有一项奥运会运动员般的天赋——把我和一群孩子扔进后院的游泳池中，我屏住气在水下待的时间比他们中的任何人都长。我总是要求和我的伙伴们比赛，"吸一大口气"，然后潜入水中，看着他们脸色慢慢变青，在水下待了半分钟后就冲出水面。我不记得我在什么时候发现奥运会并不会给这种绝技颁发奖牌；而且，只有魔术师和疯子在长大后才会做这种事情。

作为一个成年人，我逐渐认识到许多企业家因经营的需要而停止领工资时，他们也要练习"吸一大口气"。2001 年 4 月，我停止领工资，我认为这可能只是暂时的，因为一旦网络公司破裂的泡沫离我们逐渐远去，旧金山地区酒店的入住率就又会开始回升。但我错了,旅游业的长期萧条影响了旧金山的酒店业,使得这种我在年轻时玩的"吸一大口气"看上去纯属儿戏。

在随后的几年里,我痛苦地注意到我的雇员和我自己在雇员需求金字塔上的基本需求。我们的营收下降,纯收入也降低了。在"9·11"事件后不久,我们就需要另作打算了。随着通常都过得很慢的冬季的来临,我们作为一个公司要生存下来,唯一方式就是削减工资总额。要从哪里入手呢?裁员?降低传达员和客房服务员的工资?或者,我们要采取一种不同的方式来反映似乎很少有首席执行官会解决的某些问题?当局势变得更加艰难时,最承受不了降薪的是处于薪酬金字塔底层的人。因此,我宁愿继续"吸一大口气"——不领工资,并说服我的高管们在至少2年的时间里降薪10%。我们所有按月领取工资的雇员(他们挣的一般都比我们的小时工多)都接受冻结2年以上工资的方案。

由于在3年半以上的时间里都没有领工资,我不得不面对自己的基本需求。我取出了退休储蓄账户里所有的钱,用以支付我为房子申请的两份抵押贷款(在经济衰退的初期,我又申请了一份抵押贷款)的月供,而且我投入我所拥有的一切来填补快乐生活酒店集团以及我们拥有的酒店的现金亏损。公司以外的人可能感觉我很富有,但我的经历对在经济衰退时期的许多房地产企业家来说不是绝无仅有的:资产很多,现金很少。

可能最重要的是,身无分文和不得不向朋友借钱的经历,让我重新开始认同和理解只能靠工资生活的劳动者们每天面临的难题。位于传统的公司等级制度最上层的我们,往往认为自己之所以能够挣很多钱,是因为我们的工作压力很大,但是我可以告诉你,那些在等级制度底层的人经历的是一种只是勉强度日的压力,这种压力是大多数首席执行官无法想象得到的。

虽然新闻标题里充斥着上市公司的首席执行官拿到数百万美元奖金而背后的雇员们艰难度日的新闻,但我的故事也不是独一无二的。许多企业领导者,特别是企业家,都面临着这些艰难的选择。如果你是一个信奉业

力的资本家，有兴趣长期保持企业对雇员充分的信任感，那么在最困难的时期，你会做出正确的选择，而且你会承认在最困难的时期收入最低的员工应该得到最大的支持。

美国广播记者爱德华·默罗曾经说过："我们最终看到的是朦朦胧胧的东西，而完全看清楚则需要更长的时间。"这就是我这个行业的真实写照！为什么酒店对衣架的重视甚于对雇员的重视？酒店业的船长们在如何把衣架牢固地挂在衣橱的晾衣竿方面比在如何留住雇员方面更有办法。一般酒店的雇员流动率是每年75%~100%，这真是令人感到尴尬。我可以自豪地说，快乐生活酒店集团的流动率在25%左右——部分原因是我们非常重视公司里"人的问题"。

四季酒店度假村集团的创始人兼首席执行官伊萨多·夏普说："设计服务来帮助忙碌的人们利用好他们的宝贵时间，这可能很有挑战性。由于我们不能提前检查或取样，因此生产与消费是同时进行的。提供服务的瞬间决定着公司的成败，声誉在此时得到认可或否定。在我们这个行业，结果通常取决于一线雇员：门卫、传达员、侍者、客房服务员，他们是工资最低的人，而且在许多公司中，他们常常是最没有受到激励的人。这些一线雇员代表着我们提供给顾客的产品。从最现实的意义上讲，他们就是产品。"[2]酒店的老板们耗费巨资建设标志性建筑，使他们的有形产品具有差别化的特征，然而，他们很少投入时间或资金去考虑在雇员身上投入什么可以带给他们竞争优势。

雇员需求金字塔的底层

虽然雇员需求金字塔的底层是金钱，但是我们需要更广泛地考虑这些需要，而不是工资的多少和员工福利的多样化。大多数公司都懂得要提供具有竞争力的基本工资。因此，在工资方面你和竞争对手之间很可能没有非常大的差别。首先，问问自己，你支付的基本工资是否足以让雇员感到他们的生存需求得到了满足，并考虑在你的工作场所里存在着多少对失去工作的担忧。正如马斯洛说的那样，如果你的雇员填不饱肚子，还要担心如何支付租金，那么他们就无法关注更高层次的需求。美国大多数雇员的工资是足以支付租金的，所以作为雇员眼中的雇主，让你与众不同的其实是有形和无形的福利待遇。记住这一点，在讨论金钱的时候，你就知道在我的大多数见解中我谈的是完整的薪酬体系，包括独特的福利。在第 2 篇的剩余部分我们将沿着雇员金字塔向上爬，在接下来的两章中将关注雇员的认可和意义需求。

作为小时工雇员占 85%、位于似乎是美国最昂贵的地区的公司的首席执行官，我知道薪酬对于我们的雇员是非常重要的。实际上，在我与酒店业衰退时重新认识马斯洛之前，我就已经开始思考"金钱—认可—意义"的需求金字塔了。这是因为，在 20 世纪 90 年代后期，旧金山经济发展稳健，失业率只有 1%，我们经常有雇员被有用人需求的网络公司挖走。我记得有一个雇员担任前台招待员（我们称前台职员为"招待员"，是因为这能更好地说明他们的职责），每小时挣 12 美元。有一个新成立的、财力雄厚的网络公司给她开出了年薪 5 万美元的待遇，邀请她加入客服电话接待部门。这名雇员打电话给我，几乎是哭着为准备离开公司而向我道歉，但是当她告诉我她入不敷出的苦恼后，我立即对她的决定表示完全理解。

在网络公司快速发展的时期，我们必须按照 2 倍的通货膨胀率来提高基本工资（房屋租赁的费用每年增加 20%），设计工资之外带有薪酬性质的独特的、非金钱福利，并将我们的努力放在满足认可和意义需求上。这些福利是非常有力的，它们有助于我们的雇员对自己当前所从事的工作感觉良好。我们热衷于听取雇员的意见，努力了解什么会使得他们更有可能留下来而又不会掏空公司的小金库。马斯洛认为你可以通过"抱怨和牢骚"学到很多东西。他承认："人们总是会抱怨。"[3]我们的快乐生活团队知道，一旦我们开始听到"更高层次"的牢骚，如我们在"快乐生活大学"里上什么课或我们多长时间组织一次公司级的娱乐活动，我们就已经帮助我们的雇员跳出了金字塔思想的底层。

谷歌正在企及巅峰

我的公司及我们的行业在日趋"白领化"的美国是个例外。你的公司可能看上去更像谷歌，它是一个高科技公司，几乎没有雇员困于需求金字塔的底层。谷歌是一个非常"马斯洛化"的公司。它支付的工资很有竞争力，但这不是吸引人们加入公司的原因，特别是在他们那举世瞩目的、赚得盆满钵满的股票公开上市已经过了很久之后。在谷歌的雇员需求金字塔的底层，有一个非常关键的区分就是它提供的顶级福利和特殊待遇，如免费的供应美味有机食品的公司食堂、很大折扣的按摩服务、免费的洗车服务，等等。公司几乎把它的园区当成了管理完善的豪华度假村，谷歌的雇员就是客人。事实上，谷歌对其"客人"越好，他们停留的时间（工作的年头和每天工作的时间）可能就越长。

当我第一次走进位于硅谷的谷歌总部园区（被称作"谷歌情结"）时，我感觉就像发现了香格里拉大学。这些拥有多元文化的雇员的平均年龄在26岁左右。首先映入眼帘的是两个无边游泳池，两个谷歌人正在池中逆着水流游泳。在游泳池的另一边是一个沙滩排球场，穿得像沙滩男孩的技术人员正在上演一场激烈的2对2排球赛。然后还有一个大型的露天农产品市场，雇员可以在这里置办新鲜的农产品。在草坪上有几只狗在闲逛，而旁边的谷歌员工一边操作着自己的笔记本电脑，一边在阳光下谈论。所有这些小的非金钱的福利有价值吗？显然是有的，因为如果你可以免费乘坐带有WiFi的豪华大巴去上班，在整个园区里可以享受到免费的娱乐项目，在11个高档自助餐厅中的任意一个餐厅享受美食，免费接受5名值班医生的治疗，并可以放心地享受免费托儿服务，那么最后的结果是谷歌的雇员可以揣着80美元开始一周的工作，最后结束一周的工作时口袋里还揣着那么多钱。正如我的一位在谷歌上班的朋友说的那样："对于我们来说，他们让生活变得简单化。"公司甚至允许雇员无限期地休病假。

谷歌还有一个著名的"寻找内在的自我"正念课程，这是公司与陈一鸣共同制作的。现在，任何公司都可以利用这些课程，因为"内心深处领导力研究所"（https://siyli.org）提供有关正念领导力的研讨会。

毫不奇怪，谷歌的主要竞争对手之一脸谱网也采用综合方法来思考员工金字塔的基础。他们邀请我在人力资源领导人全球大会上发言，因为他们启动了一项新举措，即 Life @ Facebook。

脸谱网人力资源副总裁都铎·哈夫里柳克解释说："巅峰是 Life @ Facebook 的灵感来源之一，这是我们关心员工以及对他们重要的人的综合方法。仅仅提供有竞争力的薪酬还不够，还要做很多事情。因此，我们制订了计划并提供了资源，以帮助我们的员工处理他们生活中最重要的领域：社区、家庭、健康、离职、财务未来、个人和职业发展以及便利的福利。使用这种新方法的结果就是脸谱网 96%的人相信或坚信公司关心他们。"4

公司在福利方面的慷慨不限于硅谷。位于威斯康星州麦迪逊市外的普洛麦格公司自 20 世纪 80 年代以来在其企业园区内提供了一个豪华健身中心，自 90 年代以来提供瑜伽、按摩和冥想等正念项目。他们的校园用天然材料将外部环境与当地景观结合起来。公司提供花园空间供员工个人使用，公司花园可以为公司用餐空间创建健康的菜单。最后，他们尝试了一个名为情商和社交商（Emotional and Social Intelligence，ESI）训练营的课程，帮助员工学习以同理心、洞察力和勇气的形式存在的自我意识的技能。

我很幸运能够在六大洲举办数百场巅峰演讲活动，并见证一些采用巅峰运营视角的公司的非凡的故事。但没有哪家公司能给我留下比莱德曼公司更深刻的印象，它是南美洲最大的安保公司之一。你可以想象，南美洲的安保业务充满了挑战，首席执行官（和"文化的守护者"）哈维尔·卡尔沃·佩雷斯·巴迪奥拉告诉我各种问题：警察腐败、组织犯罪、工资低以及公众尊重缺乏。莱德曼公司现在在拉丁美洲被评为"最佳工作场所"，它非常认真地对待这些问题，因为这些严重影响了他们的招聘。他们想出了多种举措，并将各种巅峰课程包含进来，以便让员工感到他们在工作中被重视。其中一些比较值得注意的举措包括：

- 他们制作了一个广播节目让值夜班（有许多警卫在上班）的员工听。这个节目成了该国最受欢迎的深夜节目，这有助于放大莱德曼公司的核心价值观。
- 他们开发了一门名为"重视你的配偶"的课程，帮助几乎全是男性的警卫学习如何更好地对待他们的伴侣。还有一个"与你的家人共进午餐"的项目，老板带着午餐到警卫家里拜访警卫和他们的家人，并带礼物送给孩子。
- 他们将工资日提前到每个月的 12 日和 28 日，所以员工觉得他们比其他公司的朋友更早拿到工资，而且帮助他们提前支付租金和其他月初就要支付的账单。

总而言之，世界上最好的公司——无论他们雇用的是昂贵的软件工程师还是警卫——都会根据他们的贡献者和合作者的独特需求，为其量身定制薪酬和福利方案。

比金钱更重要

最近有许多研究表明，大多数公司都有信心地表示，提高薪酬是留住雇员的最好办法。对此，我不敢苟同。雇员对他们从工作中获得的价值的感知是非常复杂的。你有多看重放弃工作上的朋友、风景如画的环境、自由支配时间的好处与直属领导建立起来的轻松关系？一旦雇员超越了基本需求的范畴，金钱就不是主要的激励因素。彼得·德鲁克说："50 年来，我们都知道金钱不足以激发人们履行职责。如果对金钱不满意，人们就会完全失去动力。然而，在金钱上得到满足主要是一个'保健因素'。"[5]

弗雷德里克·赫茨伯格有关内在和外在福利的著名著作说明，金钱是不应被忽视的基础需求，特别是在低工资的行业。但他也写道："问问人们在工作中是什么让他们不开心，你会听到各种各样的回答，如讨厌的老板、工资低、工作环境让人感到不舒服或愚蠢的规章制度。管理得非常糟糕的环境让人感到很痛苦，而且肯定会让人丧失动力。但是，即使管理得非常好，它们也不会激励人们更努力地工作或在工作中变得更聪明。能够给人以动力的反而是令人感兴趣的工作、挑战和更大的责任。这些内在的因素满足了人们对发展和成就感的根深蒂固的需求。"[6]

哈雷戴维森公司的前任首席执行官里奇·提尔林克和他的内部顾问李·欧莱在《不仅仅是摩托车》一书中描述了他们在 20 年前如何将马斯洛和赫茨伯格的理论融合进而建立了帮助公司在财富上实现跳跃式发展的强有力的薪酬体系。哈雷戴维森公司薪酬体系实践背后的理论与公司及其雇员的实际情况之间存在着差距。哈雷戴维森公司的下一个任务……是提出一种新的、与实际情况更吻合的薪酬理论。[7]

哈雷戴维森公司的高层领导团队在深入讨论之后，认识到有四个深刻的心理支柱定义了公司对薪酬政策的认识：

（1）在可能的情况下，让雇员有机会按照自己的想法做事。

（2）认识到工资和福利只是回报与认可体系整体的一部分。

（3）公平是雇员对薪酬是否感到满意必不可少的一部分：相对于其他公司的工作者的公平以及相对于哈雷的其他雇员的公平。

（4）确保对雇员的奖励与认可符合公司的整体目标。

我们都可以从哈雷戴维森公司身上学到一些东西。在美国的企业中，该公司的雇员属于比较忠诚的雇员。几年前，我有幸成为他们公司正在考虑的新开发项目的顾问。根据我亲眼看到的，我可以断言，普通公司和伟大公司之间的区别是公司雇员的动力。他们就是这一条公认的真理的杰出典范。哈雷戴维森公司深谙此道，他们通过调整薪酬与认可制度，使之既激励了雇员，又与公司的目标相吻合。

虽然金钱可以用来买单，但金钱未必能买到快乐。在过去 30 年中，美国的真实收入增加了 16%，而认为自己"非常快乐"的人从 36% 降到了 29%。心理学家和作家马丁·塞利格曼在《真实的快乐》一书中写道："我们的经济迅速地从财富经济转变为满足经济。"[8] 美国人追求的不只是多赚一块钱。就像个人有需求层次一样，国家也有。美国正飞速地沿着金字塔，朝着更

无形的、包含认可与意义的福利发展。我们将在随后的两章中了解到更多的内容。

你的需求金字塔的基础有多稳固

要保证雇员需求金字塔有稳固的基础（薪酬），保证雇员的基本需求得到满足，我们需要采取什么措施呢？金钱是一种有形的量尺，任何雇员都可以用它在你的公司与竞争对手之间做比较。但是，创造价值的方式有很多。令人奇怪的是，在考虑薪酬体系时，更多的雇主不能超越他们支付给雇员的基本工资而往上看。

快乐生活酒店集团每年就工作氛围进行两次调查，帮助我们了解在各个方面与业内平均水平的比较状况，如在薪酬和认可等方面。我们比较的不仅是工资，还包括我们作为一个组织所重视的东西，以及我们认为有助于让雇员总体上感到满意的东西。通过认真关注这些结果，我们实现了我们的目标，即在上次调查中，我们管理的 90% 的酒店在雇员的总体满意度方面超过了业内平均水平，7% 的酒店处于平均水平，仅有 3% 的酒店低于平均水平。

我们聪明地采用了性价比最高的基准检测工具。这个工具是《财富》杂志每年进行的"最佳雇主 100 强"调查。这项调查活动是由理想工作场所研究所策划和管理的。我们每年都对雇员进行调查，就我们的薪酬体系、工作环境和文化提出详尽的问题。虽然我们仍需努力才能成为 100 强，但是我们的确收获了一组免费的数据，这些数据表明了我们的雇员在可信度、尊重、公平性、自豪感和情谊五个大的方面，以及 56 个具体项目上的"信任指数"。我们可以将自己在不同的度量标准上的表现和"100 强最佳基准"进行比较，如我们的雇员是否认为公司是一个"令人愉快的工作场所"或我们的雇员为公司付出的努力是否得到公平的工资。我们将这些结果进行分类，如工种、性别、年龄、在公司服务年限、人种或种族以及兼职与全职等。这样我们就可以了解在公司内部是否还有一小部分人群需要更多的关注。

虽然我们获得的非公开的统计数字非常令人感兴趣，但如果管理者希望了解在薪酬体系创新上的更好办法，他们必须翻阅有关的年度报告（通常是 1 月份发布）。在翻阅这些年度报告时，你会了解到天木蓝公司的雇员可以获得 3 000 美元的补贴用于购买混合动力汽车、礼来公司允许怀孕的雇员在预产期前提前休息一个月，或者 J.M. 斯马克公司可以 100% 报销学费，而学费的金额上不封顶。

由于基因泰克公司在 2006 年的调查中位居首位，而且他们也是在旧金山湾区，因此我决定彻底地对他们进行研究，以便了解是什么使他们成为美国的“最佳雇主”。虽然一个市值达到几十亿美元、从事生物技术的跨国公司与一个地区性酒店公司似乎没有什么共同点，但我们还是有许多共同点。基因泰克公司的前任人力资源主管告诉我，惠普公司慷慨的文化历史对他们公司的创始人产生了巨大的激励作用，他们在创办企业时就努力提供“福利中的劳斯莱斯”。在这些福利中，大多数项目对于快乐生活酒店集团的预算来说都有点奢侈，但让我印象最深刻的是，基因泰克公司提供给雇员的一些福利更像是大众而不是劳斯莱斯，比如星期五下午大家在一起欢聚（在后院里打开啤酒桶），几十年来这已经形成传统。

在 2006 年的“最佳雇主 100 强”评选结果中，最大的故事是针对工作与生活的平衡而推出的带有薪酬性质的福利逐渐成为趋势。追溯到 1999 年，在入围的公司中，只有 18 家公司允许远程办公；而今有 79 家。现在，81 家公司压缩了工作天数，例如每周工作 4 天，每天工作 10 个小时，星期五休息；而 7 年前，只有 25 家公司这样做。从个人管家服务到可以带回家的饭菜，任何能让雇员的生活变得更轻松的事情，许多公司都会予以重视。他们就应该这样。

在这个时间紧迫的世界里，雇主在薪酬上可以给予雇员的最大“礼物”可能是休息的时间。在这个季节，按照多年来的惯例，如果按月领取工资的雇员（和某些小时工）每连续工作三年，快乐生活酒店集团就会向他们提

供一个月的带薪假期。其中的逻辑非常简单。我们主要业务——酒店——永不停业，因此不是按照固定的 8 小时工作制上班的雇员，就会有很大的过度疲劳的风险。此外，我们每天的业务是接待来自五湖四海的宾客，并与这些形形色色的人交朋友。我们的雇员开始认识这些宾客，听他们讲带有异国情调的家乡的故事，甚至与这些客人建立了笔友关系。而在这些宾客中，许多人每年休假 4~8 个星期（特别是来自欧洲的宾客）。因此，虽然长达一个月的休假有点另类，但它让我们的雇员有更多的机会到海外旅游并可以利用他们在酒店建立起来的国际关系，而如果你每年只有 2 个星期的假期，要到海外旅游是非常不方便的。

当旧金山湾区的服务业急剧下跌时，你可以想象得到我们在要取消这种特殊福利时面临着多大的压力。能提供带薪休假的酒店非常少，而且坦率地说，我不知道哪一家公司能够每隔 3 年提供 1 个月的假期。这种特殊的福利是非常重要的。因此，为了坚持我们的立场，我们定期与我们的某些酒店投资人和业主交流。幸运的是，我们有足够的说服力让他们相信这种特殊福利能够挺过萧条期。我的想法非常简单：快乐生活酒店集团的休假制度是公司 DNA 的一个组成部分。

在许多雇员看来，附加的福利不再是额外的。他们把它视为薪酬体系的关键部分。在快乐生活酒店集团，我们努力在基本工资之外找到颇具创新的回报方式。我们在网络公司快速发展的时期收购了旧金山最大的温泉水疗中心——颇负盛名的歌舞伎温泉水疗中心。不仅因为我们认为这是一项明智的酒店投资项目，还因为我们有意识地决定，通过拥有这个房地产项目，我们就能够向雇员提供半价享受按摩服务和免费使用带有日本异国情调的浴池的额外福利。

同样，因为我们在这个地区经营的酒店在数量上超过了任何其他公司，所以为什么不能向我们的囊中羞涩的、没钱长途旅游的雇员提供免费的酒店房间呢？根据第 2 章的内容，你了解到我们的一些酒店十分受外出旅行的音乐家的欢迎。那么为什么不（通过我们与城里的不同音乐会会场建立起来的关系）向我们的雇员免费提供没有售罄的音乐会门票呢？你的公司可以向雇员提供哪些不易长久保存的商品，提升他们对自己薪酬的感知呢？例如，医药公司阿斯利康公司向雇员提供免费的处方药。

薪酬创新之王可能要首推巴西塞姆科公司的首席执行官里卡多·塞姆勒了。他在自己写的《周末有七天》中描述了各种有趣的特殊福利，如量身定制的健康计划，但其中尤其值得注意的有两种：

（1）高峰时间开设 MBA 班。每个星期一的下午 6 点，一群雇员集中在一起，以便有效地利用他们本应在圣保罗的交通高峰时段坐在汽车里打发的时间。人们可以在总部听讲座和上课，而不是在路上浪费 2 小时的时间。

（2）提前退休。这项计划解决了这样一个事实，即当你富有冒险精神而又精力充沛时（比较年轻的时候），你没有钱去探险，但是当（年纪大的）你有钱了，又常常体力不支。通过这项计划，雇员可以从公司"购买"提前退休，想买多少就买多少。你今天可以降低你的工资和减少工作时间，以后再还给公司。[9]

可能对你来说，巴西的公司感觉有点遥远。那么，看看安永公司吧，它是全球的专业服务公司，在全世界有超过十万名雇员，并形成了"以人为本"的文化。安永公司推出了一整套以全新生活方式为导向的福利制度，包括永久性地在阵亡战士纪念日、国庆节和劳动节实施 4 天制周末假期。这是一个绝妙的注意，因为我们都傻乎乎地在完全相同的时间扑向高速公路和飞机来庆祝这几个周末，从而造成马路、机场和火车站出现拥堵的局面。这种特殊福利使得永安公司的雇员可以真正地享受长周末，而不用因为出游时因在同样的时间内与其他人一起堵在路上而心烦意乱。

为了避免竞争对手安永公司抢了自己的风头，普华永道每年 2 次在全公司实施关门歇业计划，以保证人们能够真正地放下工作休息。普华永道在圣诞节期间提供大约 10 天的假期，在国庆节期间提供 4~5 天的假期，从而使其雇员能够安心休假。因为休息一段时间不意味着他们会错过重要的会议，或在返回工作岗位时收到同事数千封邮件。看到像安永公司和普华永道这样的竞争对手也在竞争谁是比较慈善的雇主，这难道不令人欢欣鼓舞吗？

Clif Bar 的创始人兼前首席执行官盖里·埃里克森（Gary Erickson）在《更上一层楼》（*Raising the Bar*）里提到了一些独特的福利，包括工作场所免费供员工个人使用的洗衣机和烘干机、提升员工形象的发型师、帮忙取车又把车开回到员工的停车位的汽车推销员。谁有时间来处理所有这些工作之外的琐事？克里夫能量棒公司很聪明，能够认识到当公司帮助支持生活中不可避免堆积起来的生活琐碎时员工的压力就会减少。

巅峰处方

你的公司如何更好地解决雇员的薪酬需求？你确信这些基本需求都得到满足了吗？哪些公司是你可以效仿的呢？让你自己——或者请你的上级或同事——来思考以下巅峰处方：

（1）确定雇员现在对公司薪酬体系的心态。如果公司还没有实施工作环境调查，请立即开始进行，而且不要以为一年进行一次就够了。你每年只对顾客进行一次调查吗？同时确保每年也要调查竞争对手的工资状况。

（2）问问雇员："作为你的雇主，我们做哪件事可以改善你的福利待遇或工作保障呢？"你通常不能大幅度地提高工资，但你可以考虑独特地、能够有意义地满足雇员需求的福利。你越多地以定制的方式为每位雇员这样做，他们就会越开心。一刀切的心态不再适合于顾客或雇员了。

（3）问问要离职的员工，新工作吸引他们的地方是什么。参与《财富》杂志一年一度的"最佳雇主100强"的竞争，表现得像"最佳雇主"可能对你的账本底线有好处。因为在过去10年中，这些100强公司在股票市场上的收益是标准普尔500强的3~4倍。

（4）进行一个内部审计，看看你在对内向雇员公开宣传薪酬体系上做得有多好。通过调查竞争对手的薪酬，你发现你比他们多付10%，但你的雇员未必知道这一点。找到一个既能让雇员了解到这个事实，又不会听起来像是在自吹自擂的方法。许多公司会发一张年度"总工资单"，其中以饼图概括出直接支付的基本工资、奖励津贴、福利计划、退休计划、社会保险和其他像汽车补贴这样的福利。让雇员看得见这些福利，他们就会认识到，在他们的薪酬体系中，基本工资之外的部分高达20%~25%。你可以提供各种被深深地隐藏在雇员手册中的独特福利。与其宣传这些特殊福利，不如在公司的新闻简报中以照片和故事的形式关注一些享受过这种特殊福利的雇员。

（5）寻找不易保存但可能对雇员有用的资产。这些资产可能是公司生产的产品或供应商送的礼物，但它们常常也可能是高层管理团队才拥有的东西。首席财务官可能在山里有一间滑雪木屋，或者你的营销副总裁可能拥有本地大联盟或小联盟棒球队比赛的季票，为什么不作为免费的福利向你的雇员提供这些东西呢，特别是对那些超额完成目标的雇员？木屋或比赛场馆的座位可能在大部分时间都处于空闲状态。这也是一个非常好地让高管与一线雇员建立联系的办法。

（6）组成一个高管团队（其中包括级别最高的人力资源主管），并就公司在金字塔的金钱需求层次上实施何种独特战略展开深入的讨论。聊聊某些离职的明星雇员，并了解他们的离职是否与这个金字塔的金钱需求层次有关。举行头脑风暴，就公司如何在提供基本工资、奖励工资和独特福利等一系列具有标志性的薪酬福利上成为最佳实践的领先者集思广益。想想你提供给雇员的激励措施，是否符合你的关键性战略目标。

但是，我们要认识到，当接下来向上进入到雇员金字塔的第二层时，在金钱层就领先的公司也从来不会落败的。想想美捷步，这个在线服装零售商被亚马逊以近10亿美元的价格收购了。这个达到巅峰绩效的公司决定"贿赂"他们的新雇员离职。该公司的所有新雇员，在完成6天的培训之后，可以拿上他们到目前为止的工资再加上2 000美元（现在已经涨到4 000美元）离职。这个在他们为期四周的培训接下来的时间以及培训完成之后的

前三周都有效。美捷步为什么要这样做？首席执行官谢家华说，因为这样做能够确保公司留住的是那些被比金钱更高层次的东西所激励的员工。

对于拥有小时工的公司来说，金钱的问题尤其具有重要的意义。据报道，好事多公司的雇员流动率是沃尔玛的 1/5，原因在于它设计的薪酬体系远比沃尔玛优越。与沃尔玛相比，好事多公司为雇员设计的薪酬体系包括更高的小时工资、更多的人可以享受卫生保健服务、雇员在卫生保健方面明显少缴纳许多保险费。在好事多公司，大约 80% 的雇员享受公司资助的卫生保健服务，而且员工只缴纳其保险费用的 8%。

在好事多公司，雇员的偷窃率是行业平均值的 1/10，从而使得公司每年节省数百万美元。这一事实会让你感到惊讶吗？

虽然要满足雇员（和被剥夺工资的首席执行官们）的基本需求，金钱显然是必不可少的，但当人们在公司中的级别越来越高时，金钱作为排他性的动机就越来越小。随着收入的增加，使人们产生动机的因素也在增加。即使当金钱似乎是某个重权在握的管理者的主要激励因素时，它也常常只是一种符号，象征着我们在金字塔的更高层次上所看到的某些东西。因此，我们接下来要来看这个金字塔的第 2 层：促使雇员产生忠诚感的认可需求。

推荐读物

Authentic Happiness by Martin E. P. Seligman

"Extreme Jobs: The Dangerous Allure of the 70-Hour Workweek" by
Sylvia AnnHewlett and Carolyn Buck Luce, *Harvard Business Review*
(December 2006)

"One More Time: How Do You Motivate Employees?" by Frederick
Herzberg, *Harvard Business Review* (1968)

Raising the Bar by Gary Erickson and Lois Lorentzen

Search Inside Yourself by Chade-Meng Tan

The Motivation to Work by Frederick Herzberg et al.

"The 100 Best Companies to Work for 2006," *Fortune Magazine* (January 11, 2006)

"The High Cost of Low Wages" by Wayne F. Cascio, *Harvard Business Review* (December 2006)

The Seven-Day Weekend by Ricardo Semlar

第5章 培养忠诚感

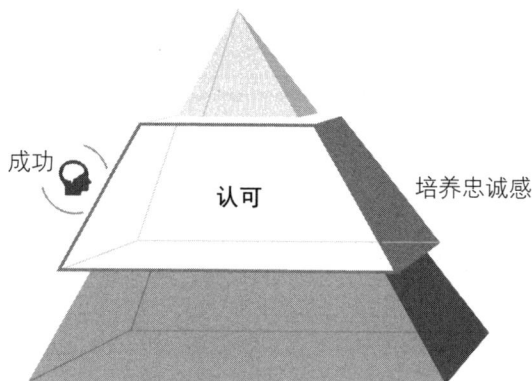

薪酬是权利；认可是馈赠。

——哈佛大学教授及作家罗莎贝斯·莫斯·坎特 [1]

在 20 世纪 90 年代中后期，一部以俏皮话的形式处处体现出哲理的电视剧深受观众的欢迎，如果没有在会议室里讨论的话，它也是上班族中午吃饭时谈论的话题。波士顿青年律师艾丽·麦克贝尔身穿超短裙，整天焦虑不安。她有许多名言，如"男人就像口香糖，嚼完之后，他们就索然无味"，或者"我们是女人，我们有双重标准要遵循"。

如果你追过这部电视剧，你可能记得艾丽（由卡莉斯塔·弗洛克哈特扮演）的治疗师告诉她说："你需要一首主题曲。一首你可以在心里播放、能让你感觉好一些的曲子。"因此，艾丽和她的治疗师开始寻找完美的主题曲（带有摩城音乐的节奏），以便帮助艾丽度过作为律师压力很大的白天以及作为爱情受挫的单身姑娘的夜晚。在快乐生活酒店集团的我们认为，如果主题曲对艾丽有效，那么它可能对我们也有效。我们没有创作出指望全体雇员都会唱的主题曲或某种激情澎湃的啦啦队歌，但我们的确找到了一本有助于我们定义快乐生活企业精神的主题书籍。我向雇员们分发了许多本童书《小火车头做到了》，让他们知道，我欣赏它们那种"我能做到"的积极态度。我们从市场矩阵公司那里了解到的东西是让我们想到这种态度的部分原因。该公司负责向我们提供关于雇员和顾客满意度的报告。他们发现，与我们的客人成为回头客的可能性相关的，是他们是否相信我们的雇员在向他们提供服务时体现出"我能做到"的积极态度。

你可能记得《小火车头做到了》讲的是一列小火车被迫将孩子们的玩具运过山去，结果完成得超出预期的故事。出乎所有人的预料，这列蓝色的小火车完成了任务，它不断地提醒自己："我想我能……我想我能……我想我能……"虽然这句话看上去非常简单，而且有点感情用事，但这种乐观和机智的信息，很符合快乐生活酒店集团的历史和声誉。当时我们就像《圣经》里的大卫一样，在巨人林立的服务业里拼死挣扎。但是，弱者发出的这种坚韧的信息，也是我们许多的雇员最本真的写照，他们很多都是移民，而且都是没有接受过高等教育的劳动者。他们中的许多人克服各种不利的条件来到美国，并在世界上物价最昂贵的地区之一勉强糊口度日。公司有一位客房服务员得到首席执行官亲自赠送并在内页上亲笔题写个性化内容的这本书，这使得这种认可更加贴心。另外，这名雇员回家以后可以把这个故事告诉家里人。我们认为，这比某些挂在墙上的陈腐的、具有约束力的牌匾有意义得多。

我将永远不会忘记吉尔·普蕾蒙斯写给我的感谢信。她是集团两个酒店的高级销售主管。虽然酒店的装修工程不断延期，但她在销售上表现出了坚持不懈的意志。为此，我们当着快乐生活酒店集团所有销售人员的面，奖励了她这本书。在吉尔给我的感谢信中，她写道："非常感谢您在销售会议上给了我这本书和给我认可。对于这种礼遇，我无法用语言形容我的感激之情。我的祖父曾是铁路工程师，这本书一直是我最喜欢的、伴随我成长的一本书。"我敢打赌，与我们可能随意发给她的任何金钱奖励相比，那

本书更有价值。

马斯洛敬佩心理学家兼哲学家威廉·詹姆斯，后者去世的时候，马斯洛差不多刚出生。詹姆斯曾经写道："人类最深层次的愿望是渴望得到重视。"[2] 饥饿与对食物的渴望相关。当饥饿的需求得到满足后，人们最敏锐地感觉到的饥饿感是对认可的渴望，认可满足了马斯洛需求层次理论中的社交与尊重的需求。

吉尔的感谢信让我认识到，给予别人认可，和接受认可一样有价值，特别是当你意识到它对于接受者来说是多么有意义时。应该给每一位刚开始接手领导公司职责的首席执行官发一件印有詹姆斯名言的 T 恤衫。大多数组织都陷于有形的薪酬问题上，以至于他们忘记了，给予雇员真正的认可，是保持较低的雇员流动率和较高的生产力最好的方法之一。具有讽刺意味的是，薪酬花钱很多，但其实只满足了基本需求，而认可的礼物并不贵，在满足雇员的更高层次的需求上花钱少、效果好。那么，大多数公司为什么把绝大多数时间都用在关注雇员需求金字塔的底层上呢？

市值达数十亿美元的玫琳凯化妆品公司的创始人玛丽·凯·阿什（Mary Kay Ash），最出名的事是用标志性的粉红色凯迪拉克轿车奖励最优秀的销售人员。这个位于得克萨斯的公司之所以能崛起，离不开她"表扬雇员成功"的方式。她这样建议她的经理们："假装你遇到的每一个人都在脖子上留有一个标记，写着'让我感到自己很重要。'照此去做，你不仅会在销售上取得成功，而且会在生活中取得成功。"[3]

要是玛丽·凯以前当过我的第一任老板麦克的老师，那该有多好。在14 岁时，我曾在麦当劳工作过 6 个星期，麦克是我的上司。麦克让我了解到什么是雇员的忠诚感（或缺乏忠诚）。我后来读《首先，打破一切常规》了解到了忠诚感。既是作家又担任盖洛普咨询公司主管的马库斯·白金汉和柯特·科夫曼调查了 400 多个公司的 8 万名经理，发现了一条真理："雇员加入公司，但他们远离他们的经理。"[4] 我进入麦当劳工作，但我远离麦克。

盖洛普公司的调查发现，在雇员的生产力与忠诚感上，最重要的变量不是工资、金钱福利和非金钱福利或工作环境，而是雇员与直属领导之间的关系。正如白金汉与科夫曼在《快速公司》杂志上描述的那样："人们最希望从上级那里得到的，与孩子最希望从家长那里得到的是一样的：提出明确的和始终如一的期望，关心他们，重视他们所独有的品质、鼓励与支持他们成长与发展。"[5]事实上，他们发现，良好的工作场所有 12 个关键的决定因素。其中作用最大的 6 个都与雇员及其老板有关，例如"雇员上周得到过认可吗？"或"上级看起来好像把雇员当作人来关心吗？"

　　我最喜欢的消遣之一是走进一家不熟悉的酒店，坐在大堂里不走，只是想感受一下雇员们的默契程度。通过雇员们贴在前额上的无形的报告卡片以及雇员与客人、雇员与雇员的交流，我通常可以感觉到这个酒店是否有一个优秀的雇主（或更明确地说，是否有一名优秀的总经理）。有时候，我会正好注意到挂在大堂墙壁上的、各个酒店普遍都有的"本月最佳雇员"的牌子，已经有好几个月没有更新了。如果你具有敏锐的观察力，你不必靠公司一年只实施一两次的工作环境或雇员满意度调查，也能确定你的雇员是否全身心地投入到工作当中去。

　　我欢迎你到快乐生活酒店集团的某一个酒店进行考察。虽然我们并不完美，但你可能会体验到我们的认可文化所结出的硕果。在经济衰退中，我们面临一连串无情的坏消息。为了应对这种局面，我们的首席人事总监简·霍华德和我们的执行委员会的其他成员想方设法创造好消息，或至少让我们的雇员形成良好的默契感。我们采取的某些措施简单而且已经成为习惯，如前总裁杰克·肯尼每周打电话给 8~10 名雇员，祝他们生日快乐，或在他们为公司工作满几周年时向他们表示祝贺。

　　在经济衰退中，我们鼓励我们的每一个酒店创造自己独一无二的认可制度。我们让经理们认识到，当疲软的经济慢慢地灌输大量恐惧心理时，认可能够创造出积极的意志。例如，在我们按成本价定价的卡尔顿酒店，其雇员与客户的满意度在旧金山湾区的所有酒店中得分是最高的，并因此被《华尔街日报》做过专题报道。总经理做了一些小事，如在新雇员的入职培训会上要求他们填写"个人爱好表"（最喜欢的糖果、音乐风格或图书等）。这样，当我们在卡尔顿酒店的管理团队想对雇员所做的工作表示认可，就可以向雇员提供个性化的奖励。

我们的执行团队认识到，真正实行认可文化的公司一定会自上而下地体现出这种文化。我们对这个问题的态度是非常认真的，以至于我们公司的执行委员会在每周与公司中 15 个最重要部门的负责人开会时，改变了结束会议的方式。按照惯例，在每一次会议接近尾声时，执委会的每一个成员都有机会用 1 分钟时间，说说在公司中谁应得到额外的认可以及为什么。这个人可能是某个传达员，他在电梯出现故障时爬了几十级楼梯，把一个德国旅游团的几十件行李抬了上去；可能是某个前台接待员，她在下班后到机场送还客人遗忘的行李（我们甚至还有一名雇员，他在即将去中国度假前，提出要将我们最近接待的一名香港客人遗忘的个人物品物归原主）。这些故事通常都很简单，但很感人。在每一个故事的最后，来自不同部门的执委会成员会志愿亲自给雇员打电话、发电子邮件或去看望他们，告诉他们，他们所做的工作有多么了不起。

这种制度化的、微不足道的程序可以在任何规模的公司中实施，但是它对快乐生活酒店集团尤其有作用，因为我们已经发展到拥有 3 500 名雇员的规模了。这不仅能让公司的高管想起一线上的人，还有助于我们对我们做的事情感觉良好。另外，任何快速发展的公司都会认识到，经常锻炼这块认可"肌肉"，将有助于打破各个部门之间形成的隔阂。当技术部门的负责人给入职时间较短的酒店销售人员打电话祝贺他与第一个顾客签订销售合同时，这种行为传达了这样一个信息：我们是一起的。有关的消息从本部门负责人的嘴里传出去，能让销售人员感到这对于公司的高管们来说也是大消息。

为什么认可具有支配作用

那些形成战略性认可制度的公司有哪些最佳实践？首先，他们遵循畅销书作者鲍勃·纳尔逊的建议，即"你得到你奖励的东西"。如果你想了解一个公司真正重视的是什么，不要仅仅浏览他们挂在墙上的、有关使命的章程，更需要了解他们已经形成制度化的认可项目，以及这些项目是如何与公司的财务和战略目标关联在一起的。优秀的公司在人们得到奖励与组织优先考虑的事情之间，建立了清晰的联系。

许多统计数据强有力地证明了认可在工作场所中的重要性。理查德·巴雷特在《解放企业的心灵》一书中引用了一项研究。该研究表明，在影响公司财务绩效的可变因素中，大约 40% 的因素归结为雇员在工作场所中的成就感。此外，在影响雇员满意度的可变因素中，几乎 70% 的因素与雇员和经理之间的关系有关。根据艾德里安·高斯蒂克和切斯特·埃尔顿在《胡萝卜管理策略》中引用的一项研究，有雇员认可策略的公司所实现的股东回报，是没有这种策略的公司的 2 倍。

达维塔公司的市值达 50 亿美元，其致力于经营世界上最好的肾脏透析中心。他们在美国拥有成千上万个透析中心。首席执行官肯特·瑟瑞（Kent Thiry）认识到，雇员必须清晰地了解公司的目标，因为，如果总部看重的东西不被传达给一线上成千上万的"队友"，就会有很大的危险。当瑟瑞于 1999 年加入公司时，达维塔公司在财务上出了问题，而且没有一套定义公司运营模式的核心价值观。瑟瑞要求雇员帮助公司制定 7 项核心价值观。从此以后，每隔 6~8 周，瑟瑞和其他高管就给所有帮助公司制定核心价值观的 800 名负责人打电话，并向他们提出如下问题："有什么证据表明我们正在实施和保持我们的核心价值观？"在公司一年一度的颁奖典礼上，瑟瑞给在各项价值观上成为最佳模范的透析中心颁奖。这些透析中心派出的代表团从全国各地飞到这里来领奖（并收到他们的演讲的视频资料，回去后可以与同事们分享）。

达维塔的经营模式在许多方面与快乐生活酒店集团的经营模式非常相似。一般来说，雇员基本上都没有受过高等教育。由于 90% 的雇员直接面向顾客提供实际操作的服务，而且实际操作的员工班排得很满，所以雇员的出勤率是透析中心成功的关键。为了使得针对雇员的认可制度符合公司最大限度地降低旷工率的目标，达维塔设置了"我们来了"的奖项，每年

在全公司范围内表彰全勤的雇员。这些可以信赖的队友在这一年的每一天都准时上班，公司将他们每一个人的姓名印在帽子上。公司每 6 个月随机地选择 50 名全勤的雇员，奖励他们 1 000 美元奖金，由公司的高管（副总裁或更高级别的领导）在他们的透析中心给他们颁奖。自从开始实施这项奖励之后，达维塔向 1 200 名雇员发放了 120 多万美元的奖金，该公司迄今为止与竞争对手相比一直是旷工率最低的。另外，自从该公司制定了这些独特的、各种各样的表彰活动，他们的雇员流动率下降了一半。

你可以在你们公司内部实施哪些表彰活动，使雇员的行动与公司的目标保持一致呢？

培育认可文化

最好的认可制度不限于整个公司范围的正式措施。优秀的公司还会教育和要求他们的经理对下属提供一对一的、正式和非正式的反馈机制，以强化雇员对企业目标的认识。

非正式的认可制度往往是工作场所里最普遍的认可方式，包括各种行为，如亲自或以电子邮件的形式提供实质性的反馈，或自发地向某个雇员赠送小礼品以示感谢。这种认可可能会发挥强大的作用，因为它是即时的、个性化的、经常性的，而且不局限于老板或雇员，也可以发生在同事与同事之间。正式的认可方式包括年度颁奖典礼、每月最佳雇员俱乐部或上级对下级的绩效评估等。执行得当的正式的认可活动，有助于公司公开地定义自己的价值观和目标，并且有助于受到认可的雇员得到范围更广的肯定。

培育出认可文化的公司往往既重视正式的认可机制，也重视非正式的认可方式。而大力重视正式认可机制但缺乏非正式认可方式的公司，代表的则是一种更传统的认可文化。通常，这种传统的认可文化可能体现出一点"家长式"的作风，而且脱离一线雇员。

　　另一个极端是松散的认可文化，它代表公司拥有强大的、非正式的认可方式，但缺乏正式的认可机制。这些公司可能会向雇员提供一个更像校园气氛的环境，但公司的目标与雇员的行为之间常常有点脱节。事实上，因为对雇员的评估、整个公司的目标与奖励措施等正式的认可活动的优先级不是很高，因此这类公司面临着创造了快乐的文化但商业战略执行得很差的风险。

　　如图 5-1 所示，列出了所有这三种认可文化以及你肯定不愿意看到的"忽略认可的文化"。

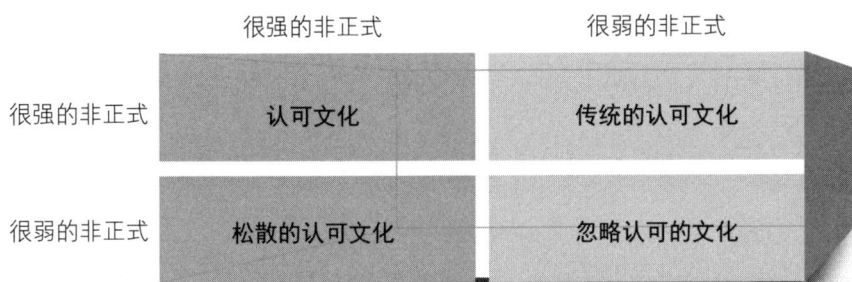

	很强的非正式	很弱的非正式
很强的非正式	认可文化	传统的认可文化
很弱的非正式	松散的认可文化	忽略认可的文化

图 5-1　采用非正式与正式认可机制的公司

　　让我们更深入地来看一下，以便理解你需要采取哪些措施才能改善非正式和正式的认可方法。

　　如果以雇员需求金字塔为导向，你的领导者可以就组织如何处理金钱、认可和意义等需求在内部展开对话。在始终大力推行非正式认可机制的公司中，他们的管理者和雇员通常具有很高的情商。在这种企业文化中，对个人整体的认可是友好的、公开的。

　　非正式认可要发挥作用，必须是：①真诚的和应得的；②特定的和个性化的；③定期提供的。非正式认可机制很大程度上就是要与你的雇员建立更深厚的关系。提供积极的反馈属于有点亲密的行为，因此许多经理对它加以掩饰，或以难以理解的方式提供这样的反馈。他们会在冲出门的时候对某人说"干得好"，但没有眼神交流。他们没有说清楚"干得好"指的是什么工作干得好，也没有解释雇员的行为是如何产生具体影响的。如果经理在这个问题上稍微思考一下，他们就可能意识到，让别人清楚地了解认可的内容，会有助于雇员知道下一次该怎么做。

拥有好的认可文化的公司在这方面会有独特的方法来训练他们的管理者。《西南航空模式》的作者乔迪·霍弗·吉特尔在书中概括介绍了西南航空公司采用的一种方法，其中的一个例子涉及 3 组接受培训的管理者：

> 每一组有一个成员被蒙上了眼睛，并要求把一个球扔向垃圾桶。扔球的人不知道：第 1 个小组什么也不能说，第 2 个小组按照指示只说"干得好"或"继续努力"，第 3 个小组可以提供有关垃圾桶位置的详细信息。不出所料的是，第 3 个小组是最成功的。得到最好的指示的人说："我等不及了，我想再一次轮到我。"引导者克里斯·罗宾森说："哇，这与工作有什么联系呢？除了真正听到指示的人外，你认为在工作中我们有多少人什么反馈也没听到或只是听到'干得好'，而不是真正得到有意义的指导呢？"[6]

所以，你做得越明确、越直接，你就越有可能看到团队成员的改进。

你如何给予反馈或表示认可呢？《1001 种奖励员工的方法》一书的作者鲍勃·纳尔逊是这方面的专家。他调查了数千名雇员，发现将近 90% 的雇员认为，亲自当面表扬对于他们来说是极其或非常重要的（与认为仅是有些重要或根本不重要的相比）。按照相同的标准进行比较，书面表扬的得分勉强超过 60%，通过电子邮件的表扬略低于 50%，通过语音邮件的表扬只是对于 26% 的参加调查的人来说是非常重要的。因此，你的公司应该奉行这样的箴言："无论何时，只要有可能，就亲自与你的下属沟通。"

认可不一定要与奖励挂钩，但是如果你要提供某种奖励，那么这种奖励最好是：①经过量身定制的，符合接受者的品位或需要；②公开给予的，这样接受奖励的人就受到较大范围的尊重，并且这样可以鼓励其他人以之为榜样；③便于接受者立即使用的，这样可以立即获得满足感。

为了推广非正式的认可，你可以采取无数的措施。在快乐生活酒店集团，我们有时采取以下所有，甚至更多的措施：

- 安排把鲜花送到为完成某个任务而加班加点工作的雇员家里，以对该雇员及其家庭表示感谢；
- 在雇员准备去度假时出其不意地向他们提供一张支票，以对他们的辛勤工作表示感谢；
- 带资历比较浅的雇员一起去拜访重要人物，只是为了肯定该雇员付出的努力；
- 养成习惯，每天列出 2 名应该获得额外荣誉的雇员的名字，把他们的名字带在身边，这样你可以利用上下班的时间，给他们打电话（或如果只能选择语音邮件，你就发语音邮件），对于他们取得的某种特定成就表示感谢。

至于正式的认可活动，关键是要确保不要拖得太久。你们的年度颁奖晚宴是不是有点太好预测了？你们设置的奖项是否真正地涉及组织的主要目标？你们是否在为同一批人安排同一套老掉牙的认可活动？从你的雇员的兴趣来看，你们公司的新闻简报是否在到雇员手中时就已经过时了？你可能需要一些能带来新想法的新鲜血液。

正式的认可活动不一定意味着要举办某种重要的年度颁奖晚宴。Intuit公司每年在对雇员的认可上花费的费用占薪酬预算的 1.5%。他们以正式的方式对待听起来非常不正式的东西。人力资源部设计了许多花样或奖励项目，如经理们可以定期用预付费的周末郊游活动感谢他们的明星雇员。同样，欧特克公司的同事通过当场给员工发 1 000 美元奖金的形式给他们惊喜。像欧特克的同事给同事发奖金和 Intuit 公司的许多奖励项目这样的认可活动，具有我刚刚介绍过的非正式认可活动的某些特点，但这些奖励项目的成本和范围，要求组织用更加正式、更加系统的方式。

通常，正式认可的最佳实践只是意味着利用你已经有的一些工具并把它变得更好。我有幸看到了西南航空公司面向整个公司的雇员出版的新闻简报 "爱的航线"（Luv Lines），当时新奥尔良刚刚因卡特里娜飓风而遭受了巨大的灾难。这份简报里西南航空公司的雇员在新奥尔良表现出的英雄

事迹，在广度上和深度上都很感人，令读者哽咽欲泣。简报中有一个专栏专门概括介绍每一个工种，包括从事维护与工程工作的雇员和负责人员调配的雇员，并解释了这些雇员在灾难过后采取了哪些特别的措施，不仅是帮助公司尽快地在本地恢复定期航班，也是在回馈社会。笼统地向雇员表示谢意是一回事，让西南航空公司的所有雇员这样详细地了解每一个工种，则完全不同了。

在快乐生活酒店集团，我们每年都通过假日晚会的形式创造巅峰体验，而在其他公司，这项活动常常是正式的、毫无悬念的。我们的这种活动非常有趣也非常感人，我们每年都会邀请几十名公司的前雇员与我们这个一千多名成员的大家庭重新聚在一起庆祝。晚会上最鼓舞人心的一个环节就是表彰本年度在 7 个不同类别上创造出最优异成绩的雇员。我们认真地表彰所有获得提名的人（超过 100 人）所付出的努力，他们的名字会出现在大屏幕上。最终的获奖者走上台来，这个晚上的最大赢家（非凡服务奖得主）会赢得一次去某个带有异国情调的地方（如巴厘岛）免费双人旅游的机会，并外加一周的休假。无论是晚间审计员、执行管家，还是温泉水疗中心的服务员，当雇员们看到他们自己的一位同事赢得大奖、有机会环绕世界半圈时，他们都会觉得简直有点不可思议。在经济衰退中，我们差不多要痛苦地取消这个重要的传统。事实上，旧金山湾区的许多与我们竞争的酒店企业，已经取消了假日晚会以节省开支。但我认为，在困难时期，这些活动能够加深雇员与我们的关系。事实上，在困难时期，举办与认可和培育文化有关的活动，甚至更为重要。

我们发现这种颁奖宴会有助于推动快乐生活酒店集团的文化发展，因此我们面向本地服务业推出了旧金山的第一个酒店英雄奖。在这个一年一度的活动上，来自旧金山各个酒店的最值得嘉奖的一线雇员，在数百名戴着黑色领结和穿着黑色礼服的同行面前，从市长和其他显要人物的手里接过奖品。我是在 2003 年提出这个想法的。当时由于旧金山的酒店市场出现急剧下滑，我们这个城市最重要的行业里的经理和一线劳动者，因此变得萎靡不振。另外，这个城市的许多酒店因即将开始的、充满对抗性质的工会谈判的前景，而变得烦躁不安。螺旋式下滑的趋势有可能影响任何企业，让人感觉它正在影响我们整个地区的经济。要从零开始培育这种全新的传统非常困难，而且我们没有启动预算，但是我们的首席发展总监克里斯蒂安·斯特罗贝尔（Christian Strobel）——就是他主导"酒店英雄"颁奖典礼的策划过程——用我们成功举办的假日晚会的模式，成功地创立起整个城市范围的一项全新传统。这项活动成为我个人每年所经历的巅峰体验之一，因为当值得受到奖励的传达员、酒吧服务员和客房服务员成为当晚的明星时，我开始感受到油然而生的"爱的泡泡"了。

对大多数公司来讲，可以将其变得更活跃、更有趣的另一种正式的认可是整个公司范围的年度目标。让所有雇员都有目标并且实现目标后有金钱奖励，这显然是一种最佳实践。在快乐生活酒店集团，我们认为，如果在完成目标的过程中加入某种戏剧性的成分，我们甚至可能做得更好。在几年前的假日晚会上，我与我们的前总裁杰克·肯尼自愿在台上当场让人把头发剃光，当然前提是公司完成当年我们按照"我做得到"的工作态度设定的目标。虽然我的发际线越来越往后退，使得这一招不再有多少新意，但我可以告诉你，我们的雇员欣赏这种对完成我们的集体目标的古怪的回报方式。最近，当公司再一次达到了按照"我做得到"的工作态度设定的分数时，我、杰克和我们的首席运营官在夏季烧烤会上装扮成戴安娜·罗斯和至高无上乐队的样子，并演唱了《高山无阻》这首歌。

从维珍公司的理查德·布兰森穿上婚礼礼服，到西南航空公司的赫伯·凯勒赫装扮得像猫王，首席执行官们已经形成了为集体利益而牺牲个人的传统，来庆祝和认可整个公司所实现的目标。20 世纪 80 年代初，山姆·沃尔顿要求沃尔玛的雇员按超额 8%的标准完成当年的税前利润目标。他说如果在公司雇员的帮助下，这个目标得以实现，他就会穿上草裙在华尔街上跳草裙舞。当他的公司完成了绩效目标时，这个来自阿肯色州的老男孩没有食言，在美国纽约金融区的狭长街道上，在真正的草裙舞舞蹈演员、夏威夷四弦琴乐手和沃尔玛的一群雇员的伴舞伴奏下，向大众媒体炫耀着他的草裙。

巅峰处方

要在公司中培育认可文化，你能采取哪些措施？

（1）为中层管理者开办认可培训课程。无论是他们每周五列出每周要认可的名单，还是帮助他们了解可由他们随意支配的、各种各样的非正式认可方法，你必须要让这种培训课程在组织的内部深深地扎根下来。例如，在每个月的员工大会上，我们酒店的总经理们已经形成一种习惯，分享至少一封由客人发来的并予以积极评价的信件。访问网址http://www.nelson-motivation.com，考察一下鲍勃·纳尔逊的"管理者的组织认可评估法"（Organizational Recognition Assessment for Managers，ORAM）。这是一个度量你的管理者对组织的认可机制的信心和看法的工具，可以帮助你设置当前所处位置的基准线。

（2）为你的管理者设计一种标志性的方法，让他们真正理解"看到"员工的重要性。如前文所述，西南航空公司采用了蒙眼扔垃圾到垃圾桶里的游戏。在过去，快乐生活酒店集团用了一种被称作"传递照片"的音乐椅活动。在这个活动中，管理者在管理会议上围着桌子传递照片，一次传一张，直到音乐停下来。然后管理者们要看看手中的照片，并向大家讲述这名雇员的故事，如他的个人生活，工作中最大的优点、缺点，以及挫折与抱负等。对于管理着几十或几百名雇员的酒店总经理们来说，这种加速认可雇员的过程是非常合适的。对于你的公司来说，什么是理想的、标志性的培训方式呢？你是否可以用理想的主题书或歌曲来团结和认可你的雇员呢？

（3）举行多样化活动或亲和力活动来创造认可和归属感。我的同事苏·冯克豪瑟（Sue Funkhouser）是讲授巅峰研讨会的专家。她发现，为少数群体（女性、性少数群体、种族少数群体、残疾人和年龄较大的雇员等）投资进而发展内部关系俱乐部的雇主，创造了更好的归属感。因为他们为这些员工在一个通常大多数人都不看不到他们的地方提供了统一的声音。大多数组织中都有一些人感觉自己能融入集体，而另一些人感觉自己被遗漏。帮助每个人都认识到自己、得到认可并且找到归属感，这除了政治正确性之外，对公司也很有帮助。因为这放大了少数人的声音，使之成为对抗同质化的组织中可能存在的群体思维。在爱彼迎，我们有父母俱乐部、老兵俱乐部和外国人俱乐部——超出你在公司中看到的一般会有的群体。

（4）使用员工绩效考核作为正式的表示认可的时间。许多经理和员工都对绩效评估到厌倦，但绩效考核确实提供了鼓励的机会。最好的考核（假设你想留住员工）为员工提供了更进一步的勇气，并感到自己没有被忽视并且得到鼓励。算一算你有多少个直属下属，估算每次考核需要准备的时长（在几周的准备过程中，一次考核可能需要5~10小时），然后将你每年花在审核直属下属的时间加起来。你很可能会发现，你每年的工作时间有2%到5%是用在这个工作上的，而它是确保你的成功和员工工作效率的最重要的工作之一。普洛麦格是一家生命科学公司，他们将考核过程分为三次谈话，每一次谈话都专注于过去一年中的某个特定的方面。这有助于促进沟通更有意义、更透明。

- 360——谈话专注于自我意识、自我实现和对反馈的公开性。

- 个人发展计划——谈话专注于工作绩效与发展，回顾过去并展望未来。

- 留任面谈——谈话专注于员工的投入，以及与同事、经理的关系。

（5）对认可表现最好的雇员，不要太小气。我承认，比起离我最近的人，我在表扬一线雇员上要做得好得多。在职务上与我关系越接近，我的期望值似乎就越高，我似乎就越会像对待自己那样，容易忽视他们。这听起来是不是很熟悉？假设你最大的竞争对手从你的公司挖走了 3名在组织内部处于不同级别的雇员。哪些雇员是最大的损失呢？他们知道这一点吗？我们很容易将精力专注于管理某些最需要的雇员上，并且假设表现最好的雇员绝对是快乐的、拿到的薪酬也很好。但是，要记住，研究显示，人们跳槽时接受的工资，平均只比他们原来的工资高大约

5%。真正的差别——即使是对你的许多明星员工来说——是他们感觉自己的所有才能和成就受到重视。

在你的公司中培育出认可文化，意味着你的雇员会更快乐、雇员的流动率会更低、生产率会更高。心理学家约翰·戈特曼在其里程碑式的婚姻研究报告中指出，成功的婚姻关系对对方造成的正面与负面影响的平均比率是5∶1。有关商业社会的其他研究报告认为，在决定雇员生产率的因素上，这个比率是3∶1。如果在工作场所里，你更注重的只是在出现问题时提供反馈信息，而不是对进展顺利的事情予以表扬，最终你的公司雇员的离职率会很高。

薪酬与认可是雇员需求金字塔的基础。但是，对真正得到内在动力的雇员来说，他们的工作生涯升华为一种自我实现的体验。因此，他们需要在所从事的事业中发现真正的意义。在下一章，我们将探讨如何在工作场所中注入意义。

推荐读物

First, Break All the Rules by Marcus Buckingham and Curt Coffman

How Full Is Your Bucket? by Tom Rath and Donald O. Clifton

Liberating the Corporate Soul by Richard Barrett

Managing with Carrots by Adrian Gostick and Chester Elton

1001 Ways to Reward Employees by Bob Nelson

Reclaiming Higher Ground by Lance H. K. Secretan

The Art and Science of 360 Degree Feedback by Richard Lepsinger and Antoinette Lucia

The Carrot Principle by Adrian Gostick and Chester Elton

The 8th Habit: From Effectiveness to Greatness by Stephen R. Covey

Why Should Anyone Be Led by You? by Rob Goffee and Gareth Jones

第6章 培养内在动力

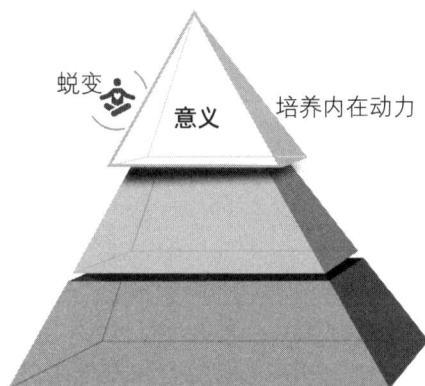

蜕变 意义 培养内在动力

最终，除非生活是有意义的，否则拥有美好生活是不可能的。如果没有有意义的工作，就很难拥有有意义的生活。或许，之后你会拥有那一片难得的宁静，因为你知道你曾经参加创造了本质上非常卓越的成就。确实，你可能获得所有满足感中最深的那一种：你知道你在这世上的时间十分短暂，但你没有虚度年华，而且你的时间发挥了重要作用。

——吉姆·柯林斯，《从优秀到卓越》[1]

你是否足够幸运能发现你的使命？是否有人在某个时刻对你说，"醒醒吧，这就是你为什么来到这个世界、待在这里的原因！"？通过观察其他人的生活方式，我发现了我的使命。

我曾经在英国的乡下学过几个月的大学课程。在学校放假的时候，我去德国旅游，其间搭了几天的便车。在德国西南部的黑森林山区，我染上了消化疾病，痛苦不堪。幸运的是，我拦下了一辆车（这在德国的高速公

路上不是那么容易的），司机送我到最近的村镇，并沿着一条隐秘的小路向下走，把我放在一家有 3 间客房、提供住宿和早餐服务的客栈里。我一点也不懂德语。旅馆老板玛丽亚懂的英语只有一点点，但她一眼就看到了我身上代表着痛苦的国际符号：冒冷汗和急需冲向最近的卫生间。

在没有拿到我的信用卡或看到任何形式的身份证明的情况下，她立即把我安置到一张舒服的床铺上，并通过手势对我说我要做的只是休息。我一定是睡了 12 个小时。不可思议的是，当我醒来时，床边摆着一碗热气腾腾的、自家做的鲜鸡汤。她怎么知道我什么时候醒来？在随后的两天里，我的生活范围被局限于床与卫生间这两点一线。但每当我醒来时，玛丽亚都会在我床边的桌子上摆一些新的东西：用于止吐的德国塞尔特札矿泉水、一小束花和一份英文报纸。

最后，我有足够的体力绕着这个小客栈散步了，并用英语与玛丽亚断断续续地交谈。她满怀自豪地带着我略微游览了这个风景如画的村子。当我身体几乎完全康复，准备第二天离开时，我感觉像要离开家一样。事实上，在离开时，我们都忘了，对她的热情招待我还欠她一些钱。这不只是一次寄宿经历，也不只是一次疗养的经历。这是善良的证明，而这种善良根植于服务业的基本前提中。从玛丽亚温柔的笑容、体贴入微的行为、总体人格中，我们很明显能够看出，她体验到了极大的满足感，这种满足感来源于她对远离家乡的弱者的照顾。

我把这个故事讲给我的几百名雇员和遍布全世界的几千名服务行业的学生听。它有助于阐明我的信念，即这个行业存在某些非常高贵的东西。虽然自从我在命运的安排下在玛丽亚的客栈住了几天后，用了五年的时间才有意识地提出了一份创办我自己的酒店公司的商业计划书，但毫无疑问，这段经历给我留下了无法磨灭的印象。

在工作中——在你的日常工作中和在公司的使命感中——寻找意义，是任何人都可以在工作中表现出来的不同寻常的、宝贵的品质之一。将 Service Master 公司发展成世界级公司的比尔·波拉德在他的《企业的灵魂》一书中指出："人们希望为事业而工作，而不只是为谋生而工作。"[2]

《鼓舞人心的领导力》(*Inspirational Leadership*)的作者兰斯·萨克雷坦(Lance Secretan)在书中写道:"在实践耶稣、佛祖、甘地、孔子、马丁·路德·金、特瑞萨修女和纳尔逊·曼德拉等人设想的愿景的过程中,是什么使得追随者们以这样的热情奉献出毕生的精力呢?是他们受到了内在动力驱动,而不是受到了外在激励。"他继续写道:"我们一直以来分不清什么是外在动机,什么是内在动力。根据字典上的定义,外在动机(motivation)是'提供动力;是劝诱、鼓动、驱使'——我们对他人采取的行动。内在动力(inspiration)明显不同于动机,这个词的英文来源于拉丁词根'spirare',意思是'精神'、吸入神的气息、让神的气息具有生命力。字典将'内在动力'定义为'一种吸入的行为,就像空气被吸入到肺部一样;是注入具有鼓励或鼓舞作用的影响力;是赋予活力;是通过神、天才人物、思想或热情,达到刺激的目的;是通过神来影响人们。'"[3]我也想得到这样的内在动力!

虽然马斯洛在需求层次理论中主要关注的是人类的动机,但是他逐渐意识到,最深层次的动机位于金字塔的塔尖上,带有内在动力的性质。在研究人们与工作的关系的过程中,他调查了几十名护士,问她们:"你们为什么从事护理工作?"虽然最初的答案显得有点肤浅,但随着他深入挖掘,并提出这样的问题:"在哪个时刻你得到的回报是最大的?或告诉我你是否在某个时刻因美好的东西而落泪或狂喜得发抖?"他发现,表达出巅峰体验的护士实际上改变了他们自己的人生。而且能够表露出巅峰体验的护士似乎对工作具有更强的使命感。

马斯洛认为,如果人们从事的不是无关紧要的、以自我为中心的工作,他们就会更有动力。基于一个共同的宏大目标的合作,取代了基于零和原则的竞争心态。当雇员的反应是冷漠、厌恶并逐渐变得漠不关心或不再为琐碎、不能鼓舞人心的工作而努力时,领导者为什么要感到意外呢?巅峰领导者追求大胆的、创造遗产的愿景,这样的愿景能奇迹般地将各种人团结起来、朝着共同使命努力。

"有节奏感"的公司

虽然我将在本书的最后一章更深入地探讨这个主题，但在这里我要说的是，人与工作之间的关系可以分为三种：你要么拥有一份工作，要么拥有一份职业，要么拥有一个使命。有趣的是，在这些涉及工作的观点中，每一种观点都与雇员需求金字塔上的不同层次相对应。只把工作视为工作的人，往往会困于金字塔的"金钱"层或生存层。走上职业发展道路（并没有"工作发展道路"这样的东西）的人通过在工作中得到认可，在"成功"这一层上获得巨大的动力。然而，在长期追求事业的过程中，外部的奖励与认可作为激励因素会逐渐失去作用，因为人们需要一定程度的服从。越来越多的人发现，他们需要某些来自内在的东西为他们注入能量。对于我们这些体验到工作就是使命的幸运儿来说，当我们在自身、公司或两者所做的事情中发现重大的意义时，就会有自然的蜕变效果。在本章接下来的部分，我将专门帮助你了解如何把远大抱负与内在动力合二为一，以便帮助你的雇员把他们的工作更多地视为一项使命。

内在动力的奇迹可以撼动大山。当我在英国留学时，我在亨利镇度过了一段非常愉快的时光，这个小镇一年一度的皇家赛船会举世闻名。当我看着划手们整齐一致地划船、能把实际上沉重的船划出并使之在水面上轻轻地滑行时，我对一个受到内在动力驱动、真正团结一致的团队的力量感到惊奇。这可能就是我们称他们为划船"全组船员"的原因——他们如何驾驭沉重的船体、如何通过全体船员朝着共同目标整齐一致地努力使船在水中毫不费力地滑行。这种在水面上的流动或移动的状态在划船界被称为"节奏感"。促使公司内部产生"节奏感"的领导者会培养出更多达到自我实现境界的雇员，而且能够不着痕迹地从竞争对手的身边滑过。

我知道你可能在想："意义这种东西只与少数思想境界比较高的企业或非营利组织有关。"我向你保证，这些看似空洞的关于意义的谈论，其实可以上一堂斯坦福大学的 MBA 课。在快乐生活酒店集团的 3 500 名雇员中，靠打扫卫生谋生的几乎占 1/3。另一批人是夜间审计员，他们醒着的大部分时间是在夜里，当我们大多数人在做梦时，他们在做财务审计工作。搬运沉甸甸的行李包、在前台处理客人的"情绪包袱"、无休止地洗熨衣服——在我的雇员每天要做的事情中，这些占了相当大的一部分。我们如何在这些传达员、前台接待员和客房服务员的日常工作中创造出高贵感和内在动力？主教派牧师、《工作的再创造》（*The Reinvention of Work*）的作者马修·福克斯（Matthew Fox）指出，所有工作都包含苦差事，然而，不同工作的差别就在于，雇员是否能在他们所做的事情中发现意义。在中国，最古老的表示商业的符号，事实上代表着"生命的意义"或"毕生的工作。"

为什么意义变得更加重要

在我开始开处方、告诉你如何在工作场所里创造更多的意义之前，让我们简要地了解一下，意义对于我们中的许多人来说，为什么会成为一个比较重要的问题。我认为，相比一个世纪以前，意义之所以会在今天的工作场所里成为一个密切相关的重要话题，其原因主要有三点：

（1）有个人蜕变，才有企业蜕变。我们发现，X 世代和千禧年一代的雇员比过去的人更注重在工作中寻求意义。

（2）与以前相比，工作在我们的生活中是很重要的一部分。而且工作取代了以往在我们的生活中创造出社会关系和意义的某些社会结构。

（3）我们经常看到，取得持久成功的公司在它们所做的事情中表现出了深刻的使命感和意义。

在 21 世纪，维持现状的工作场所越来越少，改变现状的越来越多，而这在某种程度上要归功于 20 世纪 70 年代的人类潜力运动。在 20 世纪六七十年代的剧变中，年轻的一代持有不同的政见，妇女加入劳动大军，少数民族争取平等，无数的人四处寻求"治病良方"试图发现他们是谁、要去

哪里。个人的蜕变与拥有自主权已成为这个时代的流行语。几年以后，这些在个人生活中寻求蜕变的人，大概也希望从他们的工作中获得更多的东西。这丝毫不令人意外。

人们越来越希望有机会作为完整的人在工作中发挥自己的全部潜能。他们希望为有社会责任感的组织工作，他们希望做有趣的工作，他们希望被归属感包围。今天，许多人把他们的工作场所视为寻求自己是谁、要去哪里的地方。在这个经历了"9·11"事件、有点接近世界末日的时代，人们甚至把更多的精力放在寻找此时此刻的意义和内在动力上。这就带来了我要说的第二点。当工作主导我们的大部分生活时，它就已经成为衡量生活意义的试金石，对于这一点，我们丝毫不感到奇怪。我们每周工作的时间比我们的上一代多 25%（这还不包括在家收发电子邮件和在休假时收发信息）。虽然有组织的宗教活动在过去 10 年间让美国回归，但实际情况是，许多在传统意义上给我们的生活——我们的邻居、我们的社交俱乐部、我们的大家庭——赋予意义的社会基础，因今天瞬息万变的数字文化而变得越来越不重要。《新城市主义》（*The New Urbanism*）的作者彼得·卡茨（Peter Katz）说："我们是一个被网络包围却缺乏归属感的社会。"[4] 2006 年，杜克大学发表的一份得到广泛关注的研究报告指出，尽管按照我们的设想，所有的新型设备本意是要帮助我们进行联络，但很明显我们在社会关系上比 10 年前更孤立。

如果越来越多的人在工作和乘车上下班上消耗的时间越来越长，越没有时间参加有利于建立更深关系的外部社交活动，那么他们渴望从工作中获取这种社会关系就不足为奇了。实际上，我认为具有讽刺意味的是，快乐生活酒店集团在过去 10 年里最受欢迎的雇员聚会活动，就是一年一度的"涂鸦保龄球"之夜。我们会占用一条保龄球球道，每一个酒店的雇员会穿上根据某个主题自制的服饰，然后我们开怀畅饮、打保龄球、吃比萨饼和分享故事。哈佛大学的罗伯特·帕特南在他的《独自打保龄球》一书中提到有关社会孤立现象的理论。如果该理论没有错的话，那么这个真空就要由企业来填补。

　　我的第三个观点是优秀的公司拥有杰出的目标。苹果公司在初期创业时提出了"桌面的民主化"的目标。后来他们把这个目标变成了做将美学、音乐与技术集为一体的世界领先者。西南航空公司则是通过提供更低的票价，方便人们和他们的亲人或所爱的人团聚。像基因泰克和美敦力这样的公司，关注的是通过新型医疗设备所取得的重大科学成就，使顾客拥有更美好的生活。正如美敦力的比尔·乔治所说的那样："人们必须受到更深层次的目标的激励……他们来工作的目的不是为他们自己和公司挣钱，而是他们的产品做了某些值得做的事情，而且这就是让人们获得内在动力的东西。"5

　　马斯洛认为，雇员可以通过"在英雄的公司中成为英雄"来达到自我实现。很少有公司能够比美敦力更好地在自己所从事的事业中注入意义，并让雇员树立起"英雄"形象。

　　1962年，在具有远见的、创办了美敦力的厄尔·巴肯发明心脏起搏器五年之后，该公司处于破产的边缘。巴肯和他的董事会提出了一个简单的使命——帮助人们恢复完全的生命力和健康。这一使命灌输到美敦力每一名雇员生活的各个方面。当雇员加入公司时，他们要参加"使命与授勋"仪式，同时，他们会收到一张使命卡和一本介绍公司历史与使命的小册子。他们会见到首席执行官，听他讲述有关美敦力如何改变患者和雇员生活的轶事。每一名新入职的雇员会被授予一枚徽章，并得到一篇叙述某个患者康复的故事。在比尔·乔治担任首席执行官时，他会对他们说："我希望在你们接受这枚徽章的同时认同美敦力的使命，看着它，把它展现给自己看，提醒自己你在这里的目的是帮助患者恢复生命力和健康。当你们感到灰心丧气时，请注意你们面前是一项更加崇高的使命。"

　　在一年一度的假日晚会上，6名患者讲述了他们获得新生的故事，并解释美敦力的产品是如何拯救他们生命的，从而使得这种有关意义的认识得到了强化。公司的2 000名雇员及其家属齐聚一堂，另外还有数千名雇员在世界各地观看晚会的视频。这些患者的故事有助于美敦力的全体雇员获得"巅峰体验"。乔治认为这种年度盛会是表达美敦力在工作场所里所创

造的意义的"决定性时刻"。他对我说："一段故事比接待的患者数量更有分量。"

工作场所中的意义的两个要素

如果你没有读过维克多·弗兰克大名鼎鼎的著作《活出意义来》，我建议你今天就去买一本。他的故事——一位被关押在纳粹死亡集中营的精神病学家试图理解人生意义的故事——非常吸引人，能引人深思，并且非常感人。基于这个经历，他逐渐认识到，人们都有一种追求意义的决心。因为他发现，集中营里幸存下来的人比较有可能感受到自己生命的意义，而且一旦走出集中营，他们更需要通过这种意义来表达自己。

他写道："人们越忘我——专注于某项需要实现的目标或关注需要关爱的人——就越具有同情心，就越可能取得自我实现。"这位雄辩者遗憾地说："人们拥有足够的生活必需品，但没有生活的目标；他们拥有生活的手段，但却没有找到生活的意义。"[6] 战争结束后，当他安定下来以后，他就开始探寻在人们的生活中、工作场所中创造意义的方法。他写到人们是如何认为失业者毫无用处的，而这种毫无用处意味着他们没有意义。但是，当弗兰克说服失业者成为慈善事业的志愿者时，他们的"失业性神经官能症"就消失了，而且他们可能更快地就业。从集中营里幸存下来的弗兰克喜欢用哲学家尼采所说的话开导失业的患者："拥有生活动力的人几乎可以容忍任何生活方式。"[7]

如果我们能像"道琼斯股票指数"那样用"意义指数"，并因此可以通过扫描迅速地分析出哪些人在这个金字塔的塔尖，那么这将是非常有趣的。在拜读弗兰克的著作时，以及在研究许多以意义为驱动力的公司时，我逐渐意识到，在工作场所里的意义可以分为工作岗位的意义和工作中的意义。工作岗位的意义涉及雇员如何看待公司、他们的工作环境和公司的使命。工作中的意义涉及雇员如何看待他们在工作岗位上执行的具体任务。波拉德在《企业的灵魂》中用下列文字描述了这两个方面具有的潜在协同作用：

"如果人们认为他们的任务能够令个人得到满足以及对个人有益，并相信公司的使命与自己的个人成长和发展目标一致，他们就会释放出一股强大的力量，这种力量将转化为创造力、生产力、服务质量、增长率、利润和价值。"[8]

　　我认为工作岗位的意义比工作中的意义更重要。当雇员认为公司所做的事情有价值时，需求层次理论的所有需求就得到了满足。雇员的基本需求显然得到了满足，因为他们对公司在财务上的生存能力充满信心，而这意味着他们拥有稳定的工作。相信公司的使命通常也能在员工之间创造更深的联盟关系，因为我们感觉到自己在一个在水面上滑行的划船队全体船员中属于不可分割的一部分，另外，来自成功的自豪感使得我们的社交或尊重需求得到了满足。最后，我们的自我实现需求也可能得到满足，因为我们感觉到自己是一个能够影响世界的组织中不可分割的一部分；另外，"让工作岗位有意义的实践，可能间接地使得工作本身变得更有意义"。

　　如果有人在他们的工作中发现了意义（他们喜欢他们每天做的事情）而没有在工作岗位中发现意义（他们对公司的使命没有热情）时，我们就很少有可能利用"光圈效应"或间接薪酬，帮助他们改善与组织的关系。事实上，在工作中形成的积极感觉与在工作岗位上形成的消极感觉之间差距越大，雇员就可能越快地离开公司。

　　图 6-1 将有助于你了解如何评估雇员在工作场所里的意义。

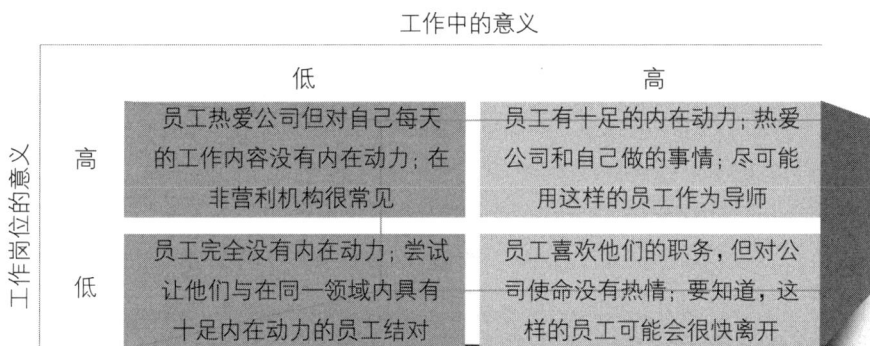

		工作中的意义	
		低	高
工作岗位的意义	高	员工热爱公司但对自己每天的工作内容没有内在动力；在非营利机构很常见	员工有十足的内在动力；热爱公司和自己做的事情，尽可能用这样的员工作为导师
	低	员工完全没有内在动力；尝试让他们与在同一领域内具有十足内在动力的员工结对	员工喜欢他们的职务，但对公司使命没有热情；要知道，这样的员工可能会很快离开

图 6-1　工作中的意义与工作岗位的意义

　　为了培养工作岗位的意义和工作中的意义，快乐生活酒店集团做了什么呢？在将雇员与公司及其使命联系起来时，我们发现，我们的使命越简单、越简洁，我们的雇员在工作时就越投入。许多年以前，我编写了一个由 9 句话组成的愿景陈述，定义了我对快乐生活酒店集团在世界上应扮演什么角色的认识，但它从来没有引起我们大多数雇员的共鸣。所以，后来我们组建了一个由经理和雇员组成的团队，由他们负责编写一句简短的使命陈述。最后，我们的使命陈述变成"创造机会，庆祝生活的乐趣"。

　　后来我逐渐认识到，每一个公司实际上都有意识或无意识地设计了一个由两个词组成的口号，这种口号描述了他们是谁和他们在世界上做什么。有些口号是众所周知的，如苹果公司的"不同凡想"（Think Different）。有时可能是无意识的，却描述了公司及其雇员的行为。如果耐克公司需要让他们的"尽管去做吧"的哲学变得简短一点、夸张一点，那么他们的口号大概是"你很厉害"。爱彼迎的口号是"家在四方"。

　　快乐生活酒店集团的口号是"创造快乐"，自从 2006 年我们推出这个精心设计的、由两个词组成的真理，它就成为适用于我们做每一件事的口号。雇员们主动设计出色彩鲜艳的橡胶手镯，上面刻有"创造快乐"的装饰字样，以便让我们整天都能记得这就是我们在这里要做的事情。我们的前总裁杰克·肯尼在他的门外挂了一个牌子，向我们每一个人提问："今天你做了哪些有利于创造快乐的事情？"另一个雇员主动地将这句话添加到我们一年一度在旧金山金门公园举办的艾滋病长途徒步募捐活动中穿的 T 恤衫上。这个由两个词组成的口号是如此令人信服，以至于在长途徒步的过程中，我们的队伍开始唱这个口号，另外有数百名参与长途徒步的人也开始跟着唱。

　　丹尼·梅耶可能是美国最令人钦佩的饭店老板，他把这叫作"把它讲出来"。这意味着定义你的公司所扮演的角色，并确保与公司面谈的应聘者完全能够理解公司的氛围。丹尼及其联合广场酒店集团在曼哈顿经营着令人印象最深刻的一系列饭店。他们将自己的经营模式命名为"开明的待客之道"，这种策略帮助他们吸引了符合组织要求的恰当人才。

我有机会与戴维·克雷格（David Cragg）共进早餐，他在基因泰克公司工作了 5 年，担任过各种职务，包括人力资源副总裁。他说，基因泰克公司被公认为美国最佳雇主的部分原因就是组织拥有"目的的纯粹性"。在创立初期，基因泰克就肩负起发展基础科学和科研成果转化（如何利用科学为人们提供帮助）的责任。虽然大多数生物技术公司侧重于科研成果的转化——因为这是利润的源泉，但是基因泰克公司做出了"为科学而专注于科学"的承诺，并雇用了 150 名博士后科学家，既支持了他们的研究与发展项目，同时也几乎是以社区服务的方式来支持基础科学研究。这种目的的纯粹性有助于基因泰克吸引生物技术领域最优秀和智商最高的人才。

当《财富》授予基因泰克公司"2006 年美国最佳雇主"的桂冠时，他们是这样介绍基因泰克的："多马戈吉·伍希奇（Domagoj Vucic）不是冲着优厚的股票期权、免费的卡布奇诺咖啡、定做的寿司或每周五晚上的舞会而投奔基因泰克的。他 7 年前从佐治亚大学毕业后进入基因泰克，这是因为他相信基因泰克能够帮他解答一个亟待解决的疑问：是什么使得感染了杆状病毒的毛虫能够存活整整 7 天，最后突变为一团具有黏性的糊状物呢？无论你相信与否，如果能破译这个问题，我们在治愈癌症的征途上或许会迈出一大步。"[9]

我不清楚基因泰克有什么样的二字口号，但他们提出了一个由 4 个英文单词组成的座右铭，即"In Business for Life"（以拯救生命为己任）。如果你访问他们的网站，就会看到他们是如何将深奥的科学与接受过他们首创的疗法和药品的患者联系起来的。他们对特定患者的简要介绍，提醒着消费者和基因泰克的雇员这条座右铭是多么有意义。

快乐生活酒店集团要求我们的雇员参与各种各样的、能发挥积极性的关键活动：

- 慈善事业。虽然我们的公司历来都积极地与我们所在的社区保持密切的联系，但在 2006 年之前，我们从没有正式地汇总我们的影响力。而在 2006 年，我们认识到我们每年为各种非营利组织筹措的捐赠达到 100 多万美元（现金和实物捐赠）。对于一个地区性的小公司来说，这已经不错了。但是，在用这种方式审查内部的慈善捐赠账目后，我们还是认识到我们的努力是多么分散，因此我们成立了一个慈善事业工作组。工作组由来自整个公司各个地方的雇员组成，帮助我们就如何回馈社会提出一个更具战略性的方案。现在，快乐生活酒店集团的实体企业扶持 4 种特定的事业，而这些事业真正决定了我们在加利福尼亚的经历。我们的文化大使——来自公司每一个酒店的一名代表，在涉及公司的文化问题上，他们就像是一个城市委员会——协助公司每个季度举办一次公司级的慈善活动，以扶持这四种事业中的每一项事业。但是，我们不希望我们的酒店失去他们与社区的草根联系，我们也不希望这些酒店的员工在选择需要扶持的地方性组织上失去自主权。在工作组与每一个酒店讨论这个问题后，我们决定每年为每一个酒店设定一个适当的目标（向他们选择的组织提供现金和实物捐赠），即每间客房捐赠 200 美元或拥有 100 间房间的酒店捐赠 2 万美元。这种处理慈善活动的民主方法，让我们这个快速发展的公司的一线雇员不仅可以参与社区服务的执行工作，而且还能够参与决定扶持什么样的组织背后的策略。或者，你可以采取微软的做法，雇员做慈善捐赠，公司也进行等额的捐赠。

- 公司的战略。大多数公司，包括我们的公司，都会安排高管或负责人到公司以外的地方集体静修，但很少安排一线的雇员参加这种重要的、有利于团队建设的活动。每年对雇员的满意度进行两次调查的市场矩阵公司让我们了解到一点：对"我在工作中感到干劲十足"这个问题的肯定回答，在雇员对尊重和投入的感受上会产生重大影响。多年前我们就认识到，如果我们真正地希望放权给雇员，使他们成为企业家，我们就需要让前台接待员、酒吧服务员和传达员参加每年为每一个酒店安排的、在公司以外的集体静修活动，这样他们就能对自己的酒店下一年在顾客服务计划、基本建设项目和雇员工作环境改善等方面的发展方向发表自己的意见。这对于一年 365 天、每天 24 小时都营业的企业来说困难吗？当然困难。当我们的团队不在酒店时，我们需要让其他酒店的雇员管理各项业务，但是，这样做的效果非常显著，因为这意味着我们的雇员觉得自己与公司战略发展方向的联系更加紧密，而且我们的客人发现我们的绝大多数雇员表现出企业家的精神面貌。

● 快乐生活大学。几乎每一个公司都有培训计划，而且大多数公司都能很好地让雇员就企业大学的课程提出建议。我们发现，我们的一些最有意义的培训课程的开设要归功于我们的雇员。我们的硅谷酒店决定创办一个西班牙语激情演讲家系列课程，因为我们在这个区域的雇员有一半以上是以英语为第二语言的。他们的第一节课叫作"生活素质提升"，54 名讲西班牙语的雇员听 4 名讲西班牙语、经公司提拔起来的经理介绍他们如何在一个说英语的国家里晋升到领导岗位。这堂鼓舞人心的课程引来了第二堂课，后者侧重于如何在美国抚养孩子（这是因为在我们讲西班牙语的雇员中，绝大多数人都有孩子，其中有 77% 的孩子不到 12 岁）以及他们的家庭可以享受到哪些社区服务。在我们推出这种双语"激情演讲家系列"课程后不久，我们在硅谷地区雇员工作环境调查的分数就直线飙升。

在日常工作中创造意义

在此之前，我关注更多的是创造工作岗位的意义，但是具有十足内在动力的雇员也会全力投入自己的日常工作。对于世界上的医生、警官和教师来说，发现每天的意义可能并不困难，但对于其余的人来说，他们的看法有时会发生变化。Geek Squad 是一家技术服务公司，后来被零售业巨头百思买公司收购，以满足后者的顾客对家居技术的需求。其创始人兼"首席检查员"罗伯特·斯蒂芬斯（Robert Stephens）说："Geek Squad 公司不打算治疗癌症，但我们可以修理治疗癌症的人的计算机。"

在将我们每天所做的事情与公司的事业联系在一起方面，我见过最好的方式是理查德·伯亚斯和安妮·麦基合著的《和谐领导》一书中提到的一种。它简要地描述了我所接触过的最佳解决方案之一。位于俄亥俄州阿克伦市的 Summa Health Systems 公司花大量时间与雇员面谈，以理解什么能让他们感到有意义。然后他们把以下内容印在一张钱包大小的卡片上供每一名雇员随身携带：

> 你就是 Summa 公司。当客人来到这里时，他们看到的是你。当他们感到恐惧和孤独时，他们期待从你的眼睛里看到安慰。当他们乘坐电梯、发困和努力忘掉自己的问题时，他们听到的是你的声音。在他们按约定的时间前往医院来等待命运的安排时，他们听到的是你的声音。在他们就诊结束之后离开时，他们听到的是你的声音。当你觉得他们不可能听到时，你说的话会传到他们的耳朵里。他们希望在这里寻找到的，是你的智慧与关爱。
>
> 如果你大声喧哗，医院就会乱哄哄。如果你举止粗鲁，医院的形象也会很粗鲁。如果你表现得很棒，医院也会这样。来宾、患者、医生或同事不会知道真正的你，那个真正的你——除非你让他们看到这样的你。他们能知道的，就是他们所看到的、听到的和体验到的。
>
> 因此，我们与你的态度、医院所有工作人员的共同态度息息相关。别人是根据你们的表现来评价我们。我们就是你提供的照顾、你付出的关心以及你体现出的礼貌。
>
> 感谢你所做的一切！[10]

如果你是 Summa 公司的雇员，你就会充分地认识到你所做的每一件事都会影响到顾客（患者）以及组织声誉。苏玛公司巧妙地根据工作的目标而不是以工作的任务来定义雇员的工作性质。若雇员从最终目标的角度而不是从具体的职责描述来看待他们的工作，那么他们就能够认识到他们的角色范围更广阔、与组织的使命联系更紧密。因此，组织的成功就是他们的成功，而且雇员能够获得真正的成就感。如果你的公司无法为雇员提出有意义的使命，那这是毫无道理的。

纽约大学教授艾米·瑞斯奈斯基因她的"工作的精雕细琢"理论（或让雇员蜕变为积极钻研工作的工匠的理论）而著名。工作的精雕细琢是一种改变雇员的任务及雇员与工作之间的关系的手段，以使他们感到自己在职业上拥有更多的控制权、自己与组织的使命具有更深的联系。瑞斯奈斯基教授引用了许多研究项目来说明职业精雕细琢理论能够如何在雇员每天所做的事情中创造意义。有一个特别有趣的研究是关于如何让护士从熟练执行任务的角色转变成患者倡导的角色。在这样做之后，护士们对自己的职业感到更加满意，也能更有效地提供护理服务。如果要了解职业精雕细琢理论如何帮助你将雇员的工作转变为一项使命，我建议你通过互联网搜索这篇文章，它也列在本章最后。

快乐生活酒店集团为了让雇员对他们所做的事情有更广泛的认识，在其所采取的各项措施中，有一项是要求他们在我们的其他酒店住一个晚上。每一名雇员每个季度都有两次会被邀请到快乐生活酒店集团的某个酒店里免费住宿。当我们从雇员变为顾客时，我们会拥有全新的视角。前台接待员会意识到当客人首次到前台来时，那个关键时刻有多重要。客房服务员会认识到，为什么在上午 8 点以前在走廊里用吸尘器打扫卫生会影响客人的睡眠。传达员逐渐认识到，为什么在客人前往房间的路上与他们轻松幽默地交谈会使自己成为"前哨所"，从而酒店的员工可以解决客人在住店期间的独特要求。

所有这些都是为了创造全新的视角。《商业周刊》简要介绍了耐克公司的设计主任约翰·霍克三世（John R. Hoke III）如何帮助他的设计师创造灵感。霍克让他们踏上设计灵感之旅：去动物园观察和画动物的脚；去听关于戴尔·奇胡利充满幻想的彩色玻璃雕塑的讲座；参观底特律汽车展，熟悉汽车的形状和轮廓；或上折纸课，了解日本这种古老艺术形式在结构上的限制。

要在打扫卫生或设计鞋的日常工作中创造意义，可能更多的是要改变雇员的看法，而不是改善特定的工作条件——假设他们对工作条件感到满意。意义这种东西，仁者见仁，智者见智。你创造的巅峰体验越多——无论是对顾客当面表示感谢，还是在雇员当中建立深刻的归属感——你的雇员就越有可能在他们所做的事情中和在公司从事的事业中找到意义。

巅峰处方

下面是关于如何在工作场所里传播意义感的一些想法：

（1）设计一个练习，帮助你的雇员了解他们对顾客获得的体验有多少影响力。在每个月的新雇员入职培训会上，当轮到我发言时，我首先与这些雇员做一个"说出你最喜欢的商店"的练习。这个破冰练习要求雇员们想一想，哪一次服务让他们感觉非常好，以至于他们推荐给了一群朋友。雇员们把他们在饭店、干洗店和服饰店的经历讲给大家听，而他们在这些商店里享受到的服务令人吃惊。我们讨论了这种服务如何让我们感到很人性化。然后，我请他们告诉我哪一次经历让他们感到完全被冷落或甚至受到歧视。雇员们都有一个共同的感觉，即糟糕的服务要么让他们感到很恼火，要么让他们觉得自己非常渺小和不起眼。我们一致认为这样的情绪让人感觉不好。这个练习的目的是在这些新雇员之间建立一种联系。我们每天相互交流当顾客的体验，而且这个练习显示出处于服务业的我们对别人的一天会有什么样的影响。我们的一些总经理在每个月的雇员大会上会用另一个练习，即大声地朗读几封来自曾在酒店里享受过特别令人愉快的服务的客人的感谢信。

（2）问一些问题来提醒雇员意识到"意义"的隐藏的价值。与自我实现一样，意义是一种相对无形的概念。它不是雇主和雇员会自然地谈论的话题。我们发现，如果要让意义这个问题变得有形化，最有效的办法是在雇员大会上或在雇员绩效考核期间，以一对一的方式向雇员提出引起大家争论的问题。例如：

- "你在这儿工作的上一个月中，最好的体验是什么？"

- "我们向旅行者提供酒店服务。为什么这很重要？"温和地反复问五遍这个问题，你就会开始深入对待你们向顾客提供服务的基本目的。任何行业都可以采用这种方法。例如，"我们是一个猎头公司，为希望跳槽的人提供服务。为什么这很重要？"每一次当你问这个问题时，它会迫使雇员更深入地思考你的公司为什么重要。

- "如果你没有做好工作，这会对你的同事和顾客产生什么样的影响？"有时通过指出某一个雇员所扮演的角色多有价值，会有助于他们对自己所做的工作的意义有更多的认识。秘鲁的黄氏超市对这个问题有更进一步的了解，他们做了一个视频（成千上万的雇员及其家属已经看过这个视频）来描述如果卖肉的柜台活收银台的雇员不是训练有素的话会对顾客有什么损害。这个视频可以通过以下网址观看：http://bit.ly/MMi7kX。

- "我们中的大多数人根据'我会得到什么'来看待我们的工作。问问你自己：'在这份工作之后我会成为什么样的人？'"

（3）为你的雇员创造有助于他们在彼此之间形成归属感的巅峰体验。我们组织一系列活动，从而帮助他们在工作场所里形成归属感。我们每年都举办的客房管家午餐会是我最喜欢的形式之一。因为我们可以把几百名客房管家——他们讲的语言有七八种——集中到一个宴会厅里，公司的经理和高管为他们服务，并告诉他们对于公司来说他们有多么重要。百思买公司的 Geek Squad 公司除了做了非常酷的工作服（怀旧的短裤、用别针别住的领带），还想出许多方法，帮助他们的技术人员形成归属感，即使他们分散在各国各地。他们的代理人开始穿着工作服拍驾驶证的照片，然后在照片分享网站 Flickr 上分享他们与知名人士的合影、在游行中和在休闲娱乐时拍的照片。创始人罗伯特·斯蒂芬斯说，帮助他们的雇员创造意义的一种最有效的方式，就是让他们有归属于一个真正特殊的群体的感觉。

（4）列出人们应加入你的组织的 10 条理由。在很早以前，谷歌就

认识到他们需要在竞争十分激烈的硅谷就业市场上吸引和留住人才。因此，他们列出了人们为什么应加入他们的最重要的 10 条理由，而在这 10 条理由中，没有一条理由与股票期权或薪酬有关。他们的理由包括"生活是美好的。加入某个重要的事业和为你坚信不疑的产品而奋斗，能带来不同凡响的成就感。大胆地去走别人之前没有走过的路。还有许多挑战尚未解决。在这里，你的创意会很重要，而且值得探索。"谷歌的 10 条理由给我们的人才服务部门留下了深刻的影响，以至于我们提出了自己的理由，我们关注的是需求金字塔的塔尖上、使得快乐生活酒店集团的用人体验与众不同的无形元素。如果你不能列出自己的 10 条理由，你可能需要退回去，再读一下前面的 3 章。

（5）请不积极投身于组织的雇员开始写感恩日记，以帮助他们树立与组织和他们所从事的工作紧密相连的观念。马斯洛写道："在情绪健康与组织健康上，感恩是极其重要、但被严重忽视的一个方面。"研究表明，如果雇员每周坚持记录让令他们感激的事情，那么他们相对于那些记录麻烦的生活事件的人，总体上更有可能觉得他们的生活是美好的，会以更乐观的态度迎接下一个星期。最难拉拢的雇员在这方面可能存在某些心理障碍，但如果帮助他们认识到，在生活中和在工作中有许多事情（包括没有发生的、会引发灾难性后果的事情）会让他们萌发感激之情，那么他们在工作上的满意度和意义感就会增强。带着感激之情拜访和感谢对我们的生活和工作有影响的人，已经被证明是提高我们对生活的满意度的最佳方式之一。如果你的雇员抵触所有这些手段，那就提醒他们，人们通过研究认识到，在饭店的账单上，如果有服务员写下"谢谢"，则服务员得到的小费会比没有表示感谢的人多 10%。感恩不仅会让你感觉更好，也会在经济上和职业生涯上产生积极的效果。

我知道，在大多数工作场所里，要讨论这种意义并不容易。但是，我们都熟悉的某些为大众所喜爱的公司证明，一个人是可以改变其他人的。如果你的某一个雇员对此无动于衷，把《生命因你而动听》《辛德勒的名单》

或《风云人物》借给他们看，看看这些电影是否能在他们的心中激发出某种有意义的内在动力。

恭喜！我们已经登上了雇员需求金字塔的塔尖。希望你的肺能适应那么高的高度。由于管理者很难用具体的标准度量意义，因此大多数公司没有在这个这么高的地方花太多时间，因为高管们很难度量意义。传统的人力资源部门会担心讨论某些近乎宗教的东西是否合法。大多数经理并不思考工作、职业和使命之间的区别。但是，毫无疑问，为雇员创造意义可能成为你有别于竞争对手的秘密武器。不过要记住，意义在世界上不同的地方可能意味着不同的东西，所以，在美国行之有效的东西在日本或印度就未必如此。当我在南非演讲时，有人向我推荐了一本名为 *Meaning Inc.*的书，这本书非常出色地以国际视角来看待有关工作场所里的意义问题。

不要忘了，一旦你满足了雇员的金钱和认可需求，你需要做的就是关注需求金字塔的塔尖。如果你的雇员需求金字塔像许多非营利组织那样没有牢固的基础，即使你的使命充满了意义，你的雇员还是会为了付得起房租或在其他地方能感到个人受到认可而离开。

推荐读物

Authentic Leadership by Bill George

Bowling Alone by Robert Putnam

"Crafting a Job: Revisioning Employees as Active Crafters of Their Work" by Amy Wrzesniewski and Jane Dutton, *Academy of Management Review* (April 2001)

"Happiness 101" by D. T. Max, *New York Times Magazine* (January 7, 2007)

Inspirational Leadership by Lance Secretan

Man's Search for Meaning by Viktor Frankl

Meaning, Inc. by Gurnek Bains et al.

Prisoners of Our Thoughts by Alex Pattakos

Religion, Values, and Peak Experiences by Abraham Maslow

Resonant Leadership by Richard Boyatzis and Annie McKee

The Hungry Spirit by Charles Handy

The Reinvention of Work by Matthew Fox

The Right to Be Human:ABiography of Abraham Maslow by EdwardHoffman

The Workplace Revolution by Matthew Gilbert

第 3 篇

关系真理第 2 条：顾客需求金字塔

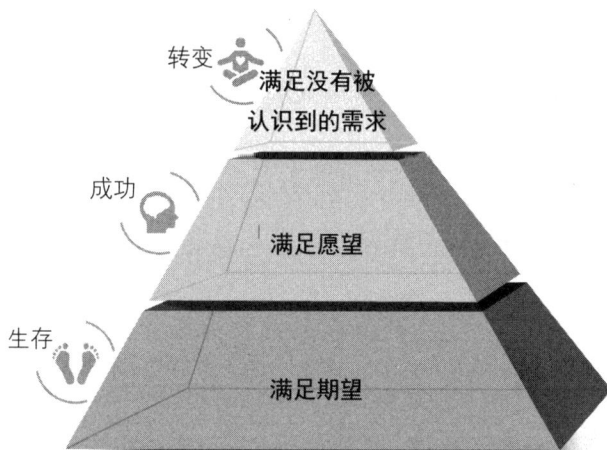

新消费者经常将获得实体的产品和服务视为自我实现的手段。马斯洛的需求层次的巅峰，标志着真正潜能的获得。

——大卫·刘易斯，

《新消费者的灵魂》（*The Soul of the New Consumer*）[1]

第7章　提升满意度

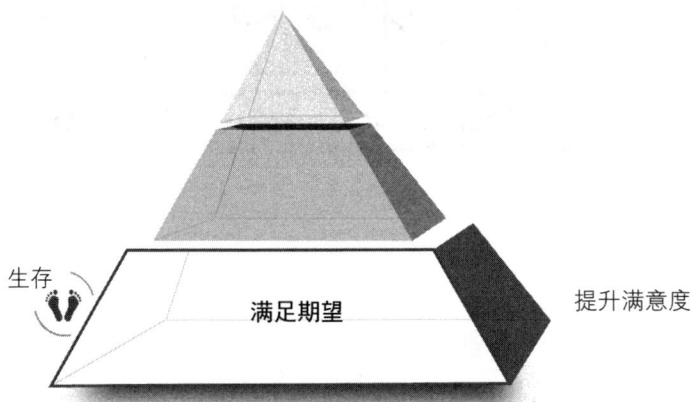

生存

满足期望

提升满意度

每一个大的行业都曾是成长型行业。但是，有些现在发展得如火如荼的行业，正被衰退的阴影笼罩着。其他被视为季节性增长的行业，实际上已经停止了发展。在每一个例子中，发展受到威胁、放缓或停止的原因不是市场已经饱和，而是管理上的失误……铁路系统停止发展的原因不是运输旅客和货物的需求减少了。这种需求实际上是增长的。铁路系统现在陷入困境，原因不在于这种需求通过其他运输得到了满足（汽车、卡车、飞机，甚至电话），而在于铁路系统自身无法满足这种需求。他们让其他行业有机会抢走自己的顾客，原因在于他们以为自己是做铁路业务的，而不是做运输业务的。

——西奥多·莱维特，哈佛大学教授及作家 [1]

曾经在快乐生活酒店集团待过的人都知道，我们喜欢庆祝。事实上，当我第一次踏进后来成为凤凰酒店的院子时，我最初的反应是："在这个地方举办聚会该有多棒!"于是,我们收购了这家糟糕的酒店,并把它装饰一新。仅仅过了 4 个月我们就迎来了第一批客人,并举办了一场妙不可言的盛大开业晚会来庆祝。

这场活动一直持续到深夜,是一次名副其实的地下集会:一些我们邀请到的朋友感到困惑不解,几个在本地经营酒店的老板对凤凰酒店的商业计划感到震惊(并感到好奇),某些不走运的媒体希望能够免费吃喝。幸运的是,其中的一家媒体单位在第二天的《旧金山观察家报》上刊登了一篇热情洋溢的有关酒店及其开业晚会的报道。这位记者提到了酒店优先考虑的服务项目。他引用了自己在晚会上见到的我们的一位嘉宾所说的话:"我喜欢把钱花在艺术上而不是花在马桶上的酒店。"本书的第 3 篇旨在帮助你确定:对于你的顾客来说,艺术是否比马桶更重要。你的顾客的基本需求是什么,他们在金字塔的上一层渴望目标又是什么?我相信如果在过去20 年里我练就了一种能力,那就是深入地了解每一个酒店的目标顾客的心理。

介绍顾客需求金字塔的这 3 章将提高你作为业余心理学家了解顾客的能力。在本章中,我们将更多地讨论企业如何以传统的方式确保顾客达到基本满意的需求,或者换句话说,确保马桶能正常使用。另外,我还将批评迷惑大多数公司的风险:安于仅仅满足顾客目前的需要,而不是让他们高兴。在第 8 章中,我们将讨论如何利用培训和技术与顾客更深入地交流,这样你可以想象和解决顾客最明显的愿望。到第 9 章结束时,你将从读懂顾客心理的速成班毕业。你对顾客的了解将比他们自己更深刻。

我在本章开头部分引用的文字摘自西奥多·莱维特的 *Marketing Myopia*,这篇里程碑式的文章刊登在我出生之前一个月的《哈佛商业评论》上。本质上,他说的是如果企业的领导者仅关注满足顾客的期望,那么当突然出现的竞争对手拥有新型竞争武器时,他们就只能坐以待毙。为什么创造了随身听王国的索尼公司没有推出类似 iPod(苹果公司的 MP3 播放器)的产品呢?为什么美国电话电报公司没有发明移动电话?为什么希尔顿没有创办出爱彼迎?他观察到平稳的公司和行业如何被颠覆性的新发明和新的竞争对手抢了风头，他所观察到的现象在今天比以往任何时候都更普遍。

许多经典的书，从克莱顿·克里斯坦森的《创新者的窘境》到杰弗里·摩尔的《跨越鸿沟》，论述了为什么消费创新常常是由外来者在边缘地带引发的，而不是由本行业的领先者引发的：这些领先者错误地认为，他们的顾客是真的感到满意。

顾客需求金字塔与雇员需求金字塔相似。公司并不是不想在较高层次上培养具有内在动力的雇员或发展达到自我实现境界的顾客，而是企业的领导者被困在了金字塔的底层，即雇员的薪酬和顾客的满意度上，因为这些是很容易度量的。管理者可以依靠传统方式研究市场或调查顾客的满意度，从而知道顾客在想什么。或者，通常他们能够利用这些调查手段证明他们已经做出的决策是正确的。遗憾的是，正如奥美广告公司的大卫·奥格威曾经说过的那样，大多数采用研究与调查手段的公司就"像醉鬼利用电线杆一样，是为了支撑，而不是为了照明"。[2]

公司高管寻找的通常不是照明。由于大多数公司会被自己对有形之物的自然倾向所阻碍——他们感知到的是自己每一个季度渐进式的改进，而不是长期的革命性的变革。同时，公司争夺稀缺资源的惯用做法适合稳健的经营策略，不适合非正统的经营策略。让我们面对这个现实吧：大多数管理者比他们愿意承认的更胆小，原因是他们害怕在反面上显得突出。因此，许多公司不会想象什么会改善顾客的生活，只是对现有产品修修补补，并在传统的顾客满意度调查结果的基础上，一点点地改进他们的产品。大多数公司对产品的关注甚于对顾客的关注。

畅销书《销售无形》的作者哈利·贝克维斯相信，每一个行业在产品或服务上自然会经历一个长期的演变过程。开创某一个行业的公司最初只是想达到可接受的最低标准。他称这些公司为"第一阶段"的公司，并且建议他们专注于向他们的顾客提供可以接受的产品。在"第二阶段"，新的竞争者进入市场，差别化开始形成，他们专注于满足顾客的需要。当某个行业发展到这个阶段时，成功的公司往往以市场为导向。

贝克维斯说，最后是"第三阶段"的来临，更具有创新精神的新竞争者出现了，他们认识到"客户的期望与客户表达出来的需求不再是市场的推动力。问'我们如何改进？'的市场调查不再能够收集到有用的数据；顾客已经没有想法。"[3]贝克维斯指出，"出乎顾客意料"成为处于第三阶段的行业的动力，而且在这个阶段取得成功的公司是以想象力为导向的。从第一阶段到第三阶段，这三个阶段深刻而清楚地表明从顾客需求金字塔的底层发展到塔尖的过程。处于巅峰状态的公司远离了舒适的、仅仅让顾客感到满意的大本营，去探索金字塔的更高层次上更远的地方（我们将在随后的两章里研究这些层次）。

利用需求层次理论了解你的顾客

在快乐生活酒店集团，我们发现马斯洛的需求金字塔在关注顾客的需求上是一个有用的工具。你住酒店时希望获得什么样的体验？这可能取决于各种不同的影响因素，而这些因素可以帮助你挑选你希望入住的酒店。如果你曾经在《旅行与休闲》杂志上读到过关于这个酒店的好评，或者你的朋友曾经热情地赞美他们在这个酒店的经历，你很可能就会对它有很高的期望值。同样，市场营销资料，包括网站、宣传品、销售人员，都会影响你对即将获得的体验的感性认识。当然，你支付的价格是一个重要的决定因素，你期望在购买了产品或服务后体验到什么样的价值就取决于这个因素。

在我的公司中，我们把马斯洛需求层次理论的五级需求运用到酒店管理中（见图 7-1）。我们认为客人在找到干净、舒适的房间和床铺后，他们的心理需求就得到了满足。事实上，在美国连锁酒店扩张的第一阶段，酒店的客人才刚刚开始熟悉"旅行"这个概念。当时的艾森豪威尔总统修建了一个庞大的州际公路体系，从而为美国中产阶级铺设了一条"红地毯"，便于他们进行此前从未有过的旅行。在那个时代，假日酒店等公司为了满足顾客的心理或安全需求，用纸把酒杯包裹起来，用古怪的、经过消毒的封套覆盖马桶坐垫。在那个时代，这种形式的卫生措施是好酒店的标志。今天，如果走进一家在马桶上使用这种坐垫套的酒店，我会有点担心。时代变了，但遗憾的是，有些酒店却一成不变。许多公司没有认识到顾客的期望会自然而然地逐渐发生变化。在你所在的行业，与马桶坐垫套类似的情况是什么？在至少能跟上顾客需求的发展速度的曲线上，你是走在曲线的前面，还是落在后面？

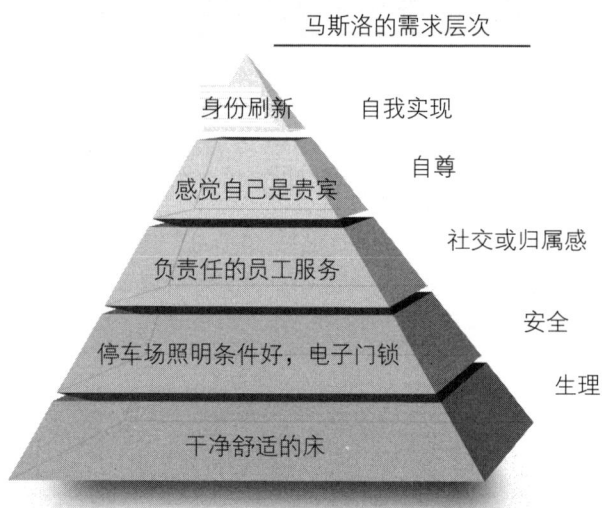

马斯洛的需求层次

身份刷新　自我实现

感觉自己是贵宾　自尊

负责任的员工服务　社交或归属感

停车场照明条件好，电子门锁　安全

生理

干净舒适的床

图 7-1　酒店顾客的需求金字塔

　　沿着金字塔往上，我们的顾客的安全需求因各种因素而得到满足，从停车场是否有完善的照明设施，到酒店是否向客人提供电子门卡钥匙（比传统的金属钥匙安全得多），再到酒店所在地区的性质。社交和归属感需求因工作人员提供的朋友般的服务以及客人感到与其他客人建立起亲密关系而得到满足。客人的尊重需求因工作人员个性化的服务方式而得到满足。客人感觉自己是贵宾可能是前台接待员记住了他们的姓名，或可能是他们的房间意外地升级为套房。最后，当酒店给客人带来所谓的"身份刷新"体验时，他们的自我实现需求就得到了满足。本章后面的部分将更加详细地描述这种体验。要指出的是，身份刷新有点像洗一个梦寐以求的泡沫浴一样。

现实情况是，如果我们不能正确地处理好基本的要素（如让抽水马桶正常工作），那么我们的大多数顾客就不会对渴望的目标或墙壁上的艺术作品那么感兴趣。关注基本的模块设计与重视对酒店卫生和安全问题的处理可能不是特别令人兴奋，但是，当顾客的基本需求不能得到适当的满足时，这些需求的重要性就会被放大。对于顾客满意度处于基线水平的公司来说，执行是非常重要的。在某些行业，你的差别化策略可能通过满足顾客的基本需求成为世界领先者，但这种情况很少见。

你可以根据提供给市场的产品或服务为公司搭建一个需求层次金字塔。你只需要知道，这个金字塔与任何受马斯洛理论启发的金字塔相似：处于底层的，往往是比较有形或实体化的（特性）；处于中间的，可能更多的是情绪化或智力上的回报（福利）；而处于最上层的，更多是具有蜕变或精神性质的。

顾客期望的性质

在快乐生活酒店集团，我们发现，要让雇员了解如何满足顾客的期望，这种形象地描述顾客需求层次的方法是非常有效的。顾客来的时候对自己即将在我们的酒店有什么样的体验，是带着事先形成的看法来的。与在商店买鞋不同的是，他们在真正入住我们的酒店之前是无法"试一试"的。通常，客人对我们的实际产品（不是预订的过程）的最初体验是当他们出现在我们门前的台阶上的时候。对于客人来说，真相就在于他们第一次走进我们的大堂并最终在我们的陪同下进入房间时得到的最初印象。你的许多顾客对你的产品有相同的体验。他们可能不会"看都不看"就买你的产品，因为他们会在你的网站上盯着你的产品看半天，但他们通常"摸都没摸到"就买了你的产品。

把顾客的期望想成一条水平线，将这条线称为"基准线"。如果你实际兑现的低于这条基准线，这条线与你所兑现的之间的差距可以被定义为"失望"。事实上，如果你低于这条基准线，你甚至都没有资格进入到顾客需求金字塔中。有效地满足顾客的期望是这种关系的基础。本章关注的是与满足顾客期望有关的风险与回报。处于巅峰状态的公司知道，他们必须在金字塔的底层处理好基本需求，但是仅靠满足顾客的基本需求，他们是不可能把竞争对手远远地抛在后面的（见图 7-2）。

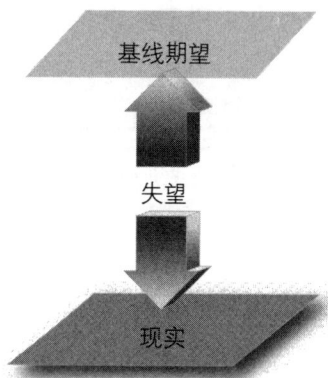

图 7-2　基线模型

零售巨头西尔斯、零售企业彭尼公司、福特、通用汽车等在 20 世纪步履蹒跚的巨人，都被困在顾客需求金字塔的底层。他们似乎下意识地以在顾客的满意度上获得刚刚超过那条失望基准线的分数为目标。他们错误地认为，通过让顾客感到基本满意，他们就能买到顾客的忠诚感。显然，他们错了。

这些公司应该记下马斯洛最著名的一条名言："如果你的手里只有锤子，那么你的眼里只有钉子。"[4]衰退的公司过于依赖旧的工具了。

精明的公司则认识到，顾客在学着期待更多，而且，在互联网时代，他们拥有比以往更多的选择。美国西北大学教授兰杰·库拉提（Ranjay Culati）与博思艾伦管理咨询公司的咨询顾问戴维·克莱特（David Kietter）发表了一份详细的研究报告。报告指出，虽然过去有 59% 的公司认为满足顾客的期望是一个相当大的挑战，但是现在有 84% 的公司认为这仍然是一项重大的挑战。顾客的辨别能力越来越强，再加上公司不懈地追求成本削减和商品化，使得越来越多的顾客变得失望。在快乐生活酒店集团，我经常提到我的一条核心理念："失望是期望管理不当的自然结果。"如果人类的期望不能得到有效的管理，他们就会失望。

满意度不会创造忠诚

没有公司能够不满足顾客的基本需求而取得成功，但是有太多管理者认为，仅仅达到让顾客基本满意，对于他们的公司来说就是真正的胜利。弗雷德·赖克哈尔德及其在贝恩公司的研究小组发现，在投奔其他公司产品的顾客中有 60%~80% 在此前接受调查时认为自己"感到满意"或"非常满意"。在《终极问题》一书中，赖克哈尔德写道："如果目标是很好的关系，满意度作为障碍就太低了。"[5] 他认为，公司应密切地观察顾客的回头率和顾客热情推荐的程度（顾客如何利用口头传播的形式和在互联网上传播有关你、你的产品或服务的信息），而不只是观察顾客的满意度。

帕特里克·巴韦斯和肖恩·米汉在《只需更好》一书中指出："大多数行业的方式一成不变，他们一直是通过训练顾客接受与现有产品和服务质量标准差不多的东西……要发现没有被清楚地表达出来和没有充分地满足的重要需求，有时需要深入挖掘并发挥想象力。注意，这些是关于细分市场的需求。要发现这些需求，你需要问顾客，有时还需要问非顾客，问他们对这一细分市场有哪些是喜欢的，特别要问哪些是不喜欢的。这些反馈信息将引导你实现重要的差别化。"[6] 这也正是本章开始部分所引用的西奥多·莱维特的建议。这种思维让优步和来福车颠覆了出租车细分市场。

巴韦斯和米汉把类别定义为购买者看到的一组互相竞争的选项，"这些选项具有某些共同的关键特性，并提供类似的利益"。例如，当美国西南航空公司低价票的影响力开始扩散到得克萨斯州以外时，受影响的不只是其他航空公司，美国灰狗长途巴士公司与美国全国铁路客运公司也受到了影响。竞争不会仅仅局限于遵守相同游戏规则的公司。事实上，如果你在这一类里的全部产品或服务仅能勉强满足顾客的期望，那你和你所有的竞争

对手可能都是不堪一击的。

想想美国电影租赁商百视达和网飞。如果我们回顾一下百视达在 20 世纪 90 年代中期的顾客满意度，我敢打赌我们会发现，75%~80%的顾客普遍地喜欢这些电影租赁店提供的产品。用贝克维斯的模式，这个行业在当时处于第一阶段。回想起来，我们很容易发现百视达商业计划的缺陷，比如逾期费用较高、雇员缺乏培训、产品线很长、除了最近上映的电影之外选择范围有限（在百视达租赁的电影中，90%是新上映的影片，因此许多租赁店没有大量的旧片或迎合特殊市场的电影可供租赁）、没有个性化或用户服务职能部门。但是，如果你问百视达的管理者，早在 90 年代中期，他们最重要的竞争对手是谁，他们可能会提到好莱坞音像租赁公司或某些其他全国连锁企业和附近租赁电影的夫妻店。

我曾有幸与网飞的创始人里德·哈斯延斯聊关于 1997 年他们进入市场时所面临的巨大机会。里德告诉我："顾客擅长告诉你他们想要的一些细枝末节是什么，而百视达可能对此认真倾听，但你很少能从顾客那里听到长远的想法，因为他们还没有想象到。我们知道电影是非常私人的，基于网络的服务可以让你选择更多独特的电影，而且很方便，你不需要开车去取影碟。"

《纽约时报》引用了里德的话，他说他产生了创办网飞的想法是因为一笔数额不小的逾期费用。影碟"晚还了 6 个星期，我欠电影租赁店 40 美元。我不记得把影碟放在哪里了。这完全是我的错。我不想把这件事告诉我老婆。我对自己说：'我打算因为一笔逾期费用而危及婚姻的完整吗？'后来，我在去健身俱乐部的路上，意识到健身俱乐部有更好的商业模式——你每个月可以交 30~40 美元，然后你想锻炼多少次就锻炼多少次"。[7]因而我萌生了在网飞实行会员制的想法。网飞为想租 DVD 的顾客设计了一条新的期望基准线，几乎在一夜之间，百视达提供的服务从勉强可以接受变为明显令人失望。据网飞说，在他们的顾客中，超过 90%的人就像传播品牌那样向他们的朋友和家人宣传这种服务。你猜全盛时期的百视达在这方面的比例是多少？我们将在随后的两章中探讨像网飞这样的公司取得成功的原因。至于本章，要认识到你在市场杀手面前总是不堪一击的：当细分市场里有新公司提供的产品或服务远远超过了让人基本满意的现有产品或服务时，它们就会成为市场杀手。

什么类型的公司最容易成为"满意度洗牌"的受害者？传统型公司——以过去的荣耀为生，没有与他们的顾客建立深厚的联系——最可能会在一夜之间在他们的顾客的眼中从最优沦为较差。在半个多世纪以前，麦当劳因为他们提供的产品——环境干净、品质始终一致的、便于食用和便宜的快餐，这些成为判断快餐好坏的质量标准——而大获成功。时间长了以后，顾客的期望和满意的需求会提高，而麦当劳已经成为商品化企业里的标准化产品的代名词。它们直到最近才开始以再次迎合市场需求的方式来改进产品。当然，其他例子有美国环球航空公司或王安电脑公司，它们因为看不到变革正在发生，所以现在已经销声匿迹了。

组织的规模越大，它就越关注有形的东西或希望实现标准化。保·伯林翰在他精彩的《小巨人》一书中谈到了丧失魔力的公司是如何忘记"它们与消费者的情感联系并专注业务流程"[8]的。随着许多公司的发展壮大，它就越来越脱离顾客，越来越缺乏激情，越来越标准化，越来越专注于按照平均标准进行管理，因此他们最后陷于顾客需求金字塔的底层。另外，万豪国际和凯悦可能与革新者非常隔离，以至于他们完全想不到三个没有创业经验的千禧年一代的人在公寓里能想出什么来。而且他们过分关注现有的产品，以至于这些酒店高管完全不知道住房共享可能会分出去很大的一块旅游市场。

精品酒店是引发行业地震的创新者

美国酒店业的经历就很符合贝克维斯的三个发展阶段。20世纪50年代，世界各地的假日酒店在中产阶级的顾客面前表现出一致性和可预见性，这些顾客才刚刚认识到频繁旅行意味着什么。其他像万豪国际和希尔顿这样的连锁酒店纷纷效仿。随着时间的推移，酒店行业经过持续发展，大型

连锁酒店开始提供品种更丰富的精品。万豪国际向顾客提供各种各样的产品，从经济型的费尔菲尔德酒店到丽嘉酒店（1998 年被万豪国际收购）。连锁酒店仍关注可预见性，但现在它们面向不同细分市场提供各种各样的品牌。但是，这仍然只是策略上的复制，没有考虑地理位置的差异化。

在连锁酒店于 20 世纪 50 年代开始扩张之前，美国的所有酒店实际上在所有权和经营上都是独立的。到 80 年代初，许多客人对连锁酒店提供的平淡的同质化产品开始感到厌倦，他们再次希望独立地进行选择。对于像比尔·金普顿（Bill Kimpton）和伊恩·施雷格（Ian Schrager）这样来自酒店业之外的企业家来说，创办精品酒店公司的时机已经成熟（在我的这些偶像创办精品酒店的四五年后，我创办了快乐生活酒店集团）。

精品酒店产生的前提是，对于许多入住酒店的客人来说，仅仅满足期望并不足以令他们感到满意。酒店的选择是一个相当私人的产品选择。你在这个产品里睡觉，在这个产品里宽衣沐浴。你一次对这个产品体验数天，如果是一次难忘的经历，你之后还会再来体验一段时间。考虑到这种产品的性质，酒店应该反映顾客的渴望与个性。它们还应该反映它们所在的社区特性。因此，精品酒店于 20 世纪 80 年代初出现，而且立即开始蚕食大型连锁酒店在美国大城市的市场份额。

快乐生活酒店集团的创新旨在提出一种组织原则，从而帮助我们创办这样一种酒店——被《今日美国》杂志称为"美国最令人感到愉快的一批精神分裂症型酒店"。在创办我们的第一个酒店——凤凰酒店时，我决定以杂志作为检验酒店个性的试金石。杂志的发行与精品酒店有许多共同点，它们的产品关注的都是小众市场。（你是否曾经看着一排长长的杂志架上看到的某些古怪的刊物，然后想谁会看那些杂志呢？）这些产品通常都是受生活方式驱动的。如果出版社或精品酒店的老板经营得好，他们会使订阅者或酒店客人与产品之间建立一种深厚的情感联系。事实上，美国最大的杂志出版社康泰纳仕公司几年前启动了一场广告宣传活动，用其订阅者热情洋溢地抱着他们最喜欢的杂志的特写照片，并配上类似"这不仅仅是订阅杂志，而是一场轰轰烈烈的爱情"的标题。这种关系正是精品酒店试图与最狂热的忠实顾客建立起来的关系。

我们选择《滚石》杂志作为凤凰酒店的个性。我们还用 5 个词描述该杂志和我们想创办的酒店——玩世不恭、喜欢冒险、酷、超凡脱俗、年轻的心。我们做的每一项决策都必须与这 5 个形容词相吻合，包括我们雇用的工作人员、他们穿的工作服、客房的设计和我们提供的独一无二的服务。这种组织原则确保涉及的各方，包括我们的投资人、业主、设计师、建筑师、总经理和销售团队，都达成共识。这就是快乐生活酒店集团获得无数国家级荣誉的关键原因，而通过这些荣誉反映出来的不仅仅是我们的设计，还有我们创造的独一无二的体验。

在我开始与经常光顾凤凰酒店的客人交谈，并发现吸引他们光顾酒店的是某些无形的东西之前，我始终都没有认识到这种方法的魔力。最常光顾我们凤凰酒店的不一定是酒店的目标顾客，即住在洛杉矶、身上有文身的青年男音乐家。最喜欢我们酒店的人是符合酒店性格的人：即用那 5 个词形容自己的客人（在第 2 章的开始部分提到的蒂莫西·利里博士就是这种人的典型代表）。本质上，在凤凰酒店住了几天后，这些客人在离开酒店时就能体验到一种"身份刷新"：感到更时髦、更酷和更玩世不恭。然而，不是每一个人都想洗这种"泡泡浴"，比如我母亲就不是很喜欢凤凰酒店。但这没有关系，因为快乐生活酒店集团开始发展壮大。我们发挥想象力，寻找没有被覆盖的新的小众市场，发现体现出这个细分市场特征的杂志，创办独一无二的精品酒店，然后介绍给符合这种性格的人群，并让他们宣传这个产品。比例很高的回头率、口碑（和"键盘碑"）和热情的、正面的媒体报道，使我们的生意比竞争对手更繁忙，而促销的费用只是他们的一个零头。

在我担任快乐生活集团的首席执行官的 24 年中，我们创办了 52 个精品酒店，每一个酒店都以各种各样的杂志和个性为依据——《连线》《城市与乡村》《纽约客》。我们的一些最有趣的酒店中是以两种杂志的组合为依据的，如我们的盖勒瑞公园酒店将《商业周刊》与《名利场》结合在一起，再如我们的维塔尔酒店把《居住》与《简单生活》密切地结合在一起，旨

在吸引在 W 酒店（喜达屋的品牌）之后而在四季酒店之前的客人，从而为全世界的新中产阶级（《纽约时报》专栏作家大卫·布鲁克斯称该阶段为"布波族"）创造了一个非常时尚，同时强调整体感和体现出成熟个性的环境。在本质上，快乐生活酒店集团认识到，现代酒店顾客的基线期望已经通过大型连锁酒店而得到满足，但是这些顾客希望获得更多的东西——他们希望在酒店的体验能够满足他们在顾客需求金字塔的更高层次上的需求。快乐生活酒店集团也遇到一个重大的挑战——创办一个摇滚酒店来吸引喜欢冒险和怀有一颗年轻的心的客人是一回事，但当我们提高赌注，准备在整个旧金山湾区创办一批完全以小众市场为导向的精品酒店时，我们是要承担风险的。当我们的顾客浏览网站时，他们会感到困惑，我们可以想象顾客会说："我喜欢快乐生活酒店集团提供符合我个性的酒店这样的想法，但我要如何在一系列酒店里选择合适的呢？"随着快乐生活酒店数量的增多，顾客选错酒店的风险也在升高。我父母的朋友，美国医学会的主席（及其夫人）就遇到了这种情况，当时这位保守的主席光临充满时尚气息的凤凰酒店要入住时，他们脸上惊愕的表情让我终生难忘。

考虑到"失望是期望管理不当的自然结果"，我们需要想出一种更好的方法，让我们的顾客在预订各酒店的房间时知道什么样的酒店具有什么样的个性。而且因为预见到其他暴风骤雨般的事件正在酝酿中，所以我们告诉客人这些信息的方式也要有所转变。虽然在 20 世纪 90 年代和 21 世纪的最初几年中，精品酒店在酒店业成了颠覆性的创新者，但某些刚刚进入市场的人也会对我们进行颠覆性的创新。

处于灾难边缘的快乐生活酒店集团

在 20 世纪 90 年代后期，艾派迪和速旅公司推出了旅行网站，面向旅行大众推出了独特的价值主张。他们的网站将低效的市场变为高效的市场。我的意思是，他们给旅行者提供了一种高效而透明的比较酒店价格和产品的方式，从而让消费者有了更多选择权。超市里那种以最优价格大量供应产品的策略，在互联网上被其他行业竞相模仿，但任何行业都不像旅游业这样明确地把选择权由生产者交给了消费者。

由于"9·11"事件以及随后旅游行业的衰退，艾派迪和速旅公司的力量一夜之间飙升。所有旅行者纷纷开始上网查找价格最优的机票和酒店房间。突然之间，旅行在大多数人眼中几乎成了一种商品，像好订网这样的网站成了旅行者的最佳朋友。在快乐生活酒店集团看来，这是一场灾难，不仅仅是在财务上，在我们与顾客的关系上也是，因为此前我们长期地与我们的忠实支持者保持着一种直接的个人关系。在财务上，这种新的预订酒店房间的商品化方法意味着，由于现在选择权在消费者的手中，我们的平均入住率骤降了 20% 以上。此外，这些旅游网站每向我们预订一间房，就收取高达 25% 的佣金。因为这个新出现的、高效率的市场，我们原本定价在 200 美元的房间不得不降为 160 美元的房间。而且，如果这间房间是被像艾派迪这样的公司预订的，我们能得到的纯收入只是 160 美元中的 120 美元。我们的利润空间在一夜之间荡然无存。

雪上加霜的是，我们的客人的性质也开始发生变化。以前，发现我们酒店的客人通常会做些准备工作（或从朋友那里听说过我们），并且知道他们为什么想在突出个性的酒店里订一间房。但是，由于来自旅游网站的客人大量涌入，而他们主要根据价格挑选酒店。因此，我们发现客人的满意度开始直线下滑。我们的运气坏得不能再坏了：我们赚的钱越来越少，而我们的客人越来越感到不满意。在分析这种情况的过程中，我们发现感到最不满意的客人是在第三方旅游网站上订房的人。他们之所以不满意似乎是因为他们的期望与产品不符。尽管在互联网出现前，我们的产品所具有的差别化是我们的一项优势，但我们不像世界各地的喜来登酒店或希尔顿酒店那样具有可预见性，这个事实现在反过来在阻碍我们。

我们需要迅速地解决两个问题：①如何提高我们的利润率；②如何保证适当的客人入住适当的酒店，从而提高顾客的满意度。由于互联网给我们带来的业务所占的比例每年都翻番，因此我们需要迅速搞定这个问题。

遗憾的是，在到 2002 年的时候，在网络预订业务中，我们自己的网站带来的业务只占 20%，而其余的都来自收取高额佣金的第三方网站。

　　幸运的是，我的周围有非常精明强干和足智多谋的人。2003 年，我们提出了一个非常聪明又不昂贵的解决方案，它借用了我们公司的核心价值观——创意与奇思怪想。这个解决方案后来带来了数百万美元的利润增长和客户满意度的大幅上升。我们的市场营销团队在我们的主页上推出了一个名叫伊薇特的卡通人物，担任酒店匹配人。伊薇特会请你做一个 1 分钟的个性测验，帮助我们了解你的心理人格。当你做完这个测验后，伊薇特会立即帮你挑选出 5 个最符合你的性格的酒店。伊薇特还做些其他的匹配工作，让你知道在游览湾区时可以选择的活动项目。她会选出 2 名与你的个性最相似的本地居民（从我们的网站简要介绍的几十个人中），让你了解他们最喜欢的东西，并分享你在本市逗留期间不能错过的那些他们最喜欢的、不为人所熟知的东西。最后，伊薇特还会向你提出 6 条具体的建议，告诉你可以做哪些似乎与你的性格完全吻合的事情（选自本地居民最喜欢的几百个项目）。（由于伊薇特这个卡通人物不符合公司的新设计，因此我们最近让伊薇特从我们的网站上"退休"了。）

　　这种具有创意的匹配工具在一夜之间风靡一时，受到媒体的广泛关注，并最终帮助快乐生活酒店集团连续两年获得全球服务业的"年度电子化销售商奖"。这种酒店匹配的方法不仅把更多的客人吸引到我们的网站——使我们不必向旅游网站支付 25%的佣金，而且它还给我们带来不那么追求商品化的客人。这样的客人对我们的满意度更高，因为我们为他们匹配了最符合他们个性的酒店。本质上，我们对顾客的期望做了更好的管理。顾客的满意度提高，我们酒店来自自己网站的营收的百分比的增长是美国最大的连锁店的年度增长率的两倍。我们躲开了其他依赖于高佣金的第三方网站不独立酒店的厄运。

　　在很多方面，伊薇特是一种轻量化的手段，它让我们在顾客个性化的世界中领先——网飞、亚马逊和声破天都因为顾客个性化而出名。让快乐生活酒店集团创造出伊薇特的思维在爱彼迎也得到了很好的延续，因为我们用来自顾客的大量数据信号来为我们的顾客建议要住在哪里，以及要做什么。

巅峰处方

　　顾客金字塔的基础是要保证兑现符合顾客的期望。下面是一些帮助你成功地解决这些基础需求的想法：

　　（1）用更有效的方法来使用你现有的顾客满意度度量工具。虽然基本的顾客满意度调查可能会有缺陷，但还有许多方法可以最好地利用你已经有的工具。快乐生活酒店集团能够实时地解决问题，因为我们的在线顾客调查一天进行一次。所以，我们的总经理和主管们（他们也会收到数据）在看到顾客表达对自己体验的不满之后可以立即开始处理问题。另外，酒店评分得到满分并且带有激情评论的问卷调查，或者得分低于 60 分的问卷调查，参与者都会在几天内收到我亲自发出的一封个性化的电子邮件，表达我们的感谢或我们的歉意。这种意料不到的个性化的回应将支持者变为更热情的宣传者，帮助许多感到受挫的顾客变为新的支持者。另一个注意回应的组织是哈雷戴维森。他们没有将有价值的顾客服务数据扔到公司的某个地方置之不理。他们通过雇用公司退休员工（通过兼职工作来与公司保持密切联系的人）来对他们的顾客进行跟进电话调查。

　　（2）在与顾客接触的过程中提出更直接的、与你的产品或服务有关的问题。泛泛的调查方法可能无法捕捉到你想从顾客那里了解到的东西。《只需更好》的两位作者建议，你的问卷调查应帮助你回答下列相当基础的问题：

- 你让最重要的顾客享受到了哪些主要的好处？
- 你的所有顾客都能享受到这些好处吗？
- 你的竞争对手也提供这些好处吗？
- 你多长时间检查一次在这些方面的绩效？[9]

　　要问能够帮助你提前发现业务变化趋势的问题。例如，在 20 世纪 90 年代后期，由于泛泛的行业调查项目没有把高速上网列为客人需要的 5 件最重要的服务项目之一，因此许多酒店公司迟迟没有在客房中加入这个服务项目。但是，由于互联网得到迅速的推广，已经成为大多数商务旅行者必不可少的工具，到这些调查结果发布时，这些结果已经成了过时的信息。考虑问弗雷德·赖克哈尔德曾在他的同名著作里有效地描述过的“终极问题”现在广泛地称为净推荐值（Net Promoter Score, NPS）：“你把我们推荐给你的朋友或同事的可能性有多大？”[10] 我们的某些酒店问的问题是：“我们的酒店存在的三个最大的问题是什么？”然后，酒店的总经理就会训练工作人员如何处理这些问得最多的问题。造成不满意的因素有时候会比提高基本满意度的因素会让你了解到更多的东西。

　　（3）不要把眼光只放在调查自己公司的满意度上，要跳出这个范畴，看你所参与竞争的整个市场。看看你所处的这一市场提供的产品或服务可能有哪些令顾客感到不满意的因素。向你的顾客提出允许他们自由回答的问题，使他们能够在思考的过程中摆脱企业现有产品的束缚。在请求顾客提供反馈信息时，将你所在的行业与其他行业进行比较。20 世纪 90 年代中期，当陶器大谷仓、塔吉特和盖普等零售企业向中产阶级提供在设计上更具有时尚气息的产品（以前只供应高端市场）时，我通过与酒店的顾客和企业客户交流，开始提出以下问题：“酒店业可以向这些零售企业学习什么？对于像假日酒店和雷迪森等在酒店业最有名、价格适中的连锁酒店来说，你能说出它们存在的最大的优点、缺点吗？”这些不是你会向一般顾客提的典型问题。但是，这些问题的答案有助于快乐生活酒店集团认识到，中等收入的美国人是一个巨大的市场。他们想要的是价格适中、既充满时尚气息又实用的精品酒店产品。这种认识让我们相信，我们与某些同我们竞争的精品酒店不同，他们只开发高端酒店，而我们应继续为大众推出价格适中的精品酒店。

（4）让你的管理者和雇员发挥集体智慧，讨论如何运用马斯洛的需求层次理论激励你的顾客。在本章的前半部分，我介绍了快乐生活酒店集团如何利用这个互动，帮助我们的团队了解我们如何提供顾客希望得到的东西。我不知道喜达屋是否运用了马斯洛的需求层次理论，但在 1999 年它们针对 Westin 品牌推出豪华的"天堂之床"时，他们肯定是对马斯洛理论有一定的理解。虽然有一张舒服的床是每一个酒店顾客的基本需求，但令人感到十分奇怪的是，任何酒店都未曾真正地在床具产品上有所创新从而提供差别化的品牌产品。不要以为你的竞争对手在基础工作上做得非常好。要乐于提出愚蠢的问题，即在你的顾客需求金字塔中，底层的需求是否得到了真正的满足。

期望是使顾客感到满意或失望的驱动力。顾客需求金字塔可以帮助你更好地理解顾客的动机与期望。这种需求金字塔将让你的管理者想起顾客实际上是一个群体，他们有共同的生理需求和愿望。处理好这些顾客需求的基本要素，就会让顾客基本上感到满意。做不到这一点，你就无法登上金字塔的更高一层。但是，正如我们认识到的那样，今天处于金字塔底层的顾客是相当混杂的。接下来，让我们来探讨如何激发承诺，与你的顾客建立更加忠诚的关系。

推荐读物

Crossing the Chasm by Geoffrey A. Moore

"Customer Loyalty and Experience Design in E-Business" by Karl Long, *Design Management Review* (Spring 2004)

Loyalty Rules by Fred Reichheld

"Marketing Myopia" by Theodore Levitt, *Harvard Business Review* (July–August 1960)

Selling the Invisible by Harry Beckwith

Simply Better by Patrick Barwise and Sean Meehan

Small Giants by Bo Burlingham

The Innovator's Dilemma by Clayton M. Christensen

Trading Up by Michael J. Silverstein and Jay Fiske

Treasure Hunt by Michael J. Silverstein and John Butman

第8章 激发承诺

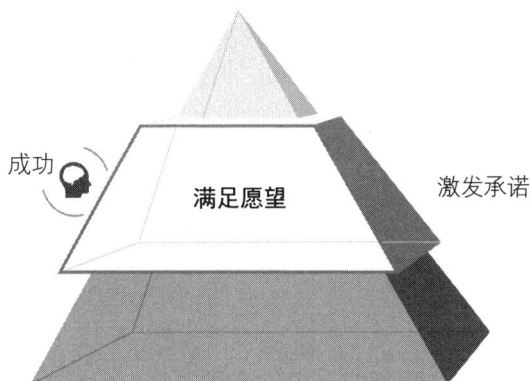

未来，利用技术上的进步，我们应该能够建立民主的、沟通的、尊重的、友爱的和倾听的顾客满意机制。换句话说，既要保持小的所有好处，又要利用大的优势。

——亚伯拉罕·马斯洛 [1]

公司越大，就越需要创造便于顾客参与讨论的论坛。即使你很大，也要表现得很小。当人们可以与你建立联系时，他们就更有可能信任你。而且，保持谦逊，意味着你是一个富有同理心的聆听者。

为了了解顾客的渴望，快乐生活酒店集团采用了一些独特的方法，包括在我们开发新概念酒店的社区市政厅举办一系列会议。快乐生活酒店集团的目标是创造一个个反映某个顾客群体的渴望和酒店所在社区个性的地标。例如，在加利福尼亚州的首府萨克拉门托市，我们把市政厅旁边公园对面的一栋具有历史意义的高层写字楼打造成当地的第一家豪华型酒店——

—公民酒店。

在获得市政府继续推进这个项目的批准后，我们在市政厅召开了一系列会议，本地居民在会议上可以帮助我们逐步地完善有关这个酒店的概念和独特性。我甚至自愿地让《萨克拉门托蜜蜂报》将我个人的电子邮件地址刊登在一个商业专栏中，向本地居民征求意见（我们收到了 100 多封有趣的电子邮件）。萨克拉门托市没有要求我们这么做，但是，我们知道如果能真诚地邀请本地居民参与进来，我们就会创造良好的口碑，而且可以更好地了解他们希望看到这个精品酒店及其标志性饭店带给人们哪些独一无二的服务、乐趣、个性和设计。

我最喜欢的一段经历发生在市政厅的某个晚上。当晚，我们就如何经营这家酒店陈述了一些基本的事实后，提出了 40 个我们认为能够体现萨克拉门托市基本特征的形容词。我们请参与这个活动的 70 名本地居民每人挑选出能够最恰当地形容这个城市的个性及其发展方向的 5 个词。我们用我们利用杂志阐述酒店概念的方法（在第 7 章解释过）让他们了解这些信息。然后，我们把他们分成 4 组，并给每一组配备一个画架，要求他们每组挑选出能够完美地反映社区特色的 5 个词和某些独一无二的服务和设施。这些人当中的大多数都是素昧平生的。他们只是在那份当地报纸上看到了刊登了我的电子邮件地址的文章，并给报纸回了信。当他们意识到我们要求他们由被动的角色转变为真正拥有自己的声音的角色时，我发现有些人的眼神里露出畏惧。幸运的是，我们在每一个小组中都安排快乐生活酒店集团的一名经理担任协调员，确保他们一开始就能顺利地进入角色。

当晚的活动接近尾声时，我们收集到了一些非常有价值的信息，包括许多如果我们只是在快乐生活酒店集团的旧金山办公室里进行头脑风暴绝对不能彻底了解的微妙的事情。我们随机选择的这些本地居民讨论了他们的社区状况以及这个酒店应该如何反映萨克拉门托市的个性，而且在这个把人们紧密联系在一起的过程中，他们能够迸发出新的关系。我相信他们还感觉像是在我们的蓝图上留下了他们的指纹（事实上他们对我们最后创造出的产品产生了非常大的影响）。我永远忘不了一个神采奕奕的人在离开会议室时对我说："我曾以为来这里是参加一场听证会或争论不休的调查活动，但现在要离开时，我感觉我参加的是个人发展研讨会。"

欢迎来到应用于顾客的马斯洛需求层次理论的社交和尊重层。我们在市政厅召开的会议关注的是我们在这个社区的利益相关方的社交和尊重需求。但是对于任何勇攀巅峰的公司来说，真正的收获是它们如何关注普通顾客的这些需求。

马斯洛是一个聪明的人。当计算机的平均大小与别克轿车不相上下时，当史蒂夫·乔布斯刚刚进入青春期时，马斯洛就发表了我在本章开头所陈述的亲技术派观点。20 世纪 60 年代后期，马斯洛作为"常驻精神病医生"在加利福尼亚州门洛帕克市的 Saga 公司冥思苦想时，他表达了这样的担忧：随着公司的发展，它们自然会越脱离顾客的愿望。它们不会探索听取顾客意见的独特方式。但是，马斯洛满怀希望地表示，通过在技术上与培训上投入适当的资金，任何公司，无论规模大小，都可以满足顾客的愿望。

顾客的愿望是什么

在第 2 章中，我介绍了蜕变金字塔的概念，即雇员、顾客和投资人有基本的生存需求，这种需求会变为成功需求，进而在每一个金字塔的塔尖变为蜕变需求。在上一章中，我们讲述的是顾客的生存需求。如果我们提供的产品或服务超出了顾客的期望，这通常会转化为一次成功的顾客体验。对于我们酒店的客人来说，这意味着让他们感到印象深刻的不只是高效率的入住登记手续、干净舒适的客房或者安全可靠的环境。渴望得到满足的酒店客人可能获得下列某一种成功的顾客体验：

- 与前台工作人员、门卫或客房服务员进行较深入的交谈，从而使得自己的社交需求得到了满足。
- 在免费享用葡萄酒时与酒店其他友善的客人交流，随意地谈论起当天在城里旅游的经历，从而使得他们的归属需求得到满足。

- 在他们入住的酒店，其他客人所做的事情看上去与他们差不多，仅仅这样就使得他们的联系需求得到了满足（例如，当以家庭为单位的客人入住度假村时如果看到也有其他家庭在，他们就会感到放心）。

- 因客房的等级被提升了一级而且还可以看到更美丽的风景而感到意外或者在进入客房时收到了一小瓶葡萄酒、他们最喜爱的小吃和总经理以个人名义给他们留的便条，从而使得他们的尊重需求得到了满足。

这些可能是非常简单的愿望，如在酒店住宿期间让酒店的所有工作人员都认识他们，并在打招呼时能叫出他们的姓名。这些是酒店客人在每一次入住酒店时希望能够实现的愿望。当酒店真正地实现这些愿望时，客人会成为忠实的长期顾客，在情感上与组织关联的可能性就更大。因此，"实现愿望"就是了解顾客的独特偏好。用今天的话说，我们称为大规模定制，或者说是公司迎合市场需求并不断反复这样做的能力。要在这方面做得好，公司就需要接受马斯洛的建议，在系统上和服务上舍得投入。

黛安娜·拉萨利和特里·布里顿在他们写的《体验》一书中描述了马斯洛可能梦见过的大规模定制体验：

当顾客进入其中一家眼镜店时，一名店员向顾客致以问候，并拍下顾客的数码照片；电脑随后测量顾客双眼之间的距离和鼻子的长度。然后，顾客从 60 个描述形象的词中挑选出描述她希望拥有的外表的词，如"迷人""聪明""动感""性感""与众不同"和"职业"等。根据顾客的面部轮廓和她挑选出来的形容词，人工智能系统推荐镜框和镜片。选择的结果显示在屏幕上，并叠加到顾客脸部的数码影像上，从而允许顾客在不需要站起来的情况下试戴好几副眼镜。如果试戴的结果看上去与顾客的愿望非常接近但不完全吻合，顾客甚至可以定制眼镜。整个过程需要 15~20 分钟，而且定制的眼镜可以在两个星期内交货。[2]

我们已经从"一刀切"的文化转向作家及马斯洛学专家德博拉·斯蒂芬斯所说的"量身定做"。标准不像以前那样流行了。我们都想感觉到特殊、有点儿不同，而满足这种渴望的公司将会获得丰厚的回报。具有讽刺意味的是，定义了在需求金字塔的这个层次上提供产品与服务的公司的两个共同的因素，似乎是完全对立的：技术（硬件）与人（软件）。如果公司懂得如何利用自己的技术，懂得授权给他们的人使其具有提供个性化服务的能力，那么它就能带来忠诚的顾客。

利用技术来满足顾客的愿望

调查表明，只有 20%的顾客达到完全忠诚的程度。培养忠诚感的方法有很多。美国在线培养的是虚假的忠诚感，在顾客的免费试用期结束后，他们让顾客很难断开服务（他们为此在 2003 年受到指控）。航空公司借助他们的飞行里程点数达到这个目的。但这些都没有体现出真正的忠诚感，它们只是在试图影响顾客行为的基础上为挽留顾客而实施的手段。要让顾客真正地忠诚，需要敏锐地发现他们的愿望或偏好，进而影响顾客的态度。过去，许多公司依靠长期在公司工作的雇员记住顾客的偏好。今天，技术解决了这个问题。

那么，公司如何真正地了解顾客的愿望呢？唐·佩珀斯和玛莎·罗杰斯在《客户回报率》一书中指出，敏锐地预料到顾客偏好的方法有三种：记忆、编辑推理及与其他顾客的比较。你会发现技术在这些方面发挥了关键作用。

记忆指的是记住已经表达过自己偏好的回头客——他们喜欢租的汽车、他们是否希望接受租车公司提供的保险、他们可能使用什么样的信用卡等。投钱购买可以让你存储这些偏好信息的顾客关系软件，能给你带来巨大的投资回报。而让我感到非常尴尬的是，我的公司拖了很长时间也没有在这方面做投资。如果顾客意识到你记住了他们最喜欢的客房或他们希

望在客房里使用什么样的枕头，这样他们就不必开口向你要了，他们的尊重需求就自然得到了满足。在快乐生活酒店集团，我们过于长时间地、过分依赖雇员记住回头客的愿望。最后，我们认识到我们需要在技术上进行投资，以帮助我们记住客人每次入住我们的酒店时，早上需要提供的是《纽约时报》而不是《旧金山新闻报》。

唐·佩珀斯和玛莎·罗杰斯建议，了解顾客愿望的第二个方法需要我们利用这些记忆并将其用于编辑与推断的过程中。他们写道："顾客买花为母亲庆祝生日这一事实意味着她可能也想庆祝母亲节或其他亲人的生日。因为顾客购买了音乐光盘，所以她可能对光盘清洗产品或光盘播放机感兴趣。"[3] 显然，这种方法需要我们做出更多的猜测，但这几乎就像是有个天使站在顾客肩头问："你考虑过这一点或那一点吗？"

最后，了解顾客愿望的第三个捷径是利用数据在某个顾客与其他类似顾客的购买方式之间进行比较，以便提出建议。现在，大多数基于网站的大型零售企业利用软件把你与其他相关顾客的愿望联系在一起。网飞就采用了这种方法，它明确地让你看到你的朋友提出的建议。显然，这种方法运用了马斯洛需求层次金字塔的社交层次理论，因为它使你能与朋友分享你的体验与偏好。

随着技术发挥出巨大的能量，许多公司可以与顾客建立"学习关系"，这样它们与顾客形成互动的次数越多，它们就越能更好地了解顾客的愿望。唐·佩珀斯和玛莎·罗杰斯指出："你越能让顾客把他们的需求教给你——只要你能真正地用更多的个性化或更多的服务来满足他们的需求——顾客就越忠诚，这是因为他们不愿意花时间或冒险把已经教给你的东西再教给其他公司。"[4]

在利用技术发展"学习关系"上，亚马逊作为冠军当之无愧。他们会非常认真地让我知道符合我的典型购买习惯的新书什么时候出版。如果有一本专注于马斯洛的书即将上架，你可以断定亚马逊公司会在我知道有这么一本书之前告诉我有关的信息。他们显然知道我有金字塔渴望症！

然而，我对亚马逊的忠诚是他们辛苦赢来的。我十分钟情于独立的书店，而且旧金山仍旧有几家书店是我喜欢经常光顾的。但是，随着我的读书品位变得更加多元化，我发现要在本地的书店里找到这些书变得越来越困难。而因为我在亚马逊买了几本书，他们就在技术的帮助下敏锐地了解到我可能喜欢什么样的新书。坦率地说，当亚马逊的创始人杰夫·贝佐斯几年以前给我（可能同时给数百万名顾客）寄来一封附有10张1美分邮票的信时，他最终打动了我。

亲爱的朋友：

自创建以来，我们亚马逊的主要目标之一就是让顾客的生活变得更轻松。5年多以来，这种敏感性引导着我们的发展、办公场所的设计、新的特性与服务的增加。

但最近，我感觉到无论我们怎样努力工作，我们仍旧没有解决许多让你感到不方便的问题。我们不能为你洗碗，我们不能为你取干洗的衣服，我们不能为你更换冰箱里的小灯泡，我们不能按照你喜欢的方式为你做金枪鱼沙拉。于是，我认识到有一件事是我们可以做但以前从未做过的——免去你单独跑一趟邮局的麻烦！1月7日，一类邮费涨了1美分，涨到34美分，所以在这封信中你将看到10张1美分的邮票——可以和你33美分的旧邮票一起用。当然，我们所说的10美分只是价值，但希望你节省下来的时间具有更大的价值。

谨启

杰夫·贝佐斯

我仍旧保留着这些价值10美分的邮票，而且当我就顾客服务发表演讲时，我偶尔会向人们展示这些邮票和杰夫的信。对于一个保持领先的高科技公司来说，这是"高度人情味"的完美体现。有些人可能把它视为一种骗人的伎俩，但是，由于亚马逊的服务代表是一流的，因此没有人怀疑亚马逊的服务质量。亚马逊之所以能成为全世界最值得尊重的电子商务公司，它的技术与服务起到了举足轻重的作用。

2016 年，美国 43%的零售是通过亚马逊的。亚马逊是精通大规模定制的高科技、非常有人情味的公司的杰出代表。它代表着一种未来的发展潮流，即许多公司改变了面向许多人销售一种标准化产品的经营方式，而转向专注于面向一个人终身销售许多种产品。这就是与顾客之间的忠诚关系的性质。

高科技、富有人情味的文化

验证我说的是否正确。这就是顾客在顾客金字塔中间层所期待的东西。仅仅靠复杂的技术无法做到这一点。当今的市场领先者认识到"人情味"可能比"技术"更重要。

联邦快递彻底改变了我们邮寄包裹的方式，而且他们还利用技术满足我们的愿望，即我们可以及时掌握某个特定时刻包裹所在的准确位置。但是，如果你问联邦快递的高管，谁是公司最有价值的雇员，他们会告诉你最有价值的雇员是收取和递送包裹并与顾客接触最多的快递员。联邦快递善于雇用和培训一线雇员，并使他们拥有为顾客制订解决方案的权力。

企业汽车租赁公司也使汽车租赁行业发生了彻底的变化，他们关注的是不同的细分市场（需要备用车的人——通常需要一家保险公司参与，因为顾客自己的车在修车厂里）。这家公司在如何以创新的方式利用技术满足顾客的需求以及联合保险公司方面是先行者。这家公司出名的、人情味浓的品牌承诺就是就是无论你在哪里，他们都愿意去接你。另外，作为一名顾客，让我经常感到好奇的是他们的雇员的素质和他们休现出的"我能做到"工作态度，而相比之下，我在许多其他汽车租赁公司总是遇到"我做不到"的雇员。让我觉得非常重要的是，在企业汽车租赁公司，从我站到柜台前到陪我去取车，我的所有需求都由同一个人来处理。

类似地，百思买利用技术不断地、深入地评估顾客的资料。最近几年来，他们在分析这些数据的基础上确定了五类最具价值的顾客。这些顾客是公司上升的最大潜力来源，其中包括希望拥有最新科技和娱乐产品的年轻人和住在郊区的忙碌的妈妈们，后者来百思买的目的是为了丰富孩子们的生活。该公司在培训店员的过程中要求他们更加主动地判断每一个光顾的顾客。销售人员确定顾客是否属于这五类细分市场中的某一类，这样他们可以推荐以顾客为中心的、符合这个细分市场的解决方案。对于百思买来说，高科技培养了高度的人情味。

第6章中介绍的丹尼·梅耶的联合广场酒店集团可能是美国最值得尊重的餐饮组织。该公司在曼哈顿经营的饭店在竞争激烈的纽约市场中向来都被评为最佳饭店，其中包括 Union Square Café、Gramercy Tavern 和 Tabla。在与丹尼交谈以及阅读他的书《布置好餐桌》时，我明显感到他的饭店在利用技术追踪顾客的偏好。他们的"开放桌"预订系统使得他们能够记住客人喜欢坐在餐厅的哪个位置、是否对贝类过敏，或者他们是否更喜欢在吃过甜点后喝咖啡。但是，丹尼很爽快地承认在餐饮业（和一般的服务业），技术使得卓越的服务成为可能，但它并不能创造出卓越的服务。

对于丹尼来说，卓越的服务来源于找到合适的雇员和培养一种专注于满足顾客愿望的文化氛围。在考察候选雇员时，他问他的经理们是否认为候选雇员有能力在他的工种中成为团队中表现最杰出的三名雇员之一。他尤其担忧企业雇用中庸雇员的自然倾向。

他写道：

> 要发现各方面都很强的候选雇员，甚至找出比较差的候选雇员都相当简单。那些"中庸"的候选雇员是你必须不惜一切代价避开的，因为他们能够而且将会给组织带来最大、最持久的伤害。优秀的人会赢得你的嘉奖。差的人要么会主动地离职，要么会被解雇。令人感到悲哀的是中庸的人，他们就像一个你无法从地毯上轻易除掉的污点。他们为组织及其雇员灌输平庸；他们感到非常舒服，因此从来不会主动离开；而且令人感到沮丧的是，他们从来不做能让自己升职或者后退到让自己被解雇的水平的事情。

因为你既不能也不解雇他们，你和他们成了共谋，释放出一个危险的信号给员工和客人，即"平均"是可以接受的。[5]

在很多方面，我赞同丹尼，但是我认为他并不承认，平庸的人可能也是可塑性最强的。这取决于他们周围是什么样的雇员。彼得·德鲁克相信，优秀员工与一般的员工之间的距离总是保持不变。当平均水平因为出现一些新的优秀员工而提高时，最底层的员工必须提高自己。但是，大多数服务企业的问题在于，他们让平庸的员工营造了一种对现状完全满意的一成不变的惰性。如果你允许这样的事情发生，那就几乎可以肯定你的服务文化将很难上升到能一直满足你的顾客愿望的水平。

创造卓越的服务文化

2005 年冬天，在推出了我们的旗舰酒店——维塔尔酒店——的前几周，我得到了关于如何创造有利于提升标准的服务文化的经验教训。建了 7 年的维塔尔酒店即将成为旧金山第一家豪华型海滨酒店，这有点令人感到意外，因为旧金山是三面环水。在许多方面，这个项目决定着公司的命运。

1997—1998 年，当我们在市政府招标环节（该酒店处于归市政府所有的土地上）中击败了在旧金山比较大的竞争对手金普顿酒店时，这使本地的服务行业感到震惊。由于酒店的选址存在某些争议，而且在网络经济繁荣发展的时期，这里反发展的情绪比较强烈，所以在 7 个不同的城市委员会或理事会举行投票时，我们都险胜，每一次都获得了批准。4 年以后，我们获得了市政府的绿灯，获准继续推进这个项目，但我们取得开发权的时间，恰好是酒店市场开始显示颓势的 2001 年。然后，我们坐在那儿，向市政府支付着土地租金，同时努力寻觅建造这个 200 间客房的酒店的资金。我们需要 5 100 万美元才能开工建设，我们筹措到了 4 300 万美元，但是我们很难获得夹层融资（在第一笔抵押贷款的基础上增加的第二笔高额利息抵押贷款）的最后一笔资金，特别是贷方不喜欢提供建设贷款给在租用别人土地上盖房子的项目。我此前已经向市政府提交过数百万美元的个人金融保证金，这笔保证金有被用来偿付贷款的危险，同时由于几年以来没有领过一分钱工资，所以我再也拿不出钱了。

在等了两年、受到 50 多个贷方的拒绝之后，我们终于获得了夹层融资，并在极短的时间里建好了酒店——如果我们在一年以后建筑价格暴涨时建造这家酒店，我们可能要多花 1 000 万美元。在 17 个月的建设期内，我基本上都被拴在了这家酒店上，因为考虑到要削减多少成本才能满足贷方的要求，我们没有多少可以允许出差错的余地。我的压力很大。我知道公司有很多东西依赖于我们推出的第一家豪华型酒店。

丹尼·梅耶和我有一个共同点。在我们的某一个新项目接近竣工时，我们都有点心神不宁。所以，在距离维塔尔酒店开门营业大约还有 6 个星期时，我随旧金山会议与游客管理局去新西兰和澳大利亚推销我们的酒店。当从澳大利亚和新西兰回来时，我感到非常放松。我真的准备好与我们新招聘的维塔尔酒店服务团队的 150 名成员见面。但是，在给这些成员进行了几次入职培训之后，我隐约地有种莫名的不安。我感到在这批人中有许多特别优秀的雇员，但我也能发现这批人的薄弱环节多得出乎我的意料。在度过了几个不眠之夜后，我坐下来与我出国前早已组建好的维塔尔酒店管理团队切磋，并向他们了解他们雇用的这批人的情况。不用我提示，他们就承认对这批人并不完全满意，但他们认为在经过培训后，某些薄弱环节会得到改进。几天后，我又回来向经理们了解情况，发现他们对某些雇员的疑虑没有改变，但酒店一个月后就要开业，这无疑让他们忙不过来，因此他们很难意识到大麻烦正要来临。

最后，我渐渐地清楚了这个问题。我能够清楚地意识到一个不言而喻的道理，那就是快乐生活酒店集团始终能够成功地保持一种让人们拥有自主权的服务文化。现实情况是，我们的雇员主要分为三类：优秀员工、沉默寡言的大多数和较差的员工。要成功地推出一个新的酒店，特别是在与豪华型酒店领域竞争的酒店中，你需要确保优秀员工在数量上是较差员工的 2 倍，因为沉默寡言的大多数会倒向势力大的一方。不仅酒店是这样，任何想改进服务的企业或雇员的绩效会受到其他雇员影响的企业，都是这样。雇员不断地在寻找他们应该跳多高的线索。优秀员工设定了服务的标准，但如果他们与较差员工相比是少数派，那么服务的整体基础就会降低。在这种情况下，即使是优秀员工也会降低服务的标准。结果，对于顾客来说，企业在服务水平上只能达到让顾客感到基本满意的层次而绝不会渴望更进一层去满足顾客的愿望。

一旦解决了这个问题，我就意识到我们必须改变这种魔力。我们立即从我们的其他酒店调来优秀员工，而且坦率地与这些新雇员中的较差员工交流，阐明他们必须有所改进，否则就有可能失去工作。幸运的是，我们培训部的工作人员非常了不起，而且维塔尔酒店的经理们都非常有责任心。因此到酒店开业时，我们的优秀员工与较差员工之比从 1∶1 变为 2∶1，这是一种我们更喜欢拥有的魔力。同时，在获得这种我们更喜欢拥有的魔力的过程中，我们向处于中间的沉默寡言的大多数传达了这样一条信息：本酒店期望高标准，并希望你迈上一个台阶，达到你能够达到的最高标准。

我筹备了酒店的开业，并在开业的头 10 天内住在酒店里，这段经历非常棒。我明显地感到维塔尔酒店的整个团队已经变成了优秀员工队伍，而且他们真正关心的是超越客人的期望值。在这期间，我与这个非凡的团队建立了密切的关系，而且关系之密切，让人难以置信。维塔尔酒店最后成为快乐生活酒店集团最成功的酒店之一。由于顾客的忠诚度达到了非常高的水平，顾客的满意度在世界上数一数二，酒店的入住率在竞争对手中是最高的，这些竞争对手包括世界级的豪华型酒店巨头，如四季酒店、丽嘉酒店、文华酒店、圣瑞吉斯酒店和 W 酒店。这是对维塔尔酒店的经理和雇员的非凡才干和坚定决心——这个刚成立的自主经营的酒店能够在开业后这么快地在入住率上成为同类酒店的佼佼者上的证明。这也让我意识到，从当初充满时尚气息的凤凰酒店的最大竞争对手是一街区之隔的旅游小屋酒店（Trave lodge），到现在，我们已经走了很长一段路。

巅峰处方

有助于你了解顾客愿望的是技术还是人情味？如果你是行业的领先者，答案可能是二者皆是。

（1）与你的顾客亲密地交流，这样可以真正地了解他们的愿望。近80%的公司说它们正在转向执行个性化的增值解决方案，而不只是向顾客销售标准化的产品或服务。通用电气的首席执行官杰夫·伊梅尔特策划了面向大顾客的"梦想座谈会"，以便了解顾客期望从公司的产品中得到什么和他们将来可能提出什么需求。电子港湾公司的首席执行官梅格·惠特曼制订了两个月组织一次的"顾客之声"交流计划，其中12~18名顾客从世界各地飞到该公司总部，用一整天的时间进行讨论和头脑风暴。我认识的许多高管每年都在一线用几个小时的时间了解顾客的意见。你采取了哪些措施，在制度上推动公司与顾客交流？把这看作一项面向现有顾客的、回报巨大的市场营销投资——而不是面向新顾客的。为了了解顾客的独特愿望，你不能只依赖于调查顾客满意度的活动。企业的盈利能力与其为核心顾客提供个性化的解决方案的能力存在着明显的关系。问问你自己："在我们最重要的10名顾客中，有多少人是我们公司提供的个性化解决方案的受益者？"如果你没有提出这种解决方案，其他人会的。

（2）在推出你的概念之前利用技术、以顾客为对象对其进行试验。在第一个客人有机会入住喜达屋酒店新推出的"雅乐轩"（aloft）品牌前，几十万个潜在的客人已经在第二人生网（www.secondlife.com）上体验了这个时髦的、价格适中的酒店的网络概念版。第二人生网是一个虚拟世界，而网络社区的玩家或化身（网络用户表现自己的电子化形象）在这个虚拟世界里畅游虚拟景点、与其他化身见面，基本上是在探索玩三维的虚拟生活游戏。喜达屋像许多精英公司一样在林登实验室（Linden Lab）的第二人生网建立了自己的社区。可以说喜达屋获益颇丰，它了解到化身的愿望和收到大量反馈信息，包括酒店餐厅的概念、如何布置浴室等。喜达屋甚至能够知道在大堂摆放的哪些杂志是最受欢迎的。这个网站还使得喜达屋能够在第一家雅乐轩酒店开业前就为其产品造势。该公司以虚拟的方式举办了一场产品发布音乐会，请到了歌手兼词曲作者本·弗尔兹（Ben Folds），音乐会"只有站席"。像第二人生网这样的虚拟世界使得许多公司能够与未来的顾客建立起体验关系。这样，在推出一个产品前，他们就能了解这些顾客的愿望。

（3）考虑如何与顾客建立起"学习关系"。取决于你的企业，你可以选择亚马逊或网飞的大规模定制法，即利用技术更深入地了解你的顾客。或者，你也可以采取百思买的方法，即找出最重要的细分消费市场，并通过培训，让雇员准确地知道这些顾客要买什么（当然首先需要花时间与这些顾客交流，从而真正地了解他们的愿望）。这个处方的核心是我们需要细分顾客。一个标准无法满足所有人的需求。你的竞争对手可能满足了顾客的尊重需求。你也能向顾客提供同样的服务吗？

（4）通过让你的顾客感到他们是更大的集体的一部分，来满足他们的社交和归属需求。哈雷戴维森在这方面很精通，他们成立了哈雷拥有者组织联盟俱乐部。H.O.G.网站以前的标题说得非常清楚："在其他人的陪伴下表达自己的想法……哈雷拥有者组织不只是一个摩托车组织。它使得全世界一百万人因共同的激情走到了一起：这种激情就是让哈雷梦成为一种生活方式。"互联网为你提供了充足的机会来创造客户关系网或社区，特别是通过像脸谱网、YouTube和推特这样的社交媒体网站。许多公司错误地认为这些网站只是进行交易的手段，但它们也可以用于创造更深的关系。不管是通过专门介绍关键员工的视频、让组织领导者变得有血有肉的首席执行官的博客或推特站点，还是通过客户论坛，你都可以用这种新技术来满足顾客的联盟需求。锂技术（Lithium Technologies）公司运用行为科学，在客户关系管理解决方案上已经成为领先的提供者，帮助高科技公司建立强大的顾客关系网。看看他们的网站（www.lithium.com），你会看到他们识别出超级用户（最积极用该产品的人），与这些用户建立关系并利用这些关系。超级用户是代表你的品牌最强有力的支持者的那 1%，他们能给你带来 40%~50% 的用户数据——顾客对你的产品的口碑以及他们如何用你的产品或服务来改善他们的体验。既然我们现在与技术的关系密切，为什么不把你的顾客作为你的产品的免费的、令人信服的销售力量呢？

（5）无论你是否从事服务业，都应当对全体雇员进行盘点，以确定优秀员工与较差员工的比例至少达到 2:1。如果两个极端的人很平衡，是不可能发生变化。如果这种比例不发生变化，沉默寡言的大多数是不会改变位置的。让你的管理者分配指定的优秀员工、沉默的大多数和较差员工到团队中，以决定团队的当前状态。如何确定哪个雇员属于哪一类？我对我们的管理者们说："如果让这名前台接待员独立地负责为我们最重视但最喜欢难为人的客人办理入住手续，你有多放心？"如果你非常放心，这名雇员就是优秀员工。如果你非常担心，他就是较差的员工。如果居于两者之间，这名雇员就是沉默的大多数里的一分子。一旦完成盘点，你就需要确定如何增加优秀员工的数量（因为在沉默的大多数中，有几个人是可以向上迈一个台阶的），或如何减少较差员工（要么通过向上升一层，要么请出去）。有时，这涉及榜样的作用。丹尼·梅耶鼓励他的每一名经理每天花 10 分钟设计 3 个动作，它们既要超出特定客人的期望，又要迎合他们的特殊兴趣。这种制度化的管理习惯有助于为其他雇员设定标准。

在攀登顾客需求金字塔的过程中，我们进展顺利，即将到达顾客体验的巅峰。从满足期望到满足愿望，再到满足没有被认识到的需求，这个过程很微妙，因为这三个层次之间的界限不像雇员需求金字塔（金钱、认可和意义）那样清晰。但是，处于巅峰状态的公司能够为顾客带来自我实现。当顾客感受到自我实现时，你就会知道你为他们创造了巅峰体验，而且有了真正忠诚的顾客，你的销售队伍会立即壮大。接下来我们培养口碑传播者。

推荐读物

Exceeding Customer Expectations by Kark Kazanjian

Let Them Eat Cake: Marketing Luxury to the Masses—as Well as the Classes by Pamela N. Danziger

More Than a Motorcycle by Rich Teerlink and Lee Ozley

One Size Fits One by Gary Heil, Tom Parker, and Deborah C. Stephens

Priceless by Diana LaSalle and Terry A. Britton

Return on Customer by Don Peppers and Martha Rogers

Setting the Table by Danny Meyer

第 9 章　培养口碑传播者

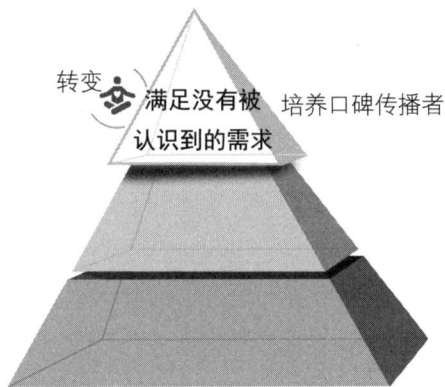

转变　满足没有被　培养口碑传播者

认识到的需求

> 如果我问我的顾客他们想要什么，他们会说他们想要跑得更快的马。
>
> ——亨利·福特[1]

经营精品酒店的老板比尔·金普顿曾说他"卖的是睡眠"，而我到现在仍然清楚地记得第一次听到他说这番话时的情景。比尔曾经是我的偶像。1981 年，45 岁的他离开了呆板的投资银行创办了金科酒店，该酒店后来成了金普顿集团，最后才叫金普顿酒店。金普顿一直是我们的劲敌，是我们衡量自己的标准，特别是他们成为世界上唯一在精品酒店数量上超过我们的精品酒店集团后。具有讽刺意味的是，我们的总店与他们的总部处于同一条街上，只隔了 4 个街区（但他们现在已经归洲际酒店集团所有）。

虽然我钦佩比尔所做的许多事和所说的许多话（他于 2001 年去世），但他有关"卖睡眠"的最得意的观点总是令我感到困惑。我现在推测我当时的想法是这样的，即在酒店客人的需求金字塔上，睡眠是一个基本需求。

对于任何客人来说，这无疑是基础性的东西，这是因为这种生理需求如果得不到满足，金字塔上其他的一切东西就无从谈起。但是，相对于连锁酒店，精品酒店之所以能脱颖而出，不是因为我们卖的是睡眠，而是因为我们实现梦想。我们创造的体验使得客人能够摆脱呆板的、墨守成规的生活，使他们能够尽情享受生活。在快乐生活酒店集团，我们甚至推出了一个"梦想制造者"的活动，以满足客人更高的需求（我将在本章的巅峰处方部分讨论到）。如果我们对精品酒店的认识是正确的，我们不仅可以满足客人的生理、安全、社交和尊重需求，还让他们有了自我实现的意识，即在第 7 章提出的"身份刷新"。在入住我们的酒店后，你会因某种原因而感到恢复了活力和焕然一新，好像你在酒店的帮助下与内心的你（或你渴望成为的人）重新联系起来。

如果你住在雷克斯酒店，你会感到自己更聪明、更见多识广，因为酒店会定期地在大堂的图书吧举办作者签名售书活动，同时在装修的格调上营造一种独特的文学环境。在我们的艾文特酒店，由于客房的桌子带有前卫艺术元素或提供一系列微型益智游戏（如匈牙利雕塑家鲁比克发明的魔方），你会变得思维敏捷和充满幻想。在我们的维塔尔酒店，你会有一种现代感和焕然一新的感觉，这时的你浸润在充满自然气息的室内装饰中，或刚刚在顶楼的工作室里尽情享受了免费赠送的瑜伽课程所带来的陶醉感，然后在屋顶上的竹林里享受室外沐浴的乐趣。或者在凤凰酒店，你可能会有一种超凡脱俗和玩世不恭的感觉，因为你处于稀奇古怪的艺术氛围中，而且隔壁的房间里住着更加稀奇古怪的、与传统思维格格不入的客人。

记住，每一个需求金字塔的塔尖都是蜕变层。如果你正确地认识到这一点，它会对顾客的生活或他们看待自己的方式产生深远的影响。我认为，如果所有其他因素（位置、房间的数量等）都不相上下，某一个精品酒店要胜过另一个精品酒店，它就要有能力满足忠实顾客没有被认识到的需求：让自己拥有全新身份的需求。于 20 世纪 70 年代策划了 54 工作室俱乐部（Studio 54）的伊恩·施雷格在八九十年代创办了世界上最具时尚气息和最具鲜明个性的精品酒店，其客房价格不菲，因为他的追随者们在光临他的酒店时会有一种时尚、个性鲜明、新潮和消息灵通的感觉。我们不是要求所有的精品酒店都必须营造出这种有点自我陶醉、刷新身份的感觉，但我想在这里强调一条重要的经验，即精品酒店的老板们大胆地跳出了旧框架，他们所要做的不只是满足某个顾客的期望或顾客明确表达出来的愿望。

在第 7 章的开始部分，我们读到了西奥多·莱维特所说的话，即大多数公司如何随着时间的推移在战略上变得缺乏远见。虽然专一性是一个有效的、经过时间检验的经营模式，但在今天瞬息万变的世界中，如果在如何看待与顾客的关系上，你表现得故步自封，你就有可能被时代抛弃（在竞争日趋激烈的世界里，这是任何公司都能想象得到的最令人恐惧的词语）。

今天，处于巅峰状态的公司善于抓住机会，而且非常敏捷。诺基亚公司从为军队生产靴子，转变成为世界领先的电信设备制造企业，然后又被颠覆。曾在计算机硬件之战中落败的苹果公司转变为在 21 世纪消费者购买音乐产品和听音乐上引领世界潮流的领先者。这两个公司都不是因为曾对顾客进行过广泛的调查而改变自己的经营模式，而是通过反省和审视它作为一个公司所扮演的角色，重新思考了它所处的行业。它们还去理解顾客的心理，了解顾客（或潜在顾客）真正喜欢但不知道可以现实地拥有的是什么。

这让我想起了彼得·德鲁克向管理者提出的最著名和最充满智慧的问题："你经营的是什么？" 今天，这个问题比他五十年前提出这个问题时更切合实际。快乐生活酒店集团经营的是什么？我们经营的是刷新客人的身份并为他们带来珍贵的回忆。我们通过向客人提供甚至他们自己都没有想象过的体验，想让我们的客人惊叹。我们知道，如果我们能做到这一点，我们的客人会变得更加忠诚。这些忠实的顾客成为我们酒店的口碑传播者（韦伯斯特大字典将其定义为"热情的拥护者"），成为不计报酬、宣传口碑的销售员。这些传播者显然不会把我们的产品看作简单的商品，这意味着我们可以卖个好价钱。提供一个舒适的睡觉场所是一回事；营造一种环境，让顾客感到自由自在、感到自己真正在他们理想的居住场所，这就完全是

另外一回事了。

处于巅峰的苹果公司和哈雷戴维森的顾客需求金字塔

处于巅峰的公司是稀有物种。在前两章里，我提出要沿着这个金字塔向上，需要增强你与顾客的亲密关系。亲密的程度与你倾听顾客的心声或与顾客在情感上进行交流的质量直接关联在一起。在学习了需求层次理论后，我们认识到一件事，即处于巅峰的常常是无形的和无价的；然而，很少有公司追求巅峰。

要攀登到顾客需求金字塔的塔尖，第一步是，要愿意问这样一个简单而尖锐的问题："我们经营的是什么？"这个问题可能听起来只是为了加深印象，而且会遭到同事的白眼，但不要被令人不知所措的沉默所吓倒。要知道这个问题曾经帮助某些传奇般的公司攀登到顾客需求金字塔的塔尖。但是，在问了这个问题后你一定要接着问："我们的顾客没有被认识到的需求有哪些？"让我们来研究两个公司，它们超越了其原来所在的行业——计算机与交通——以便重新思考它们的业务并满足顾客没有被认识到的需求。

罗恩·约翰森（Ron Johnson）现任苹果公司的高级副总裁，负责管理全世界的零售店。在进入苹果公司之前，他曾经帮助塔吉特公司重新定位，后者通过引入设计师迈克尔·格雷夫斯设计的、售价在 40 美元的茶壶（此前，塔吉特公司最贵的茶壶卖 10 美元），成为时尚的仓储式零售企业。罗恩在塔吉特公司任职期间，该公司开始沿着顾客需求金字塔向上攀登，使得对于那些希望把自己视为精明、追求时尚且节俭的人来说，在塔吉特公司购物带有一点地位的象征。

有一天上午，我有幸在苹果总部与罗恩聊起该公司如何利用马斯洛的理论形成推出零售店的概念的。罗恩问他的同事："如果我们的零售店更多地关注拥有产品体验的更高需求，而不只是销售交易的基本需求，那会怎么样？"他曾这样总结这种更高层次的需求："我们将帮助你从你的苹果电脑中得到更多东西，从而使你从你自己身上挖掘出更多的东西。"

在试图为顾客创造具有更大影响的产品上，苹果公司内部是有历史背景的。史蒂夫·乔布斯最初认为个人计算机是"思想的自行车"，使人们能够"以前所未有的方式去探索"。因此，苹果公司的零售店应该满足顾客的基本期望，使他们有机会在经过精心设计的零售店里购买苹果的产品。要满足顾客的愿望（社交和尊重需求），苹果公司可以为用户营造俱乐部会所式的氛围，使他们能够进行交流。要满足苹果用户"没有被认识到的需求"，苹果公司可以让他们感觉到他们几乎可以利用苹果产品做任何事情。我还想建议苹果公司向顾客提供刷新身份的机会，这是因为成为苹果用户意味着你与一个时尚品牌联系在一起。

当然，当 2001 年苹果公司推出第一家零售店时，他们进入零售业的"不同凡想"的策略没有得到广泛的支持，因为许多股票分析师对苹果公司在科技市场开始衰弱时提出的相反逻辑表示质疑。事实上，当苹果公司决定涉足零售业时，捷威公司恰好开始关闭零售店，而戴尔公司靠与零售店毫无关系的直销模式在个人计算机之战中取得了胜利。

通常，销售顾客不经常购买的产品（如汽车、家用电器和计算机）的零售企业会选择租金比较便宜的位置，但是苹果选择了租金比较昂贵、人流高度集中的地段。他们设计了豪华时尚的展厅（与美国消费电子产品零售企业无线电器材公司的卖场相距很远）、雇用了无佣金奖励的销售人员，并向任何光顾零售店的人提供免费的上网服务。我不卖关子了，但苹果公司走了一步很险的棋。

罗恩告诉我说，苹果公司从酒店行业中得到了启发。他把 18 个朋友和同事（他认为这些人是"思想领袖"）召集在一起，让他们说出他们体验到的最好的服务。在这 18 个人中，有 16 人提到了在酒店的经历，因此罗恩及其团队以酒店的经营模式来经营苹果的零售店。就像酒店的传达员一样，苹果零售店也有专人在门口欢迎顾客光临。他们设置了一个"天才吧"，有点像传统酒店的酒吧，但是这些天才提供的不是酒，而是关于苹果用户如何最大限度地利用他们的苹果电脑或如何成功地把苹果的其他产品与苹果电脑结合在一起的实用建议。罗恩甚至派 10 名最优秀的雇员去华盛顿特区和新奥尔良的丽嘉酒店考察这些酒店的服务，因为他希望打造一种人们在电子产品卖场闻所未闻的"服务文化"。

为了满足苹果顾客的巅峰需求，罗恩及其团队推出了"专业关怀"服务。这项服务使得"最大限度地自我实现的苹果用户"只需要每年支付 99 美元就可以不受限制地享受苹果零售店里的一切服务，包括每周接受一个小时的免费个人培训。这些顾客最后成为在他们那里花钱最多的个人消费者和最热心地传播口碑的人。

由于采取了这种与传统相反的战略，苹果公司成为历史上用最短时间使销售额达到 10 亿美元的零售企业，而且在每平方英尺的零售额上他们的部分零售店超过了世界上的任何零售企业。如果按每平方英尺的销售额来算，他们每平方英尺的售价比百思买高 5 倍。在某种程度上，罗恩感觉到这些零售店是"献给社区的礼物，同时又给苹果公司创造了一个很好的有利于品牌发展的平台"。

因此，如果我们要总结苹果公司的顾客需求金字塔，它就应该如图 9-1 所示。

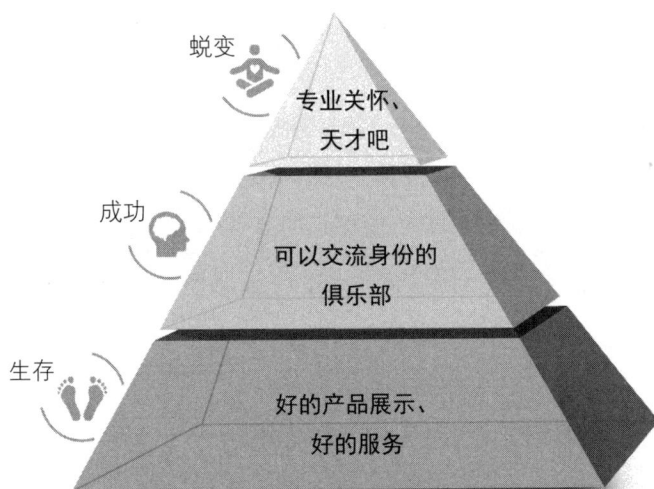

图 9-1　处于巅峰的苹果公司的顾客需求金字塔

哈雷戴维森怎么做呢？他们的顾客需求金字塔又是什么样的？哈雷顾客体验的基础是"骑行者刀锋"项目（现在叫作"骑行学术"），他们将没有摩托车驾照的新的潜在客户引入到摩托车体验中。通过与独立经销商以及每个州的摩托车部门合作，哈雷创造了一门教育安全课程，让人们学习如何骑摩托车。一旦你完成课程，经销商就会安排你参加路考，并借给你一辆摩托车去考试。这样总成本很低，而且你如果购买哈雷摩托车会获得优惠。

哈雷所有者社团有1 000多个（世界上最大的摩托车俱乐部），哈雷迷们有机会加入完全符合他们的特殊身份需求或联盟需求的一个组织，使自己的社交和尊重需求得到满足。在哈雷的顾客需求金字塔的塔尖，哈雷迷们能够"在其他哈雷迷的陪伴下表达自己的想法"，即哈雷版的"身份刷新"。达到自我实现境界的哈雷顾客喜欢他们的摩托车，而且享受着社交的乐趣，但当他们可以自由地表达自己的想法时，他们才真正地站在巅峰之上。这种表达可能体现在骑行者选择的路线上——无论是乡间小路还是海边，或者休现在他们按照个性化需求装饰爱车的方式上（因为哈雷的用户会定期地用源于民间的艺术装饰他们的爱车）。这种自我实现还体现在哈雷迷们彼此之间传达的信息中，即他们充分认识到哈雷是叛逆者或个人主义者的象征。如果你想看哈雷的这种自我实现的充分展示，你可以去斯特吉斯、南达科他，每个夏天那里都会举行摩托车集会。

哈雷的前任首席执行官杰弗里·布勒斯坦说："我们想通过顾客的摩托体验帮助他们实现梦想。"[2] 哈雷不只是一个生产摩托车的公司，而是一个自我实现（和传播口碑）的部落。我们怎么知道这个的？还有哪个公司会有数以百计的顾客把公司的标志纹到自己身上某个地方？哈雷的顾客需求金字塔看起来是这样的（见图9-2）：

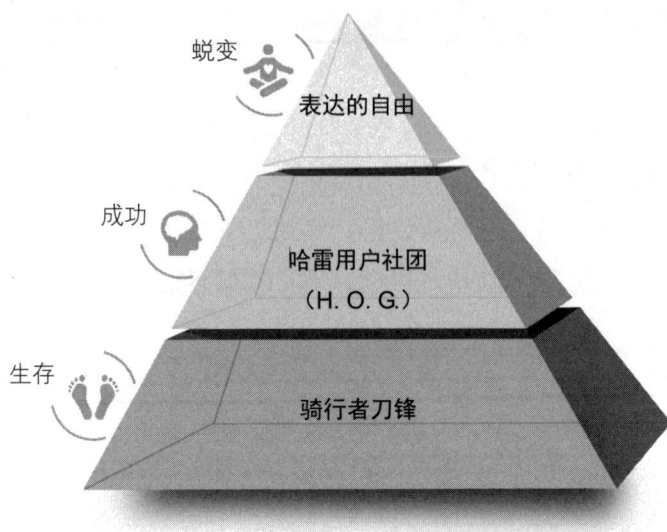

图 9-2 处于巅峰的哈雷的顾客需求金字塔

创造你自己的顾客需求金字塔

实际上，任何有传播口碑的顾客基础的著名公司，都可以画出自己的金字塔。如果你对如何为你的公司画出一个强大的金字塔感到发愁，那就让我再举两个例子。

看看世界领先的、销售天然食品和有机食品的超级市场全食超市公司。在金字塔的底层，全食超市通过提供非常好的产品，在顾客中形成了一股食品热；在中间层，通过提供让人感兴趣和个性化的服务，并培养出真正的社区意识；在巅峰层，则致力于环境管理和环境的可持续性的责任感。顾客通过拥护致力于某一项事业的公司，可以获得自我实现，在这一点上全食超市是一个非常好的例子。图 9-3 描述了我对他们可能具有的顾客需求金字塔的解释。

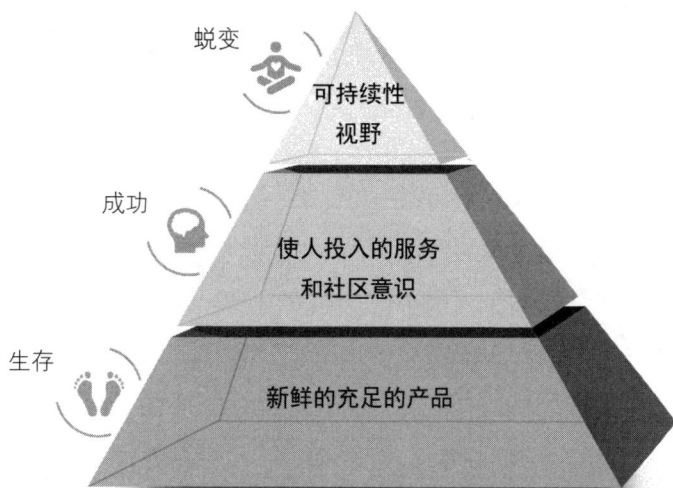

图 9-3 处于巅峰的全食超市的顾客需求金字塔

但是，全食超市的总裁兼首席运营官沃尔特·罗伯（Walter Robb）对我说，就这个模式我们需要认识到，位于金字塔塔尖的要素可能因你所讨论到的顾客的类别的不同而不同。全食超市现在面向三大类顾客提供服务：①在生活方式上看重天然或有机的顾客；②认为自己属于"美食家"的顾客；③受使命感驱动、根据自己的世界观选择在哪里购物的顾客。罗伯认为，他们的顾客需求金字塔的巅峰，是"帮助你实现梦想的地方"。这个观点与马斯洛需求层次理论契合。因此，如果你是一个美食家，你在巅峰上就会感觉到全食超市公司帮助你在食品鉴赏上变得更有知识、更加精通。在另一方面，该公司在环境的可持续性方面肩负着使命，这一事实可能让其他两个细分市场感到满意。罗伯的观点非常好。你的顾客不是僵化的，因此，你的金字塔就需要根据你所谈论的不同顾客和他们不断变化的品位而发生改变。

细想一下，快乐生活酒店集团的品牌和它旗下的各个酒店，其顾客需求金字塔并不相同。快乐生活酒店集团品牌金字塔的底层是物美价廉的加州风情的酒店。中间层是独特的、当地的体验，可能还有很受欢迎的餐馆或酒吧。顶层可能是实现身份刷新。但是，对于一个小的、只有 26 个房间

的贝提特酒店来说，这些细节就要更具体一些。其底层是价格实惠的、安全和安静的联合广场的地段。中间层是在充足的免费早餐或晚上免费的品酒时刻可以见到其他客人。顶层是定义这家酒店的身份更新的具体形容词（还有实现这一点的一些服务、设施或装饰）：欧洲风情的、富有文化气息的、感性的、平静的和充满风情的。

让我再介绍一个顾客需求金字塔，这个金字塔是在我与 WeWork 副总裁迈克尔·格罗斯有过几次谈话之后建立的。WeWork 成立于 2010 年，是全球领先的共享工作场所公司，为企业家、自由职业者、创业公司、小企业提供协作的办公室场所、社区和服务，现在已经是世界 500 强公司了。一些观察家可能会认为他们是房地产公司，但是他们的金字塔表明的却不是这样。他们在为其成员创建高品质的体验和宣传上都做得非常好（截至 2017 年底大约有 200 个地点），他们现在的估值超过 180 亿美元。在满足期望的底层，他们是通过工作来定义的：提供给成员的场所的品质，不一定要签长期租赁合同的灵活性以及实惠的价格，如只有在需要小组会议场所的时候才需要为会议室付费。

WeWork 在满足愿望的中间层是通过环境、服务和关系网的结合来定义的。WeWork 因其提供的服务质量以及他们的场所设计的学院气息而出名。这种设计有助于培养与当地人的联系，这些当地人也许可以提供平面设计、法律或品牌服务，而且可以获得全球的大都市市场来利用他们在当地的 WeWork 位置和关系网。这对不断增长的全球"游牧民"特别有吸引力，他们只需要好的 WiFi 连接、笔记本电脑和智能手机，在哪里办公都可以。另外，像酒店连锁店，假日酒店早期所提供的，成员——可能是新租共享办公空间的人——可以在全球享受到 WeWork 提供的熟悉的、可预测的场所。

最后，"满足没有被认识到的需求"的金字塔巅峰帮助你创造了你毕生的事业，而不只是谋生。WeWork 做到这种自我实现的差异化，部分是通过成为世界上最大的活动公司（在 2016 年在他们的场所里举办了 19 000 次活动），培养社区和人际情谊。不管是他们的注册商标"边吃午餐边学习"、幸福课程还是社交活动，都有一种很强的因为激情、思想开放和壮志勃勃而联系在一起的社区感。所以，WeWork 的顾客需求金字塔可能如图 9-4 所示。

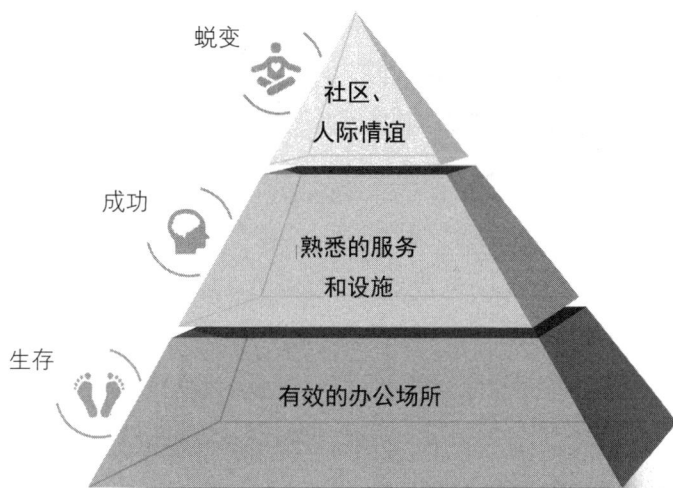

图 9-4　处于巅峰的 WeWork 的顾客需求金字塔

想想任何一家顶尖的公司，你会发现它们已经攀登到了自己的顾客需求金字塔的巅峰。诺德斯特姆、美捷步、快闪汉堡、亚马逊、谷歌、爱彼迎、乔氏连锁超市和戴森等公司的商业模式均背离了常规，但它们这样做的目的不仅仅是要与众不同。不管这是他们有意识的商业战略的一部分与否，这些公司都能够满足顾客没有被认识到的需求，从而登上了顾客需求金字塔。帮助顾客达到自我实现境界的公司使顾客真正地热爱公司并为公司进行宣传。

理解没有被认识到的需求

位于纽约的韦格曼斯连锁超市拥有一批忠实的追随者。2005 年它在《财富》的"最佳雇主"评选中名列第一。这个公司的首席执行官丹尼·韦格

曼（Danny Wegman）认为，公司的成功要归功于他们在顾客服务上"近乎心灵感应般的感觉"。他说："焦点小组会告诉你他们想购买什么产品，但这些信息不再够用了。今天，零售企业的职责不仅是提供顾客想买的产品，还要提供顾客从没有想过要的产品。"[3]

因此，你如何知道顾客的脑子里在想什么？去购买哈佛大学教授杰拉尔德·萨尔特曼的著作《顾客如何思考》。萨尔特曼认为，大多数公司都认为顾客的决策具有连续性或层次性的特点。他写道："形象地说，在试吃蛋糕的过程中，他们（顾客）尝到的不是一系列原始配料。他们体验到的是经过烘烤的一整块蛋糕。"他继续说，顾客的购买行为更多的是受无意识的（或没有被认识到的）思维驱动的，因为95%的想法、感情和知识是在我们没有意识到、不知道的情况下形成的。他说："公司越善于倾听顾客的意见，他们的市场营销策略在确定企业提供的产品或服务的价值上就越有效。"[4]但是他所谓的倾听是在潜意识层次的。

这本书帮助我理解了一点：当客人选择我们的精品酒店时，是有潜意识或"咒语"支持他们的购买决策的。本质上，当顾客决定选择我们的维塔尔酒店时，他们是在对自己释放出类似这样的信号：我没有在变老，我是在变好。这是因为，维塔尔酒店的目标顾客是年纪比较大的顾客，时尚的精品酒店对他们来说已经不合适，但他们也没有准备好接受比较正式和缺乏活力的豪华酒店（就是我们所谓的"在品位上落后于 W 酒店又比四季酒店超前"的客人）。这些客人不仅感觉身份焕然一新；他们还会根据他们所购买的产品创造一个关于自己的故事。苹果公司和哈雷戴维森的顾客显然也有潜意识的"咒语"。

在你学完了来自萨尔特曼教授的心灵感应的速成课之后，你需要导入玛格丽特·米德的一点思想。文化人类学家米德是远古人类行为研究的奠基人。我的姐姐在大学里学的专业是人类学，而且我总是对这个学科充满了好奇心，但我之前认为它在商业社会里没有用武之地。我错了！

想想 Urban Outflitters 的创始人和首席执行官理查德·海恩是怎么做的。该公司的顾客主要是 18~30 岁的"高消费的未成家者"，家庭生活对他

们的购买行为的影响比较小，影响比较大的是社会生活，该公司具有完全
了解这些顾客性格的非凡能力。海恩攻读的是人类学，并接受过这个领域
的专业训练。这可能是他把后来创办的服装零售连锁店命名为"人类学"
的原因。这个零售店一直深受顾客的欢迎，现在拥有近 100 家分店，它们
完全符合 30~45 岁的成熟女性顾客的需求。这些顾客"天生就对这个世界
充满了好奇心"。威廉·泰勒和波利·拉巴尔在《商业怪杰》一书中提到，
海恩用了两年的时间同建筑师罗恩·庞贝（Ron Pompel）一起经历了一次
"文化之旅"，以了解这些顾客的特点。他们研究的结果，转化为一种既关
注人类行为又关注购买行为的零售概念[5]。

我们可以用一个现代的词语描述应用于顾客的人类学：人种学。这种
做法最近非常流行：美国的许多大公司雇用了许多人种学学者，在公司内
部研究顾客的行为和心理。

人种学学者密切观察人们的行为，使得公司能够集中精力处理顾客没
有表达出来的愿望。在税务处理和小企业审计的零售软件上占据统治地位
的 Intuit 以出色的调查能力而闻名，他们甚至给这个基于人类学的方法起了
一个非常好听的名字："伴我回家。"Intuit 的"伴我回家"团队寻找顾客的
"伤口"或令顾客感到意外的事情。创始人斯科特·库克（Scott Cook）在
《财富》上说，他们最初通过研究发现小企业也在使用他们面向个人推出的
Quicken 财务管理软件，但他没有予以重视。然而，当他派人到用户家里或
公司进行调查时，他惊讶地发现，公司新推出的 QuickBooks 财务管理软
件可以为小企业定制。库克对这种基于人类学的研究方法深信不疑。因此，
在 2003 年，Intuit 的 QuickBooks 部门在三天内派了 500 多名雇员执行"伴
我回家"的任务。

黛安娜·拉萨利和特里·布里顿在《体验》一书中引用了金佰利公司
的例子，他们介绍了金佰利的人类学家如何在顾客的家中进行调查，并"发
现父母们不像公司想的那样把尿布视为一次性产品，而是一件衣服。这一
件衣服给予了产品在穿着的方式上和在定价上一个全新的维度，但更重要
的是，它发现了隐藏的价值。通过观察和与父母们交流，该公司认识到家

长们把套裤型尿布视为一种积极的信号，有利于孩子们在行为上变得更成熟，而且在训练孩子坐在坐便器上大便的过程中非常有用。"[6]金佰利逐渐意识到，对于孩子和家长们来说，他们的产品是使人生在还没有意识的情况下发生重大转折的一个部分，这一认识促使该公司成功地推出以"我是大孩子了"为主题的好奇牌拉拉裤。

请不起人类学家？我们也雇不起。那就考虑了解顾客心理的其他方法。我知道的一家酒店送给客人一次性照相机，让他们拍下他们在酒店遇到的"神奇"或"令人感到乏味"的事情。然后，在客人即将离开时，酒店的经理会找到他们，听他们描述他们遇到的故事以及就酒店优点、缺点所发表的意见。或者，看一看市场营销学教授巴里·巴尤斯的例子，他在他的一篇很令人感兴趣的论文，《了解顾客的需求》中引用了柯尼卡公司的顾客研究报告。柯尼卡公司发现，他们的顾客只要求他们略微地改进现有的照相机，但是柯尼卡的研究人员借助市场上的照片处理实验室调查了顾客实际照的照片。他们发现了图像模糊、曝光不足、曝光过度和成卷胶卷没有照上照片等问题，而这些问题说明顾客存在没有向柯尼卡的研究人员表达出来的潜在需求。这使得柯尼卡在产品上提出了一系列的改进措施，包括自动对焦、内置闪光灯和自动卷带等。

总之，我的任务要求我不仅要成为一名业余的心理学家，而且要成为一名初露头角的社会学家。当感觉到我真正地了解了某个细分市场的顾客的时代精神时，我喜欢发出"我搞清楚了！"的感慨。我创办的最后一个——我的第 52 个——酒店，位于帕拉奥托市中心，被高科技创业和创新实验室包围。显然，来这家酒店住的许多客人是在发现快乐时光，以帮助他们产生突破性的创意。我们将这家酒店叫作"主显节"（Epiphany，现在换了新品牌，叫作 Nobu），并且将装修和服务设计得让人们感到他们有许多灵感迸发的时刻。"主显节"是如此成功，以至于 Oracle 公司创始人拉里·埃里森在这家酒店刚推出一年多就买下了它。

顾客需求金字塔巅峰的四个主题

如何帮助顾客达到自我实现的境界呢？一旦你深入地了解了顾客没有被认识到的需求，接下来就要在四个主题中选择你要努力抓住的主题，以便帮助顾客达到自我实现的境界。有些公司，比如苹果公司，能够用所有这四个主题与顾客形成良好的关系，但是对大多数公司来说，如果能在一个主题上做到就已经很幸运了。

（1）帮助顾客实现他们的较高目标。苹果公司靠专业的关怀服务做到了这一点。耐克公司用"尽管去做吧"的宣传语做到了这一点。家得宝公司用的是"你能行。我们会帮助你。"。露露柠檬公司提供了一种免费的工具，名为"目标看管人"，用于设置和跟踪职业，个人生活和健康的一年、五年和十年的目标。当一个公司能够全面地帮助顾客实现他们的较高目标时，这个公司就已经建立起一种深刻的关系了。

谷歌是这个主题的极好例子。2006 年，加利福尼亚大学研究顾客网上购物行为的研究员唐纳·霍夫曼（Donna Hoffman）在《纽约时报》上发表了一篇名为"谷歌星球需要你"的文章。他说："谷歌实际上扩大了你的大脑容量。我现在不需要记住很多事情，因为谷歌可以帮我记住。谷歌是额外的一个存储芯片"。[7] 但是，谷歌的成功也是因为它各种各样的产品，如谷歌邮件、谷歌日历和谷歌地球，它们在你的生活中帮助你而没有让你的生活变得更复杂。这篇文章中引用了一位网站设计师的话，说谷歌的简洁使它能够在网站上加入自己的个性，而其他大多数网站充斥着乱七八糟的东西和闪个不停的广告。这位名叫托尼·卡雷罗的设计师说：其他网站好像永远充满了动画，但"我只想要我的东西。这就是谷歌带给你的东西——'我自己'。"当顾客将产品或服务视为自己的正面扩展时，你就会相信这种关系中有一点自我实现的成分。

美国银行推出的"存下零头"的储蓄业务是企业帮助顾客实现自己的

目标，为顾客创造自我实现的另一个例子。2004 年，该公司委托一家公司利用人类学的研究方法对"婴儿潮"期间出生且生过孩子的妇女进行调查，以便了解如何吸引这批顾客开立新的支票账户和储蓄账户。他们了解到非常重要的两点：第一，这些人在开支票时对自己的交易常常向上计整，因为这样她们用支票簿时更好算；第二，这些人很难存下钱来。"存下零头"业务就是这些研究成果成功衍生出来的产物。这项业务是这样的：对于顾客用美国银行借记卡完成的每一笔交易的金额，银行按照向上计整的方法将其向上计为最接近的整数，然后每天晚上将差额从她们的支票账户转入可以产生利息的储蓄账户。银行会将存储的一部分金额与年度限额匹配。这项业务是真正地读懂顾客心理的一种形式，它为银行的新老顾客带来了几十亿美元的储蓄。因为它易于理解（有点像"电子零钱罐"），不需要顾客行为方面显著的改变。美国银行看上去就像一颗明星，因为它帮助顾客梦想成真，而不是顾客实现梦想的障碍——其他银行在许多顾客看来就是后者。

（2）让顾客能够真正地表达自己的想法。苹果公司打破传统的光圈效应带给用户一种特别的、独特的感觉。哈里戴维森使得小城镇里的中年会计师有了叛逆感。通过我们创造的身份刷新的方法，快乐生活酒店集团帮助我们的顾客表达自己的想法。如果通过购买你的产品，顾客能够与自己的更高愿景联系起来，那么你就是在帮助他们获得巅峰体验。我在 1987 年创办了快乐生活酒店集团，同年，彼得·万斯托克（Peter van Stolk）创办了琼斯苏打水公司（最初叫城市果汁苏打水公司）。万斯托克在公司的网站（http://www.jonessoda.com）上说："在发展过程中，琼斯公司认识到世界不需要另一种苏达饮料，因此当务之急是让顾客感觉到琼斯是他们的苏打饮料。"这个小公司之所以能在 2006 年实现 3 970 万美元的销售额，主要原因是他们与年轻顾客保持着一种有别于传统的关系。琼斯公司邀请顾客在家为他们的产品设计广告，并将数千张顾客拍摄的富有表现力的照片印在软饮料的标签上。万斯托克说："这种照片标签对琼斯非常重要，因为它使得我们的消费者能够参与到这个品牌中来，从而让每一个人感到自己拥有这个品牌。这对琼斯来说至关重要，因为它真正地让我们与我们的竞争对手区分开来，并且建立了一种情感上的联系，这在我看来，这是这个品牌的精髓。"

浏览琼斯公司网站的人可以按照 1~5 分的标准给顾客提交的标签评分，公司每周挑选约 50 张深受网民喜爱的照片。这些优胜者能够在北美洲的商店里看到他们的照片被印在标签上。琼斯公司收到来自顾客的几百万张照片，只有一部分显示在他们的网站上。

琼斯公司为年轻顾客创造了一种表达自己想法的途径，而星巴克则为他们略微富裕的中年顾客担任起管理员的角色。该公司由美国的奢侈咖啡体验的创造者转变为优质咖啡文化的提供者，他们在自己的店里向顾客推荐音乐、图书和电影等作品。48 岁的托马斯·海（Thomas Hay）是纽约州哈茨代尔市的一个承包商，他说星巴克帮他编辑好了他的文化选择。《纽约时报》引用了他的话，说他在星巴克购买的娱乐产品让他相信"一些具有爱心和思想的人已经看过这些产品并觉得它们是值得购买的、有益的，而且会在全世界创造一种良好的氛围。"[8]

星巴克的创始人及董事会主席霍华德·舒尔茨相信，为他的核心顾客管理生活方式，"增强了与顾客的情感联系"，而且不会让人们感到星巴克"缺乏活力"。这篇刊登在《纽约时报》上的文章继续说，星巴克的管理者认为，公司靠文化扩展业务的目标是为顾客带来发现的感受。"顾客说他们来星巴克的原因之一是他们发现了新事物——来自卢旺达的一种新咖啡和新的食品等。因此，对于我们来说，把这种发现感扩展到娱乐领域是非常自然的事情。"星巴克负责全球品牌战略与传播的高级副总裁安妮·桑德斯（Anne Saunders）如是说。

所以，如果星巴克创建了顾客需求金字塔，那么它的底层可能是优质的产品，中间层是提供与社区发展关系的"第三场所"，或"得到我的咖啡吧员工的认可"，顶层是培养发现感。星巴克成为顾客的管理员，使顾客能够通过所购买的饮料和生活方式表达自己的想法。

（3）让顾客感到他们是一项伟大事业的一部分。苹果公司的前任高管

及《改革者的法则：创造和推销新产品和服务的资本家宣言》的作者盖伊·川崎说："苹果电脑一开始是一个愿景；后来，它成为一个产品，得到了狂热者的支持；最后，它成为一项事业——得到了无数苹果电脑的口碑传播者的大力宣传。"[9]正如我在本章前半部分提到的那样，TOMS 公司"买一赠一"的商业模型意味着，如果你买他们的鞋子、太阳镜或其他服饰，他们会将类似的商品回馈给世界上其他地方有需要的人。马斯洛在晚年把他的需求层次理论由 5 层扩大到 8 层，最高一层是"超越自我"，即感到你在这个星球上所追求的是某种超越个人需求的东西的一种感觉。

将公司当成社区一样经营，这给具有社会责任感的品牌创造了激情，如本杰瑞、美体小铺、惠得福、贝纳通、坚尼哥尔和天木蓝。但是在这方面很少有公司能与巴塔哥尼亚公司媲美。自 1985 年以来，巴塔哥尼亚公司每年都从销售额中拿出 1%捐赠给致力于保护和恢复自然环境的组织。最近，巴塔哥尼亚帮助创办了"为地球捐出 1%"联盟，这个联盟有几百家企业，他们以巴塔哥尼亚为楷模，将营收的 1%捐给环保事业。访问巴塔哥尼亚的网站（http://www.patagonla.org），你会看到他们如何吸引顾客解决方案而不是问题的一部分。这种投入到一项伟大事业中的感觉——即使是在崇尚用户至上主义的时代——帮助巴塔哥尼亚的顾客获得更大的成就感。这也让他们有动力为公司作宣传。

要让你的顾客与某一项伟大的事业联系在一起，你就必须成为做善事的品牌吗？不必。梅西百货公司在纽约的旗舰店举办了独特的产品介绍会，以此回报社会。他们没有按照典型的模式让供应商兜售货物，而是请来庄重的非洲妇女编织篮子，引得顾客争相购买。数以百计的非洲妇女通过在与梅西公司结成的这种商业合作关系中卖篮子而摆脱了贫困。这不是慈善。这是一种三赢的关系，它给梅西公司带来了信誉，给这些妇女们带来了好的生活，给顾客带来了氛围（和乐趣），特别是当他们了解到每一名妇女的独特经历时。

（4）为你的顾客提供一些具有实际价值的、他们甚至都想象不到的东西。苹果推出了 iPod，给了人们他们之前甚至都不知道可能会存在的选择。

Geek Squad 提供了一种戏剧性的体验，给通常是单调乏味的一天以及因发生技术灾难而沮丧的一天里增添了点调味剂。

美国捷蓝航空公司进行了一场颠覆性的创新，在它的所有航班上推出了直播电视服务。这种明智的提供，使捷蓝的顾客有能力定制他们在航班上的娱乐，并且对完全不在他们控制范围之内的环境（被绑在狭小的空间里长达几个小时）有一点点控制权。捷蓝为它的顾客创造了巅峰体验，而这成了其竞争者的梦魇。在加拿大航空公司的一个长途航班上，有一位坐在我旁边的女性问乘务员有什么电影可以选择。当空姐提到即将播放的一个乏味的电影（然后去取录像带，让我们了解一点点有关信息）时，我旁边的人大发雷霆，并尖叫着说："你们为什么像对待牲畜一样对待我们，每次都让我们看同一部电影？你们难道不知道捷蓝航空公司在一年以前就彻底解决了这个问题了吗？"她的反应有点过度，但与我同乘这趟航班的乘客之所以会被激怒，可能是因为加拿大航空公司的某个聪明的管理者决定在航班上收取枕头和毛毯的使用费（这个决定没有错），但空姐们却发给我们免费的耳机（这样我们可以听我们不想看的电影）。是谁想出长途航班的这套优先级的？加拿大航空公司应该利用一个顾客需求金字塔，搞清楚顾客的基本需求和较高层次的需求。

美国发展最快的汽车保险公司之一，前进保险公司在顾客需求金字塔方面又做了什么呢？他们满足了顾客的几个没有被认识到的需求。想想当你的车与另一辆车发生碰撞时会发生什么情况。你会不知所措，可能有点心烦意乱，而且可能不知道是谁的责任。前进保险公司是第一个承诺在接到通知的 2 小时内派理赔员到现场处理事故的保险公司。理赔员能够评估你的损失，并在现场开支票，免去了你与带有官僚作风的保险公司交涉的所有麻烦。此外，前进保险公司让潜在顾客了解汽车保险费率的做法完全不符合传统，但是这对于顾客来说却是非常方便。即使前进保险公司的保险费率不是本地市场最低的，但他们报的比其他三家最大的保险公司的费率低。前进保险公司之所以产生了这个想法，不是因为顾客要求他们这么做，而是他们的首席执行官彼得·刘易斯（Peter Lewis）是维护消费者权益的美国律师拉尔夫·纳德（Ralph Nader）的大学同学——是拉尔夫建议他们这么做的。

让你大吃一惊的公司有时可能就在你周围。加利福尼亚有一家我经常光顾的健康天然食品餐馆，名叫"感恩餐厅"。在美国堪萨斯州威奇托市，你可能找不到像这样的地方，但我们都可以从这家餐馆在雇员培训方面采取真正有别于传统的做法上学到某些东西。当服务员把当天有特殊意义的事情告诉顾客时，他还会提出一个让顾客们感兴趣的问题（每天的问题都不同），旨在让顾客认识到他们为什么应该心存感恩之心。餐馆的老板马修和特西斯·恩格哈特给我讲了一个两位女顾客的故事，而故事中的主人公曾被要求回答当天的问题："今天你希望向你生命中的哪一个人表示感谢呢？"一位女顾客对另一位说："我想感谢她，她为我做了开心手术。"这时两个人都热泪盈眶。大多数顾客没有真正经历过这种同时拥有相同感觉的时刻，但每天的问题会让用餐的两个人开始就某个主题进行意想不到的、深入的谈话，这样的谈话随后可能让他们体验到一点"快乐生活"。任何可以帮助顾客获得这种用餐体验的餐馆，都处于我的需求金字塔塔尖。

巅峰处方

下面是关于你和你的公司如何更多地关注你的顾客的那些处于顾客需求金字塔的塔尖、没有被认识到的需求的一些建议。

（1）在你办公场所之外的地方举行一次会议，重点讨论如何创建你自己的顾客需求金字塔。问德鲁克的这个有名的问题："你经营的是什么？"你也思考一下这个问题，或者将它改为："顾客（或将来的顾客）希望你曾经经营过什么？"根据我在本章举的例子，我们看到，美国银行通过建立易于使用的储蓄罐攀登到了巅峰，而捷蓝航空公司为如同笼中之鸟的观众提供了个性化的娱乐节目。这些未必是他们的核心业务，但它们解决了顾客所寻求的、没有被认识到的需求。要确保不管你的顾客需求金字塔塔尖是什么，都是真正触及顾客最高需求的成果，另外不要忘记全食超市首席执行官的建议，即你可能要为你的业务不同规模的细分市场创建不同的需求金字塔。一旦你创建了这个金字塔，你就需要在整个组织中都用这个金字塔，以便在如何向顾客提供这些无形的品质上保持专注。

（2）关注有助于你发现顾客巅峰愿望的四大主题。帮助顾客达到自我实现境界的公司通常是通过四大主题中的一个主题或多个主题来完成的：①帮助顾客实现更高目标；②通过使用这种产品或服务，使得顾客能够更充分地表达自己的想法；③将顾客与更大的事业联系起来；④提供某种完全不同的、顾客从未想到过的产品或服务。在盘点提供给顾客的产品或服务时，你需要问自己，你的产品或服务是否真正在这些主题中的任何一个上与其他产品或服务有差异化。关键是差异化。如果你的所有竞争对手都已经涉足某一项事业，而你只是抱着"我也这么做"的目的，那么你不会吸引任何注意的。但是，如果你的竞争对手不是很理解是什么具体的原因让你的目标顾客获得更大的成就感，你可能就有机会在某一点上实现差异化。

（3）感到疑惑时，做一名"梦想的制造者"。正如我在本章提到的那样，快乐生活酒店集团经营的是"制造梦想"，而不是"卖睡眠"。10年前，我们推出了一个非同寻常的首创的服务项目，即"梦想制造者"活动。它使得我们的一线雇员能够试着了解客人没有被认识到的需求并以令人惊讶或让人感到愉快的方式满足这些需求。我们利用"监听哨"——如我们负责房间预订的雇员或传达员，他们可能无意中听到客人准备庆祝生日或带高中的孩子去本地的一所大学参观，我们都已经把雇员训练成"超级侦探"。有时，我们的雇员甚至会给准备住在我们酒店的企业家的秘书打几个打探消息的电话，询问客人可能喜欢吃什么样的点心或喝什么饮料。在迎接客人时，我们送上一束庆祝生日的玫瑰、送给他们几幅用于装饰墙壁的大学锦旗，或根据他们的喜好在房间里摆上满满一篮子的方便食品，而且当他们意识到策划这场惊喜的是酒店的雇员时，我们就培养出了新的口碑传播者。

（4）将顾客的情绪量化，并与之进行沟通。位于弗吉尼亚州山纳多

山谷的小华盛顿饭店被评为美国十佳饭店之一，即使它不处于美食之都，如纽约、旧金山、芝加哥或新奥尔良等。我认识某些曾在那里就餐的人，他们都一致地对我说他们获得了一种蜕变式的体验。许多人撰文指出小华盛顿饭店采取了独一无二的方法，不仅提供个性化的服务，而且密切观察顾客的喜好或偏好，特别是基于肢体语言的现象。虽然促使老板兼厨师长帕特里克·奥康内尔（Patrick O'Connell）采取这种标志性的服务模式的因素有很多，但这家餐厅用的一个方法可能可以适用于任何一个酒店。在客人就座、服务员有机会判定全体就餐者的情绪后，服务员就按照 1~10 分的评分标准给这一桌评分，并在饭店的计算机系统中记录下这个信息，这一信息显示在整个饭店的每一个工作台中。他们的目标是不让任何一桌的客人在离开饭店时情绪分低于 9 分，而且所有的雇员，包括在餐厅和厨房里工作的人，都要尽自己的努力帮助服务员不断地提高客人在用餐期间的情绪分。这可能意味着其他服务员或负责收抬碗碟的服务员要多几分笑容，厨房要在两道菜之间出其不意地上一盘菜，或经理要去与顾客聊聊天，确保用餐的每一个人都有好心情。你的团队如何让所有人都了解顾客的情绪呢？当你的某一位客人对你的产品或服务明显感到不满意时，你的团队又如何尽力改变这一状况呢？

《让他们吃蛋糕》（*Let Them Eat Cake*）（我曾在第 8 章末尾的"推荐读物"中推荐过这本书）重点介绍了一篇十分有趣的研究报告，它的标题是"行动还是拥有？这是一个问题"。研究人员做了三种不同的实验并发现，在他们调查的消费者中，几乎 60% 的人认为无形的体验比有形的产品更让他们感到愉快。这些研究人员写道："一个人的人生实际上在很大程度上是他们的体验的总和。随着有意义的体验的积累，生活会变得更加多姿多彩。而物质的拥有却不是这样的。虽然它们有时是非常重要和令人感到满足的，但它们通常都一直是'外在'的，与得到它们的人保持一定的距离。"[10] 有趣的是，一个家庭越富裕，他们体验到的快乐感就越大，这似乎说明一旦顾客的基本需求得到了满足，他们就会沿着需求金字塔向上寻找更加无形的和更不容易被认识到的乐趣。如果你能够满足这些较高层次的需求，你也许会非常有效地在顾客中培养出口碑传播者。这就是爱彼迎在 2016 年从一个民宿公司扩张为一个通过定制体验给旅行者提供与当地人建立联系的公司的部分原因。

推荐读物

Brand Hijack by Alex Wipperfurth

Creating Customer Evangelists by Jackie Huba and Ben McConnell

Ethnography for Marketers by Hy Mariampolski

How Customers Think by Gerald Zaltman

Lovemarks by Kevin Roberts

Marketing That Matters by Chip Conley and Eric Friedenwald Fishman

Mavericks at Work by William C. Taylor and Polly LaBarre

The Experience Economy by Joseph Pine II and James Gilmore

The Myth of Excellence by Fred Crawford and Ryan Mathews

"ToDoor to Have? That Is the Question" by LeafVan Boven and Thomas Gilovich, *Journal of Personality and Psychology* (volume 85, number 6, 2003)

"Toward Meaningful Brand Experiences" by David W. North, *Design Management Journal* (Winter 2003)

"Understanding Customer Needs" by Barry Bayus, Kenan-Flagler Business School at the University of North Carolina (January 2005)

第 4 篇

关系真理第 3 条：投资人需求金字塔

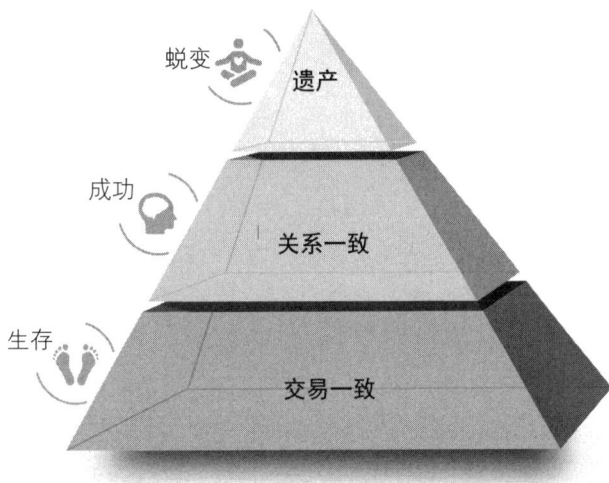

蜕变 遗产

成功 关系一致

生存 交易一致

　　伟大的、向善的社会与倒退的、堕落的社会之间的区别，在很大程度上是以企业家的机会与社会中企业家的数量来衡量的。我想大家都会认为，在堕落的社会中要引进的最有价值的 100 个人，不是化学家、政治家、教授或工程师，而是企业家。

　　　　　　　　　　　　　　　　　　　　　——亚伯拉罕·马斯洛[1]

第10章 培养信任感

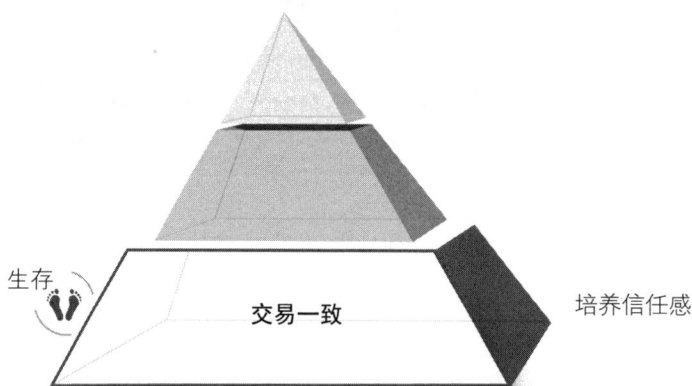

生存

交易一致

培养信任感

在任何情况下都要设法了解你希望认可你的人的性格，以及他们奉守的指导原则的性质。要搞清楚他们的想法和动机的来源，然后你就不会责怪他们无意的冒犯或者感到缺乏认可。

——马可·奥里利乌斯（罗马皇帝）[1]

很少有人问我："在你的职业生涯中，最惨痛的教训是什么？"如果你想深入地与企业的领导进行交流，就把这个尖锐的问题抛给他们。对于我来说，我最大的经验教训与我们接下来要讨论的话题有关：在目标上与投资人达成一致。

20 世纪 90 年代中后期，加利福尼亚沿海地区一位经验丰富的房地产开发商兼投资商找了我们。当时，他在当地买下了 400 英亩地，距海滩只有一步之遥，而且只需一小时就可以到旧金山南部。这块地位于太平洋海滨，被某些最原始的海滩和荒野环绕，而且其中的部分土地被县政府和加利福尼亚海岸委员会限定为汽车旅馆和野营用地。最早的开发商在资金上断了链，并在争取相应的开发资格上碰了壁，因此，我的合伙人，一位精明的房地产投资商，才能够以相对便宜的价格买下这片不同寻常的土地。

我个人对这个不寻常的项目感到很激动，因为我在上大学和读研究生期间在这片靠近海岸的土地上度过了很多时间，知道它是加利福尼亚州最原始的靠近海岸的土地之一。快乐生活酒店集团是作为一个小投资人和酒店管理公司参与这个开发项目的，负责提出一个比基本的汽车旅馆和野营地更具说服力，但仍不超出我们的开发资格限制的概念。这是豪华野营成为主流之前最早的豪华野营开发项目之一。我们还负责与持怀疑态度的当地居民建立亲密的关系，他们在此之前设立了重重障碍以阻止这个开发项目。同时，我们的房地产投资商负责四处为这个项目筹措更多资金。

我们花了很多时间与当地居民和环境保护主义者合作，以便提出一个独具特色的概念（利用我在第 8 章的开始部分介绍的、在市政厅使用的某些方法），同时这个概念仍旧需要被限制在苛刻的开发框架内。在这个发挥想象力的过程中，我们的整个管理团队投入了全部的精力。我想此前我们从来没有花这么多的时间和创造力来提出如此独特、有别于传统的概念。我们这番努力的结果是卡斯塔罗纳度假村。这是一个位于海滨的高档房地产项目，拥有 40 间客房、12 间私密性小木屋和 120 多间帐篷式小木屋的旅馆，所有这些房间内都配有最好的床垫、带有设计师签名的鸭绒被、可加热的床垫以及所有其他有助于客人享受物质生活的设施，如百货商店提供的拿铁咖啡、室外壁炉、桑拿和野营地浴室里安装的可加热地板等。如果要用我在第 7 章介绍的杂志配对法，卡斯塔罗纳度假村是《户外》杂志遇上了《名利场》。换句话说，我们提出了一个专注于矛盾修饰法的商业战略：豪华野营。

在开业的最初几个月里，《今日美国》在头版头条对卡斯塔罗纳度假村进行了特别报道，指出它开启了一种全国范围的新趋势，即轻松野营或"与大自然亲密接触，同时不会把手弄脏"。虽然卡斯塔罗纳度假村得到了媒体的广泛报道，而且在周末人满为患，但在工作日，它很难招揽生意。幸运

的是，在最初几年，即使我们的会议设施非常有限，但我们还是能够吸引许多公司在工作日来集体度假。网络公司需要寻找一个比较新潮的集体度假场所，他们当中的 X 世代可以在开会的间歇骑山地车或骑马。因此，对于他们来说，卡斯塔罗纳度假村是除高尔夫度假村以外的另一个较好的选择。虽然卡斯塔罗纳度假村遇到了困难，但我们看到了进展，特别是认识到：在一个偏远、过去没有人需要租房的地方提出一个全新的概念，意味着我们可能需要多一点的时间才能在财务上实现收支平衡。

后来，网络公司纷纷破产，在萎靡不振的经济中勉强生存下来的高科技公司大幅削减了集体度假的费用，随之我们在工作日的生意锐减了 75%。虽然我们尽最大努力削减费用，并转向其他市场推销我们的服务，但是在2001—2003 年，我们显然必须从长远的角度考虑这个不可替代的资产。快乐生活酒店集团陷入了困境。我们是要坚持最初为卡斯塔罗纳度假村设计的概念但面对财务亏损，还是采取必要的措施，达到我们的投资人在短期财务上的最低目标？虽然我们与投资人的关系非常好，而且他们也非常理解我们，但在长期与短期目标上，我们能觉察到他们的意见有可能发生改变。虽然如此，我们仍尽最大努力提高经营效率，以满足投资人的希望，但是，这使我们卡斯塔罗纳度假村的雇员付出了代价。

我们的房地产开发商兼投资人选择对冲基金作为卡斯塔罗纳度假村的主要股权合伙人，这一事实是造成我们陷入困境的部分原因。我们没有责怪他做出这个选择，因为这种方法比私下里向许多小投资人募集 2 000 多万美元更容易筹措到这笔"热钱"。但是，对冲基金在这个项目上的目标与我们的目标完全不同。他们的主要目的是尽快获得投资回报，而包括快乐生活酒店集团在内的所有投资人，越来越认为这个要求是徒劳的。

最后，我们的合伙人们选择贱卖卡斯塔罗纳度假村（我们本想买下这个度假村，但正如我在本书的前半部分告诉你的那样，我在"9·11"事件后发生的经济危机中已经完全破产了）。由于快乐生活酒店集团在这个创新的开发项目中投入了大量感情、热情、时间和精力，因此这是一次令人痛苦的经历。我们可以看到情况开始出现转机，并且发现了包括婚宴在内的新的细分市场——后来证明它们是有利可图的。我们完全相信卡斯塔罗纳度假村有着非常好的未来。只是我们对成功的定义与我们的投资人的有所不同。由于未在交易上达成一致，我们的相互信任关系开始受到影响。

如果在最初提出卡斯塔罗纳度假村的经营概念时，我能注意到马可·奥里利乌斯的忠告，并了解该项目最大的股权合伙人在投资周期上的目标，我就会让公司避免陷入眼睁睁地看着卡斯塔罗纳度假村从我们的手中溜走的极大痛苦。我吸取了这个教训。现在，每当涉足一个具有潜力的新酒店项目时，我们都会提出一系列关键性问题，并要求主要的投资群体回答（如果我们不是靠自己的力量融资），确保我们在交易上达成一致。

投资人需求金字塔与所有雇员有关

你可能在这时说："谢谢，但别管闲事；关于投资人的这一套并不适用于我，因为我从来不与我们公司的投资人打交道。"我会假设企业中的所有人都会受到公司与其投资人的关系的影响。例如，我们卡斯塔罗纳度假村的所有雇员都受到了没有结成同盟的关系的后果的影响。类似地，你将在接下来的三章中学到的原则与你为之负责的职场的所有人都有关。关于达成一致和遗产的许多主题，可以转移到你与你的老板的关系上，同样也可以转移到公司与其投资人的关系上。员工可以将其老板看成是一种投资人：上司投入时间和金钱，希望投资的回报是有效率的雇员。这些原则也适用于非营利组织，其捐赠人或董事会扮演投资人的角色。

许多人认为企业家或 CEO 们都在享受没有老板的活生。但事实上这是一种幻觉。在工作场所中，我们几乎所有人都要向某个人汇报。企业家或商业领袖对其投资者或资本来源负责，就像员工需要确保其上司对他们的表现满意一样。

这个投资人需求金字塔关注你如何打下坚实的基础以便与管理你的人建立这种关系。在底层，你需要建立起所谓的"交易同盟"。若不了解投资

人的目标，你就无法满足他们的期望。做好这一点，你就培养了信任感，这是任何成功的关系都需要的基础结构。没有信任感，你的商业关系在结构上就会开始看上去有点像比萨斜塔。许多希望成为下一个独角兽（私有的、估值超过 10 亿美元的科技创业公司）的年轻企业家没有正确地认识到这一点。

根据我在本书第 4 篇开头引用的马斯洛的话来分析，他显然认识到了企业家对社会的重要性。他还认为，企业家如果没有资本的来源就无法经营。因此，虽然我们已经详细地探讨了任何企业的头两个重要的支持者，即雇员和顾客，但是现在我们应该把注意力转向这个基本的三位一体的最后一个组成部分，即投资人。

投资人是人吗

当我与企业的领导者说起关系真理金字塔时，他们非常明确地欢迎我运用需求层次理论分析雇员或顾客的关系。但是当话题转到投资人需求金字塔时，许多企业家都很轻易地忘记投资人也是有需求的人。我听到的主要观点是："投资人的行为不符合人的逻辑。他们纯粹看重如何获得可能的、最大的投资回报。"

因此，所有投资人都是只求投资回报的机器人吗？本书的这个部分将帮助你认识到你可以给投资人带来高投资回报，而且可以通过创造出深厚的人际关系来实现这一点。事实上，我想要指出的是，建立更加深厚的关系有助于企业实现更高的投资回报，这是因为如果你与投资人的关系非常差，你的注意力就会被分散，无法恰当地经营你的企业。我们都见过许多衰败的公司，原因就在于公司的首席执行官和管理团队因他们与投资人形成的敌对关系而感到焦头烂额。

如果你记得第 2 章的蜕变金字塔，你就会发现投资人的生存需求与雇员的生存需求非常相似。雇员的薪酬是一个有形的度量标准，就像投资人的回报处于投资人需求金字塔的底层一样。任何投资人的基本需求——除非投资人纯粹想当慈善家——确保他们的交易目标得以实现。他们的"基准线"就是投资人需求金字塔的底层。在随后的两章中，我们将探讨投资人的成功需求和蜕变需求。通过这两层，我们将更清楚地认识到投资人也是人，他们的许多决策都是受情绪的需求而不是受功利的需求驱动。现在，让我们探讨一下投资人在这个金字塔的底层追求的是什么。

有数以百计的文章和书探讨这些被我们称为投资人的特殊人群的心理。有人甚至开创了一个被称为"行为金融学"的完整学科，它试图更好地了解和解释情绪及错误的认识是如何影响投资人及其决策过程的。行为金融学指出，这些只知道投资回报的机器人不像我们想的那样理性。例如，有一个理论叫作"后悔恐惧症"，这种理论认为，投资人避免卖掉股价下跌的股票，为了回避投资失败所带来的痛苦和遗憾。"锚定"是另一个涉及投资人的心理学概念，其基础是投资人认为"当前价格是合理价格"的观点。例如在牛市中，每一个新高都是以与其接近的上一个记录为"锚定"的，而比较久远的历史股价越来越变得无关紧要。人们往往太重视最近的经历，推断最近的趋势常常违背长期的平均线。最后，投资市场就出现过度火爆或过度低迷的局面，从而可能导致出现泡沫或崩盘，而这两个极端的结果就是有点感情用事的投资人造成的。

因此，让我们接受投资人也是人的事实吧，而且他们与雇员、顾客一样，在需求上也是有层次的。投资人的基本原则是要有平和的心态，这种心态只有在感觉到自己的投资目标与公司的目标保持一致、能够创造出丰厚的投资回报时才能拥有。当双方达成了这种交易上的同盟，信任感就建立起来。或者，正如弗兰德·冠夫曼的《清醒的企业》一书中引用沃伦·本尼斯和伯特·纳努斯的话所说的那样，信任感可以被定义为企业的"合作润滑剂"[2]。

史蒂芬 M.R.柯维（著名作家史蒂芬·柯维的儿子）写了一本书，《信任的速度》。他在书中指出，在组织的内部关系上或在组织与外部世界的关系上，公司不是交信任税，就是收获信任红利。他说："在公司中，高度的信任感在本质上提高了公司在各方面的能力，如沟通、协作、执行、创新、战略和合作，并改善了他们与所有利益相关方的关系。"[3] 通过引用沃森·怀亚特在 2002 年发表的研究报告，他指出，在得到高度信任的组织里，股东获得的回报比很少能得到信任的组织多将近 3 倍。显然，在企业与投资人的关系中，如果没有信任的基础，摩擦（信任税）是不可避免的。这就是信任处于投资人需求金字塔底层的原因。没有信任，投资人的生理和安全需求几乎就无法得到满足，这意味着他们很难攀登到金字塔的其他层。

你如何培养具有较强信任感的投资人关系呢？罗伯特·赫尔利（Robert H. Hurley）在其刊登在《哈佛商业评论》上的一篇文章"信任的抉择"中指出，在人们信任其他人之前，他们会小心谨慎地权衡这样一个问题："这个人的行为符合我的利益的可能性有多大？"[4] 当人们的利益完全一致并且投资人相信他们投资的对象的信誉时，信任就是自然的反应。

吸引志同道合的投资人

毫无疑问，创造价值和丰厚的投资回报无疑是投资人所寻求的一个必不可少的部分，但是如果不考虑可以增加成果（投资回报）的环境而讨论这种投资回报，似乎是缺乏远见的。"不给牛吃草，就无法挤出牛奶。"事实上，加利福尼亚的奶酪制造商在他们的广告中提醒我们，制作出好的奶酪的是"快乐的奶牛"。如果这个观点适用于奶牛，那么它也适用于我。

如果让美国的企业领导者说出投资领域最聪明的人，沃伦·巴菲特也许会轻松地脱颖而出。我意外地发现了一本非常好的书，《沃伦·巴菲特随笔：追求利润的美国公司要吸取的教训》，其中概括介绍了他的投资哲学，即企业与投资人构成的同盟如何为企业的领导者提供创造丰硕成果所需的支持。巴菲特相信，以正确的方式结成这样的同盟，是投资人最重要的责任之一。他写道："在伯克希尔控股的公司中，各个实体公司的首席执行官们在追求利润的美国公司中享有独特的地位。他们的任务非常简单：在经营企业的过程中，（1）把自己当成企业的唯一主人；（2）把企业当成他们拥有的唯一资产；（3）一百年之内不能把企业卖掉或对它实施兼并。"[5]

这些独特的任务，帮助伯克希尔控股的各个实体公司的首席执行官专注于企业的健康发展，而不会像大多数公司那样分散自己的注意力。这些任务让首席执行官能够专注于在企业中创造恒久的价值，并有助于消除公司与投资人通常发生的摩擦（信任税）。

巴菲特认为，公司与投资人在目标上达成一致是非常重要的，他甚至让他的股东选择接受公司要捐款的慈善机构，这样双方的目标至少不会在这方面发生冲突。他还坚持，伯克希尔的薪酬政策直接与公司带给股东的投资回报相关联。在巴菲特写给股东的一封著名的信中，他写道："我无法保证你能获得多少收益。但是，无论你什么时候决定成为我们的合作伙伴，我们都可以保证你的金融财富会随着我们的财富同步增长。"[6]

像巴菲特这样的企业领导者越来越多，他们认为，"公司获得了他们需要的和应该得到的股东支持"。他认为，如果公司"在思考和宣传上关注的是短期的结果或股市的短期表现，他们所吸引的投资人在很大程度上关注的也是相同的因素"。[7] 换句话说，对企业的领导者来说，只了解自己的商业计划书是不够的。你还需要了解投资人的动机，确保他们的动机与你自己的是一致的。

美敦力公司曾经经历过 10 年的短暂辉煌，当时他们的市值从 10 亿美元上升到 600 亿美元。在这期间担任首席执行官的比尔·乔治在《真诚领导力》中指出，我们应该对"只当了 5 分钟股东的投资人"保持警惕。对短期投资人忠诚不会为你的公司带来长期的帮助。乔治说："是你的股东选择你，还是你选择股东？富有经验的首席执行官选择他们的投资人，他们会提出独特的经营模式和策略，并确保投资人认同这样的商业计划。"[8]

苹果公司的董事长阿瑟·莱文森在《财富》上谈到他担任基因泰克公司的首席执行官的经历时，表达了与乔治相同的观点："要成功地达到一个数字，压力非常大。我从 1995 年以来就对华尔街很清楚，如果我们有机会

利用短期的成本生产出质量更好的药和挣更多的钱，我们每次都会这样做。你需要知道我们就是这样的公司。"[9]

建立交易同盟

你如何确定与投资人达成了共识？如果你是一个上市公司，很大程度上是乔治和莱文森所建议的那样。大多数上市公司的首席执行官认为，他们的部分职责是向华尔街的分析师推销自己的公司。然而，越来越多的人意识到，这其实是吸引合适的投资人的问题，而投资人需要真正地知道：你作为一个公司经营的是什么，你的发展方向是什么。萨班斯-奥克斯利的透明时代，意味着投资人对公司的各个方面有更清楚的了解，这表明股票市场的投资人越来越能够与符合自己目标的公司结成同盟。

如果是非上市公司的投资人，这种关系就有点像约会。在确定你们在某些关键要素上达成一致前，你们不必仓促地迈入婚姻的殿堂。许多公司之所以没有与投资人建立起良好的关系，原因就在于双方没有说清楚自己的目的，没有了解他们是否有相同的目标。因此，让我们讨论一下每个个人投资人都追求的一些功利主义的重要要素。思考一下我在下面 5 个要素中列出的问题，但更重要的是，要考虑你如何回答这些问题与你的主要投资人如何回答这些问题之间可能存在的微妙的差别。

（1）回报率。他们期望获得的最低回报率是多少？如何计算回报率？如果你实现的回报达到了他们设定的某个阈值，你和你的公司会额外获得什么奖励吗？

（2）资产折现的时机选择和策略。他们投资的周期是多长时间？他们会把股份卖给谁？这种买卖行为如何影响你对公司的控制？（在企业的资产折现方案中，投资人通常需要把资产卖给另一个实体，这意味着你和你的管理团队可能不再参与企业的管理，我们在卡斯塔罗纳度假村的遭遇就是这样的。）

（3）对市场和公司采取什么方式实现差异化的定义。你们对市场的规模、管理团队的组成、他们最大限度地创造机会的基本经营策略，有没有达成共识？换句话说，你们在基本的商业计划书上达成共识了吗？

（4）执行商业战略所需要的现金。根据你要如何发展企业以及需要有什么关键的战略投资来实现这种发展，是会对已有的这些投资人进行资金筹集，还是打算面向其他投资人实施另一轮融资计划？你采用什么方法评估新旧资金的价值呢？

（5）定义经营效率的唯一度量标准。你们对以什么样的度量标准来衡量你是否有效地管理企业，是否有达成共识？

有效绩效的定义

关于上述最后一点，我们几乎找不到什么文章能够比较形象地论述公司与投资人的关系。无法就第五点达成一致，通常意味着双方无法就第三点达成共识。每一个公司都要面对彼此矛盾的目标·利润还是增长？短期目标还是长期目标？组织整体协作的好处还是独立部门绩效的分解？多米尼克·多德和肯·法瓦罗写了一本非常好的书——《管理要管：主要矛盾》，其中概括介绍了有助于公司与投资人就如何处理这些可能彼此矛盾的目标开展对话的方法。

类似地，吉姆·柯林斯在《从优秀到卓越》中表明，即使在不引人注意的行业中，如果公司能够清楚地认识到哪一个"经济指标"可以驱动企业的有效绩效，那么他们甚至也能在财务上创造出令人瞩目的绩效。美国连锁药店沃尔格林公司从追求每个门店的利润转为追求每位顾客光临的利润，因为它发现，追求每个门店利润，阻碍了其在一个社区内开设多个门店为顾客提供方便的能力，而这是顾客希望沃尔格林提供的。柯林斯指出，一个公司可以有多个经济指标，但是，只关注一个经济指标有助于练就只有一个度量标准时才有的洞察力。

2001 年，当旧金山湾区酒店业陷入急剧衰退时，我们面临着巨大挑战，因为在过去 5 年中衡量快乐生活酒店集团经营效率的主要度量标准是年度收入的增长率或纯利润增长率，这两个指标过去对我们的投资人和业主都显示了不凡的结果。但是，我们开始意识到，年度增长率在度量标准上其实已经成为一个滞后的指标，无法衡量我们在创造好产品或增强顾客忠诚度上付出的努力。另外，年度收入或纯利润增长率并不能向我们提供一个判断每一家酒店绩效的相关标准，因为它在更大意义上是一个泛泛的晴雨表，用于衡量旧金山湾区在网络经济快速发展的时期所获得的成功。我们必须转移投资人的注意力，让他们关注一个新的、更有意义的度量标准。

正如我在第 3 章提到的那样，要解释我的"老板"是谁这个问题非常复杂：与我们分享酒店所有权的投资人是由一大群形形色色的人凑成的，而且拥有我们所管理的酒店的业主在数量上甚至更多。幸运的是，在本质上我在快乐生活酒店集团是没有老板的，因为我完全拥有酒店管理公司和品牌的所有权。然而，由于我们所经营的酒店在所有权上归属于其他投资人或者是与其他投资人组建的合作企业，因此我仍旧需要对代表着 22 个不同业主组织的 100 多个个人或实体负责，他们在连续 6 年获得创纪录的收入后，都因 2001 年的经济衰退而震惊。

实际上，我甚至在"9·11"事件发生前就开始传递坏消息了。在旧金山湾区，酒店的收入在 2001 年冬季开始迅速下滑，而大约在这一年前，随着让人感到麻木的泡沫的形成，股市就已经因为高科技行业所创造的愚蠢泡沫而惩罚了这一行业。在收到快乐生活酒店集团向投资人开出健康的分红支票的几年之后，我们的投资人和业主倒退到需求层次金字塔的底层，因为他们担心他们基本的投资回报需求是否能得到满足。换句话说，他们想知道是否仍旧会收到支票，还是不得不开始开支票，以弥补酒店不断增加的现金流出量。

显然，我们需要投资人和业主重新思考如何判断快乐生活酒店集团的经营效率。记得我曾经与我们的一个长期投资人交谈过，他对我们每个月实现的收入和纯利在 2001 年出现这么大的跌幅表示不满。我问他经营效率是否是一个相对的词汇。他承认是。于是我们开始进行头脑风暴，讨论在本地区所有酒店在收入和纯利润均出现下滑的局面下，快乐生活酒店集团如何表现出比竞争对手更高的经营效率。虽然我让这位投资人了解到，我们的雇员和顾客的满意度在分数上继续比服务业的平均水平高出一大截，但是他不断重复着电影《甜心先生》里的经典名句："给我钱！"他不想接受心情愉快的雇员或顾客与盈利能力有直接的关系。由于我们的酒店都归个人所有，而且在盈利能力上，我们无法与直接竞争的酒店进行比较，因此我们需要找到另一个度量标准，而这种标准应对酒店在市场上取得相对成功的能力产生深远的影响——它就是市场份额。

第三方数据提供商史密斯旅行研究公司每周都会向我们的每一个酒店提供有利于竞争的、被酒店业奉为神明的市场份额数据。这种机密数据使我们能够了解到我们的每一个酒店的市场份额的增减情况，而且我们可以按日分解这些数据，并根据每周的数据是否随入住率或平均房价的变化而变化来进行分析。幸运的是，我们超过 80% 的酒店在萎靡不振的经济中，在市场份额方面相对于竞争对手都是在增长的。因此，虽然我们市场上的那一大块众所周知的蛋糕出现了萎缩，但是我们的那一小块蛋糕却在不断增加。

我仍旧需要让我们的其他投资人和业主相信，这种基于市场份额的度量标准应成为确定我们的工作是否有效的主要手段。有些投资人会立即表示赞同，而其他人需要更多的时间。我可以向他们中的某些人（特别是那些需要多一点时间才能接受的人）提供证明市场份额与盈利能力存在因果关系的研究报告。我让他们中的几个人看了美敦力公司的前任首席执行官比尔·乔治的书——《真诚领导力》，他在其中写道："市场份额是衡量一个公司的顾客服务质量的最佳标准……市场份额的增加提高了盈利能力水平……市场份额的增加是对雇员的极大激励，使得最优秀的人才愿意为你效劳，并让他们有动力达到更高绩效水平……市场份额的增加产生了一个良性循环。"[10]

在这些心存疑虑的投资人中，有些人能看到，在市场份额上取得的这些小小的胜利，有助于我们遭受挫折但坚韧的总经理们和销售人员在一个真正让人心灰意懒的时期继续充满激情地施展自己的领导才能。我过去经常对我们的管理团队说："当你在泥泞的道路上跑马拉松时，赢一点点都有助于你增加一点点体力，使你继续前进。"我们负责运营的前副总裁卡勒林·霍罗曼对我说，将这个最引人注目的度量标准从无法实现的标准（在一个三年来收入减少 35%~50%的市场中增加收入）变为能够实现的标准（增加市场份额），使得人们在她每个月在各个酒店主持召开的投资人会议上情绪完全发生了变化。

巅峰处方

下面是关于如何确定你与投资人已经在交易上达成一致的一些建议：

（1）在投资人投资前，你一定要了解投资人的实际动机。在前文中，我概括介绍了你可以向未来的投资人提出的某些最基本的问题，以确保你们在目标上拥有共识（结成交易上的同盟）。如果投资人比较小，而且没有兴趣控制，那么这些问题就不具有太大的关联性，但是"小狗叫得最凶"，因此与他们探讨这些问题也无妨。我建议你不要向投资人发问卷调查表，而是在这些投资人出席的各种会议上穿插地提出其中的某些问题，这样你就可以了解到他们希望从这个投资项目中获得什么样的回报。

（2）谨防"错误的所有人综合征"。乔治·麦考恩（George McCown）通过与自己的MDC公司组建的各种私募股权基金筹措到 10 多亿美元。他是在提到自己作为 Boise Cascade 的高管是如何体验到"错误的所有人综合征"时，向我提到这个词的。20 世纪 70 年代，为了让这个上市公司的资产负债表看上去很好看，麦考恩负责廉价出售公司的某些房地产开发项目。在许多情况下，他会想办法让管理这个开发项目的部门主管，借助他们认识的私人投资人的力量买下这个开发项目。麦考恩多次发现，这些曾让人不满意的开发项目，一旦脱离了博伊斯凯思卡德公司的束缚，就开始表现出旺盛的活力。当他注意到他的前雇员变成了企业家并且赚了钱之后，他开始感到自己做了错误的选择。后来，他在风险投资的支持下收购了公司的一个业务部门，而且他以此为契机开始涉足私募股权投资（事实上，他后来又收购了博伊斯一凯思卡德公司的三个业务部门）。当麦考恩投资一个新的公司时，他说："我们要提出一整套完全专注和一致的目标，这样所有人都拥有共同的立场和共识……我们要做的是在我们收购的公司里创造一系列条件，使得人们可以达到自我实现境界和发挥创造力。"麦考恩发现，在美国的一半公司中，所有人与管理团队或理想的商业战略存在冲突。一旦组织能够与志不同道不合的投资人或所有人分道扬镳，它们就能焕发出活力。在快乐生活酒店集团，我们通过实际寻找"错误的所有人综合征"来寻找新的机会。我们收购了我们的一些好的酒店和温泉度假疗养中心，它们原来的所有者要么居住在国外，无法真正地了解他们的房地产项目的潜在价值，要么认为这些企业对于一个大公司来说，只是一个分散注意力的小企业——但对于我们来说，却可能是规模相当大的。

（3）对投资人进行定期的、有助于你了解投资人想法的调查。在第7章，我们讨论了管理不当的期望会产生失望。然而，如果你没有明确地问投资人（或老板）他们的期望是什么，你就无法管理他们的期望。快乐生活酒店集团有回顾月度顾客满意度调查数据和每年两次的雇员工作环境调查数据的悠久传统，但是我们从来没有运用相同的方法来评估为我们支付我们作为酒店管理公司的费用的投资人和所有者。事实上，我们并不知道有哪家酒店管理公司会每年对所有人和投资人进行调查。2002年夏季，当人们清楚地认识到旅游市场在"9·11"事件后离恢复还很远时，我们决定面向所有者和投资人实施第1次年度调查计划。那时，我们的投资人和所有者因酒店业的下滑趋势而感到闷闷不乐，他们很可能按最差的标准给我们打分，而我们就是在这个时候请他们就35个不同的度量指标对我们进行评分，包括我们的目标与他们的目标是否相同以及我们的销售和市场营销工作的效率。虽然其他酒店管理公司的管理者认为我们有点疯了、要"打开了潘多拉盒子"，但我们的投资人和所有者非常积极地回答了问题，并提出了富有建设性的建议，帮助我们针对某些酒店提出更加一致的商业战略。我们创造这个平台就是为了沟通，这一事实令我们的一些投资人印象深刻。之后我们每年都坚持开展这样的调查活动，据我所知，我们是美国唯一定期使用这种调查方式的独立（非连锁）酒店管理公司。

（4）诚实、直接和定期地与投资人沟通。具有讽刺意味的是，当形势不好时，大多数公司的管理者或企业家采取了完全错误的方式。他们不是多沟通，而是少沟通。我知道在这种形势下要与投资人进行沟通是非常困难的，但采取主动会让你的投资人知道这件事对你有多么重要，这能够让他们建立起对你的信任。当投资人感到公司或企业家没有足够认真地对待企业的某一个经营问题或意外事件时，这最令他们感到不安。通常，当人们认为你没有听他们讲话时，他们会提高音量，投资人也是如此。吉姆·柯林斯建议："先提出问题，而不是先给出答案。"[11]这种方式表现出谦逊和诚实的本性，而且你不一定要得到所有问题的答案。通过提出一些一针见血的、涉及投资人特定利益（可能涉及他们所掌握的知识基础）的问题，企业家或公司的管理者可以在寻找解决方案的过程中与投资人合作。而且通过这种方式，投资人可能对这种途径感到更满意。因为是他们帮助你找到了这一解决方案的。要知道诚实与信任源于说到做到。就是这么简单。

最大限度地为投资人创造利润，是企业经营天经地义的、必不可少的一个部分。只有确定你在企业的关键要素上与投资人结成了交易同盟，你才能使公司与投资人建立比较和谐的关系。但是，本章关注的完全是这种关系的交易性。在金字塔的这一层上，交易是把公司与投资人联系在一起的黏合剂。以自我实现为目标的投资人认识到，投资界缺乏的不一定是好交易，而是良好的合作伙伴关系。交易是从奶牛身上挤出的牛奶，关系是生产出牛奶的奶牛。我们现在要把注意力从组成交易同盟的有形要素，转向投资人如何与公司或企业家建立长期的关系，后者要向前者提供的，是充满机会的一生和大量的财富。

📖 推荐读物

Good to Great: Why Some Companies Make the Leap ... and Others Don't, by Jim Collins

"The Decision to Trust" by Robert F. Hurley, *Harvard Business Review* (September 2006)

The Essays of Warren Buffett: Lessons for Corporate America by Warren E. Buffett with Lawrence A. Cunningham

The Speed of Trust by Stephen M. R. Covey

The Three Tensions: Winning the Struggle to Perform Without Compromise by Dominic Dodd and Ken Favaro

"What Do Investors Want?" by Meir Statman, *Journal of Portfolio Management*(2004)

第11章 / 培养信心

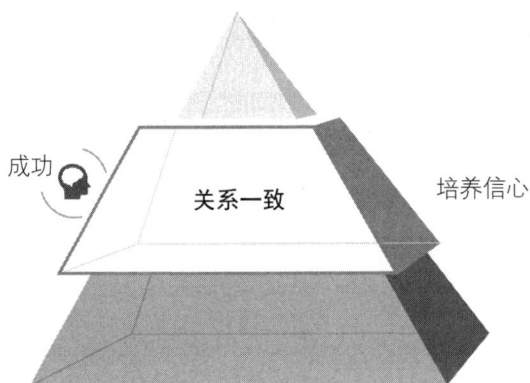

成功

关系一致

培养信心

　　投资取得成功的奥秘不是成为金融系的优等生或成为谈判桌上
最精明的谈判高手，更多的是与值得让你有信心的企业家和企业的领
导者建立长期的关系。

——比尔·普莱斯，

得克萨斯太平洋集团的共同创始人

　　在我的职业生涯中，我做出的最明智的决策是加入青年总裁组织。青
年总裁组织是一个著名的国际组织，会员都是年轻（虽然"年轻"的定义
在不知不觉地增长）的高层领导者，有大公司的，也有小公司的，他们在
各分会聚集在一起，相互学习。听起来很好，不是吗？尽管如此，我一开
始还有点不乐意："谁有时间一个月花一整天的时间去见一群同样都筋疲力
尽的企业领导者？"结果远远超出了我的预期，我从向其他企业家、管理

者和投资人描述我们公司的商业战略和个人的发展道路的过程中学到了很多东西。他们充满了智慧、善于鼓励人，而且常常富有我们迫切需要的幽默感。有一次在参加一次聚会活动时，我的脑子还在飞转，而我的身体却严重需要休息。我当时正参与几个新酒店项目的谈判，其中大多数项目的合作伙伴都是第一次与我们合作，可能带给我们潜在的机会。所有的谈判项目都是以前面介绍的投资人需求金字塔的交易同盟层为基础的，而且在这一层上，信任的种子刚刚开始生根发芽。在我分享了我的故事之后，青年总裁组织的一个会员在休息的时候把我拉到一边，说："你有严重的'谈判疲劳症'，因为在与投资人建立新的关系的过程中，你付出了代价。这就像寻找新的舞伴，开始的时候你们会踩到对方的脚，直至你们真正地了解对方是如何移动的，同时找到了你们的关系的节奏。到这个时候，你就不要再和舞会上的所有人跳舞。"

　　从本质上看，他说的是，这时你需要超越投资人需求金字塔的底层。交易上的同盟专注于交易，是关于如何投资以及企业如何产生现金流。关系上的同盟，是专注于长期的合作，当资金的来源与企业家或公司结合在一起时，这种合作会表现出旺盛的生命力。如果你和投资人的关系还没有超越金字塔底层，当特定交易（如我们卖酒店）结束时，你们的关系就会结束。无论是否获得丰厚的回报，双方都会分道扬镳。但是，如果这种关系发展到了金字塔的中间层，你们之间的交易就像一本书的一个章节一样，双方会非常激动地翻到下一章。

用情商进行投资

　　在前面，我提到了丹尼尔·戈尔曼关于情商的系列畅销书。金融 DNA资源公司的总裁兼首席执行官休·梅西写了一篇文章，提到了精明的投资人如何将情商运用到对待投资的方式上。本质上他认为，大多数投资人将一种原始的"打或逃"的本能带到他们的投资关系上。这意味着投资人可

能会因许多负面情绪的冲击而受到过度的刺激。因为投资的不可预知性，自然会引发恐惧。

　　梅西提到了澳大利亚的一个电视节目，这个节目对两名司机做了实验。这两名司机中的一名是职业司机，另一名不是。他们都需要在下午交通高峰时段在高速公路上开半个小时的车。职业司机被要求利用他的技术在车流中疾驶，而另一个人则被要求要在驾驶过程中比较有耐心，只在一条车道上以中等速度行驶。实验的结果是龟兔赛跑式的启发。职业司机到达目的地的时间快了 60 秒，但是他消耗的燃料是耐心驾驶的人的 2 倍，发动机的损耗比后者多 150%。这档节目无法测量职业司机在情绪上的损耗，而且更重要的是，他们可能无法测量在路上不得不与这个家伙打交道的所有其他司机在情绪上的损耗，但是我肯定他们实际上也有损失。

　　在市场上目光短浅和希望在交易上速战速决的投资人，更像那位勇往直前的司机：只要出现更加有利可图的东西，他就变道。他们是在肾上腺的作用下进行投资的。而追求关系同盟的投资人，不是愚蠢的投资人。如果长期收益不理想，他们是不会感到满意的，但是他们更容易表现出耐心，而且不太可能被暂时的、更具有诱惑力而风险更大的机会所迷惑。这些投资人认识到，如果他们开得太猛或不断换挡，他们的汽车（象征着他们与企业家或公司的关系）就会比较快地发生故障。

　　得克萨斯太平洋集团（TPG，美国最大的私募股权公司之一）的创始人之一比尔·普瑞斯指出："注重关系的投资人不会根据一时的表现来评估他们投资的对象。那样的话就会像根据驾船经过狂风大作的海湾的水手的每一个动作对他们进行评估一样。这些投资人希望看到的是指导你如何渡过海湾的总体战略。"

　　太多投资人和企业家都没有认识到，他们在金融高速公路上一路狂奔是要付出代价的。你可能听说过苏格兰的一个为期 10 年的研究项目（在法国和美国进一步的研究结果肯定了这个项目）。这个研究表明，大多数人都准备去上班的周一早晨，是心脏病最可能发作的时段。当组织因公司与投资人（相当于雇员与雇主）的关系变成一种无法调和的、被交易所左右的关系而变得不堪重负时，周一式的"悲剧"是否有可能是间接造成的损失呢？在过去几年中，我逐渐意识到"做金钱的主人，不做金钱的奴隶"这句谚语的重要性。当金钱或投资回报成为将公司与投资人结合在一起的唯一语言时，这种关系很可能是短暂的。但是，就像相信自己会有饭吃和有地方住的人超越了自己的基本需求一样，从投资人需求金字塔的底层中解脱出来的投资人开始拥有更美好的生活：由于他们对自己与公司或企业家建立起来的长期关系充满了信心，因此他们的社交和尊重需求得到了满足。戈尔曼指出，在组织中的地位越高，情商就越重要。因此，人们可以推断出这个道理或许适用于公司的最高层：投资人与首席执行官或企业家如何和睦相处。

肯·艾弗森（Ken Iverson）在《坦率的谈话》（*Plain Talk*）一书中叙述了他在 25 年以前如何帮助纽柯钢铁公司摆脱困境时，总结了关系同盟的重要性。他提到了他曾经不顾后果地对一群股票分析师讲的一番话："你们中的许多人以短视的眼光审视各个公司，你们让我想到了吸毒的人。你们想采用那种权宜之计，想获得那种利润大增带给你们的兴奋感，因此，你们逼我们提高负债，把启动成本与利息转化为股本，减缓折旧和冲销的速度。你们的所有想法都是目光短浅的。如果我们满足了你们的愿望，你们就不会考虑公司今后面对的痛苦和如何戒除毒瘾。"[1]

艾弗森还提到了他就同一主题对他的经理们讲的一番话："我们不是拴着狗链的狗，通过耍花招控制股价或最大限度地提高每一个季度的红利。我们是鹰，我们要飞。如果投资人也想飞，他们会对我们投资。投机客，我们不需要。"[2]现在你明白他的书名为什么这么贴切了吧？艾弗森认识到，找到志同道合的投资人有助于创建一个更健康的公司。

从交易到合作

当我问朋友和同事，有谁投资追求的是投资人需求金字塔式的一种生活时，许多人都笑起来，而且说底层的应该是令人满意的投资回报，中间

层是丰厚的回报，塔尖是惊人的回报。虽然我可以看清楚这个发展过程的逻辑，但它实际上不是一个受到马斯洛理论启发的需求金字塔。它再一次说明，投资人是只知道投资回报的机器人，脑子里只想着一件事。我们面对的是形形色色的投资人，这是我们在这里面临的一个挑战。你如何具备普遍性的、适合于各种各样的人和实体——在这些人和实体中，既有风险投资人，也有你的七大姑八大姨——的特点呢？让我们来看看超越了纯粹的交易关系的投资人具有哪些特点，而不是仔细分析马斯洛的理论如何适用于各种类型的投资人。

德鲁·班克斯（Drew Banks）是一位商业作家、企业家，也是我最信赖的顾问之一，他涉足过硅谷的许多科技企业。他相信，投资人要从交易同盟的层次上升到下一层次所需要的，是动机同盟。德鲁和我分享了他的观点，他说：

> 首先，企业家或公司必须确定他们的每一位投资人的社交或尊重需求。风险投资人希望找到"新事物"，因为他们靠的是抢在其他风险投资人前面发现某种颠覆创新产品或技术而获得的自尊或别人的尊重。有些风险投资人把钱投给"连环企业家"，因为他们知道这样做，将来才有资格与这些像磁铁一样善于吸住成功的企业家在生意上有往来。他们还可能把赌注下在某一个公司上，因为这样的公司使他们能够在某个特定的、他们非常了解或希望更多地了解的细分市场上开展合作。私募股权投资人和天使投资人（掌握大量资金的人，投资处于起步阶段的公司）的投资目的，通常是为了体验"创业激情"和有机会亲身参与创业型企业的具体组织工作。对于参与投资的家庭和朋友来说，他们显然存在社交的需求，而这种要素同样适用于某些特定的投资人，他们要么投资于具有吸引力的企业，要么在他们所投资的企业中与其他投资人建立起某种特定的关系。因此，当投资人超越了只关注投资回报的范畴时，他们的动机就呈现出多样化的特点。

Velocity Venture Capital 的总合伙人杰克·克劳福德（Jack Crawford，Jr）指出，许多富有的投资人在投资者需求金字塔的中间层找到了志同道合的同伴。他说："投资人拥有的财富越多，他们的社交圈似乎就变得越小和越精英化。他们显然希望能够积极参与项目、希望做贡献和拥有知情权。我认为，投资使他们能够从他们典型的社交圈子里走出来，迈入其他有利于开展合作的'社区'。"

只有在与投资人合作时才能让投资人真正地感到他们是企业的一分子，是投资人需求金字塔中间层的核心。盖洛普咨询公司负责全球业务的威廉·麦克伊文（William McEwen）通过多项研究发现，在促使企业超越金字塔杂乱无章的底层的因素中，信心是必不可少的，在这个底层中，投资人只想追逐看上去有利可图的交易。盖洛普发现，公司与顾客关系以及公司与投资人的关系，都很容易受公司所激发的信息的影响。有些人的信心是理性的（以绩效为基础），但许多人的信心都是情绪化的。

Discovery Land Company 的创始人兼首席执行官麦克·梅德曼（Mike Meldman）开发了以高尔夫运动和休闲活动为主题的住宅社区。他们在美国各地挑选具有田园风光的地方，并在外国挑选具有异国情调的风景名胜区，开发超高端的房地产项目。《福布斯》杂志曾在显著版面报道了梅德曼，并提到无论该公司开发什么项目，入选名人堂的橄榄球明星特里·布莱德肖和其他名人都会买。这篇文章指出：梅德曼吸引了一大群狂热的投资追随者，无论他在哪里盖房子，他们几乎都会购买，而且特里·布莱德肖是他最狂热的支持者。"我投资于麦克的项目，是因为他的历史记录是经过验证的。" [3]

梅德曼告诉我说，当机构或个人投资人最初把钱投在 Discovery Land Company 时，他们关注的很可能是交易的本身。但是，随着他们对他的项目越来越有信心，这些投资人就希望与他建立长期的关系。显然，他的老主顾的想法里有社交因素，因为参与这些高端开发项目（每个项目大约有 375 栋住宅）的个人投资人，他们投资的项目基本上是供家庭使用的，他们可以在他们投资的土地上构建一个梦想中的家园，并与一个有点乌托邦

式的休闲社区关联在一起。梅德曼和他的合伙人所具有的极大的个人魅力也起到了促进作用。他的许多投资者说他们不仅对梅德曼有信心，而且喜欢与他和他的高管们在一起消磨时光。

总之，沃伦·巴菲特道出了我们大多数人感觉到的某些东西，特别是我们在遇到了对我们提出质疑的投资人时所感觉到的东西："我们宁愿与我们极其喜欢和敬重的人合作，拿到一定的投资回报 X，也不愿意拿这样的关系去换令人生厌或令人感到不愉快的合作关系而拿到 X 的 110%。"[4]

与投资人建立情感联系

当把你的公司命名为"快乐生活"时，你显然认定在与雇员、顾客和投资人打交道的工作体验中，幸福快乐是一个必不可少的组成部分。虽然作为一个公司，我们的宗旨是"创造机会，庆祝生活的乐趣"，但是在经济萎靡不振时，要我们的投资人和所有人坚持这个宗旨实际上是非常困难的。我相信在这期间我们会非常努力地去创造信任。但是，坦率地说，经济的萎靡的确使人心灰意懒。有时候我会问自己："生活就是这样了吗？"

幸运的是，我们的前总裁杰克·肯尼极具幽默感，而且能够非常完美地把握工作优先级。杰克的积极态度经常起到缓和气氛的作用。在我们与所有人和投资人定期召开的会议上，即使当我们不得不详细地汇报令人感到烦恼的财务状况时，他也能让我们从一开始就和睦相处。无论经济状况多么令人感到绝望，杰克也能帮助我们与老板（所有人和投资人）保持愉快的合作关系。

2002 年夏季，当快乐生活酒店集团首次对所有者进行调查（在上一章提到过）时，我们还需要向我们的投资人（与我们在某个特定的酒店上保持合伙关系的人，而不是那些我们只拥有管理权的酒店的第三方所有人）宣布一些令人不快的消息。我们的投资人多年来一直按季度或按年收到现金分红，而在即将到来的生意冷清的冬季，这种状况不复存在了，我们的大多数酒店准备向投资人提出额外的资金要求（开出之前提到的支票）。对于大多数投资人来说，这并不是很意外，但这是他们想忽略的。我认为，在宣布这个消息时需要想方设法引起他们的重视。如果你没有先让你的投资人拥有信任和信心，不要尝试我现在要告诉你的方法。

　　我们向投资人寄出了 2002 年第 3 季度的报表，同时我们还寄出了我写的和往常一样的市场报告和每个酒店的详细数据。我们还给他们寄了一件T 恤衫，在 T 恤衫的正面印的是旧金山酒店市场 1980—2002 年收入增长趋势表，其中的实线表明在前 15 年中收入稳定增长，在 90 年代的最后 5年，收入大幅上升。从 1995—2002 年，我们还画出了一条虚线，预测如果1980—1995 年的趋势能够持续下去，收入会增长到什么位置。到 2002 年夏季，这条虚线——在 90 年代后期原本远低于实际收入线——比"9·11"事件之后下跌的市场高出 20%。在 T 恤衫的正面印有一行标题："2002 年的旧金山酒店。天要塌下来了。"丁恤衫的背面印了另一行标题："快乐生活酒店集团。回天有术！"下面还画了一个 50 年代风格的小个头卡通商人，在他的头旁边伸出来一个气泡状的框图里写着："我在旧金山买了一家酒店，而我得到的就是这件没什么用的 T 恤衫？！"

快乐生活酒店集团：回天有术

我们冒着极大的风险把这件 T 恤衫寄给了我们的 150 名投资人。他们对我们遇到的问题会表现出某种幽默感吗？这会让我们团结在一起，还是让我们分道扬镳？当我要求他们开支票以弥补流出的现金时，他们会对收到这件下恤衫表示反感吗？他们真的信任我们，并对快乐生活酒店集团的领导能力有信心吗？当把这些 T 恤衫寄出去时，我感到非常紧张。但是，由于我想用某些东西提升投资人和我们的士气，因此我觉得我们值得冒险。

在一天之内，我就接到了投资人打来的几十个电话，收到了他们的很多电子邮件，他们说"你给这条坏消息裹了一层糖衣，做得非常好"，或"这些天，我收到了许多资金要求备忘录，其中的大多数我都想不理会，因为它们读起来就像读葬礼通知书；但是当你在电话里要求我提供资金支持时，你让我感到放心。我会按照你的要求做的，因为我知道，尽管情况很糟糕，但在与你通话的过程中，我感到非常愉快和受到了尊重，而这有价值"。

我们的一个投资人非常受感动，以至于他把这件 T 恤衫寄给了《旧金山商业时代报》，报社把 T 恤衫印在了报纸上。最后，我们给我们的每一位总经理发了一件 T 恤衫，也帮助他们提升士气。

一年后，当市场越陷越深（但幸运的是，我们的市场份额在增加）时，在一周年纪念日之际，我给我们的每一位投资人赠送了一件礼物——埃克塞德林公司的双倍功效止疼片。这是因为我们需要在这个时候启动另一轮应对萎靡不振的经济的资金要求计划。在为期 3 年的经济危机中，我们不得不实施了 20 多次资金要求计划，但是我们没有遇到无法从现有投资人那里筹措到资金的阻碍。

几年以后，当旅游业明显呈现出全面复苏的迹象时，我们的一个投资人令人惊讶地回赠了我一件 T 恤衫，上面写着"快乐生活酒店集团……没有破产、不拖欠工资"，以此来祝贺我们毫发无损地度过了经济衰退。而与此同时，我们在旧金山的两个最大的竞争对手，不是破产，就是因找不到贷款人而苦苦挣扎。首席执行官（我）三年不领工资的事实有助于我们坚持到底，而且令人感到欣慰的是，当这位投资人以礼尚往来的方式对我表示感谢时，我又开始从快乐生活酒店集团身上获得了某些补偿。

这个故事的寓意是：我们的投资人投资的是关系，而不仅仅是某种特定的资产或对市场时机的把握。虽然 T 恤衫可能让他们笑起来，但它也再次证明，他们发自内心地认为快乐生活酒店集团是他们的合作伙伴。一位投资人在电话里所说的话替我做了总结，他说："你带给我更大的信心，因为你让我看到你的公司不但没有被打垮，而且仍旧富有创造力——即使是在宣布坏消息的方式上。"

巅峰处方

下面是关于如何与投资人在关系上结成同盟的一些建议：

（1）首先，你选择的投资人一定要有兴趣超越纯粹的交易同盟的范畴，然后，你就可以研究他们的更深层次的动机。有些投资人永远也不会选择更多地以关系为驱动力的投资模式，因为他们完全没有想过这个问题。他们关注的始终是交易本身。这也没错。交易是一种基本需求，而且可以给投资人带来现金回报，以满足他们在生活的其他方面的更高层次的需求。但是，有些投资人更有可能是以关系为导向的。虽然概括地说可能是危险的，但是，从对冲基金、风险投资、私募股权，到天使投资人，投资人都倾向于从长远的角度看待投资，这是一个自然的发展过程。由于天使投资人往往先于风险投资人或私募股权投资人，在初期阶段进行投资，因而通常情况下，他们的风险最大，回报也最大。但是，这些投资人本身曾经是企业家，通过再次参与创业，他们会在自尊心上获得某种满足感和发挥自己的智慧。虽然要投资人确切地说出他们有什么样的动机可能是不明智的，但是如果问一个诸如"曾经最让你感到满意的投资关系是什么？为什么？"这样的最主要的问题，你就有可能发现某些隐藏在他们内心的原因，了解到他们为什么有兴趣投资于你的企业。

（2）如果投资人存在社交或归属需求，那么要吸取伯克希尔·哈萨韦公司的年度股东大会的经验。当我们提到投资人需求金字塔时，沃伦·巴菲特的公司再一次成为极好的榜样。他们的股东大会是在内布拉斯加州奥马哈市召开的，每年的 5 月就像是一个家庭大团圆的季节，他们举办野餐、鸡尾酒会和体现典型巴菲特风格的活动，即所谓的"资本家的摇滚音乐节"。这项活动是在奎斯特会议中心举办的，差不多有 25 000 名股东与巴菲特和总裁查理·芒格聚在一起五六个小时，以开放论坛的形式提问和回答。要欢乐而深入地了解这个一年一度的朝圣活动，请访问彼得·韦布（Peter Webb）的网站（http://www.peterwebb.co.uk），其中充满了英国式的幽默，并以巧妙的方式观察到这个在满足投资人的归属需求上达到登峰造极的楷模所展现出的快乐和友善的因素。在这个周末，真正体现身份地位的问题是："你当伯克希尔的股东有多长时间了？"这个问题非常重要，因为公司选择不拆股，使得 A 类股票（允许你参加各项庆祝活动）的价格现在几乎达到了每股 10 万美元（B 类股票的价格便宜得多）。但是，许多感到自豪的长期股东是在一二十年前买的股票，他们当时只花了几千美元。有些评论家指出，这几乎是宗教里讲经说法的盛会，你可以看到股东们表示，他们对巴菲特及其公司充满了信心。

（3）考虑一下某些可能让关系变得更甜蜜的非金钱福利。我的一个投资人曾经对我说："我们中的大多数投资人非常有钱，钱多到我们用不完。我们真正寻找的是一点点贵宾待遇之类的东西、让我们的生活变得丰富多彩的机会。"Discovery Land Company 的麦克·梅德曼进一步证实了这种观点，他告诉我说，他的投资人都非常富有，他们拥有钱能买到的任何东西，他们追求的只是乐趣或在一个很酷的开发项目中发挥自己的作用。在快乐生活酒店集团，我们允许我们的投资人和所有人在我们的所有酒店享受"朋友与家庭"折扣。他们追求的实际上不是这种折扣，而是要感觉到他们是集体或家庭的一分子。另外，我们的雇员最近开始为我们的每一位投资人和所有人设计了"梦想制造者"服务项目（在第 9 章的"巅峰处方"部分予以概括介绍），当他们住在我们的酒店时就可以享受这种服务，以满足这些贵宾"没有被认识到的需求"。这还有助于投资人意识到我们独创的快乐生活服务项目正发挥着积极的作用。因此，为了加深与投资人的关系，你可以提供什么呢？是带最重要的投资人观看"超级杯"橄榄球赛，还是在对外保密的新产品上市前让他们有机会试用一下呢？

在《从优秀到卓越》一书中，柯林斯叙述了这些楷模公司的管理者如何不仅在他们的工作关系中建立了相互尊重的氛围，而且建立了持久的同志般的友谊。他指出，如果首先考虑你在公司中与什么样的人共事，那么伟大的公司与美好的生活之间的界限就"真的会被拉到最小……我们面谈的人来自'从优秀进阶到卓越'的公司，他们明显喜欢他们所做的事情，在很大程度上是因为他们喜欢与他们共事的人"。[5]这些观点也完全反映出与投资人建立深厚的合作关系的本质。

所以，继续向上，我们就登上了投资人需求金字塔的顶层。在这一层，投资人通过他们选择的投资项目，真正有机会体验到蜕变的力量。

推荐读物

Angel Investing: Matching Start-Up Funds with Start-Up Companies—The Guide for Entrepreneurs, Individual Investors, and Venture Capitalists by Mark Van Osnabrugge and Robert J. Robinson

"Feeling Your Way to Wealth: Emotional Intelligence in Investing" by Hugh Massie, www.raymondjames.com

Plain Talk by Ken Iverson

Working with Emotional Intelligence by Daniel Goleman

第12章 培养对所有权的自豪感

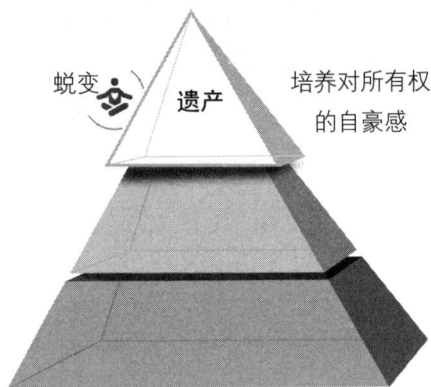

蜕变 遗产 培养对所有权
的自豪感

决不要怀疑一小群有思想、负责任的公民可以改变世界。事实上，唯一发生的只有这件事。

——玛格丽特·米德[1]

如果说这三个金字塔具有一条不变的主题，那就是"传统观念是错误的"。根据传统观念，人们认为：①金钱是雇员的主要激励因素；②当顾客感到满意时，他们会保持忠诚；③投资人只重视财务上的投资回报。正如我们所看到的那样，这些只是基本需求，忽略了人类更高层次的需求。在投资人需求金字塔的塔尖，人们所追求的最终是遗产，而不是流通性。

看看拉里·维特（Larry Wheat）和安·维特（Ann Wheat）夫妇，你可能会认为他们是电影《一个美国哥特式的传奇》中的老夫妻在旧金山湾区

---

① 经 Mead Trust 许可使用。

的一个健康版本。这对引人注目的夫妻已经结婚近 60 年了，似乎形影不离。尽管他们已经退休，但你可以从他们的眼中看到勤勤恳恳和坚持不懈的精神，正是这种精神使他们对自己的信念坚持不渝。

1993 年，我结识了维特夫妇，当时我们三个人在考虑投资一家新建的小饭店，而它即将成为我在旧金山开设的一家酒店的租户。玛格丽特·马龙（Margarett Malone）在加利福尼亚州马林县成功地创办了一家高档素食饭店，而且在当时打算以此为模板再开一家规模更大的、位于城市的饭店。我、维特夫妇和其他几个人为马龙提供了开千禧年饭店的启动资金。但不到一年，马龙就决定搬到欧洲去住，不再打理这桩生意。因此，我与维特夫妇接管了这个羽翼未丰的企业，负责经营与市场营销工作。就是在这个时候，我才了解了这对看起来有点保守的农村夫妇为什么会在这个接替别人经营的素食饭店上达成一致意见。

拉里曾经在大型国际审计与税收律师事务所毕马威工作了 30 年，其中最后的 20 年是作为合伙人。安曾经是理疗师，主要做社区志愿者工作。坦率地说，他们的那种成长——在 20 世纪五六十年代生孩子、七八十年代真正努力工作——的方式让我想起了我的父母，唯一不同的是，我的父母没有像维特夫妇那样在 30 年前选择吃素。

当谈到投资时，拉里对我说：“由于在毕马威时间紧、任务重，我没有时间频繁地交易，因此我主要通过共同基金购买股票和债券，而且严格遵守投资纪律。这些投资品种不会让人感到兴奋。在雷诺兹烟草公司实施杠杆收购计划时，我买了一些他们的有价证券，这让我们赚了很多钱，但安多次鼓动我投资一个烟草公司。我开始思考我们如何通过投资影响世界。”[1]

安说：“我们考虑投资千禧年饭店，是为素食运动做出自己的贡献，而不只是一项商业投资。这个饭店有助于打破素食饭店必须风格质朴、档次低和只提供豆芽菜的旧框框。在我们的顾客中，不是素食者的至少占一半，但是让他们感兴趣的是我们在一个真正优雅的就餐环境里提供的丰富诱人的菜肴。我们用不同寻常的产品吸引他们，然后帮助他们认识到吃有机素食的好处，这对他们和对地球都有好处。”千禧年饭店连续 5 年被评为美国人最喜爱的素食饭店。我与维特夫妇一样，都因在财务上和在情感上投资于千禧年饭店而深深地感到一种所有权的自豪感。虽然这种观念与我们中的许多人在成长过程中学到的，特别是我们在商学院学到的正常的投资模式格格不入，但我认为这才是未来的浪潮。

越来越多的投资人把钱投到他们热爱的领域。马斯洛或许认为，这些以遗产为己任的投资人发现，他们对金钱的需求已经到头了，因此他们希望通过投资来满足更高层次的需求，如智力上的满足感或是自我实现。向儿女提供资金，使其按照家族的传统成为企业家，他们认为这是一种遗产；或者，投资于一个新创办的企业，使其可能对社区产生积极的影响，这也是一种遗产；又或者，投资于一个上市公司，使其公布对社会负责、对整个世界产生重大影响的目标，这同样也是一种遗产。

马斯洛在晚年认为，需求层次理论应该增加到 7~8 层，顶层是超越层。遗产投资人通常是为了能够获得有意义的回报和超越自己的生命。他们寻求的是改变世界的心理回报——比他们的生命更恒久的回报。我称为"社会实现"，而不是"自我实现"。

遗产投资人的市场有多大

金字塔的特点是塔尖的空间始终比底层的空间小。在美国，对社会负责的投资项目估计占所有投资项目的 8%~10%（或相当于 2 万亿美元）。这是一个庞大的数字，但它仅代表着由投资公司的专业管理人员管理的资金，而不包括像维特夫妇这样的投资者。这 2 万亿美元可能也不包括奥米德亚网络公司，皮埃尔·奥米德亚与帕姆·奥米德亚花了 4 亿美元创办了这个基于使命的私人投资集团，投资于会改变世界的营利性（和某些非营利性）企业。

今天，"婴儿潮"一代出生的人控制着美国的财富，而且在这些中产阶级当中有许多人都想通过投资发挥自己的影响力。鲍勃·班福德就中年人发生的变化写过许多畅销书，包括《人生下半场》。他指出："我们的前半生是关于如何谋生，后半生又希望变成如何创造生活。"[2] 作家肯·布兰佳表达了同样的观点，他说："成功完全是关于索取的；意义完全是关于回馈的。"[3] 这些掌握财富的人追求的是一种通过投资在生活中创造意义的方式。SRI 研究发现，越来越多不到 40 岁的人很快将投资活动往遗产驱动的方向倾斜，因为这些精通电脑的年轻投资人在自己的投资哲学中加入了全新的理想主义以及对选择什么样的投资项目的意识。越来越多的个人投资人正沿着需求金字塔向上攀登，从交易同盟登到关系同盟，再登到社会使命同盟（遗产）。SRI 是在消费者市场上特别是在 X 世代和千禧年一代中非常成熟的一个现象的自然延伸，即消费者根据他们的世界观选择要购买的商品。对此，我们不应感到意外。

在美国，遗产投资由来已久。宗教投资人长期以来把道德与金钱结合在一起。在美国的殖民地，基督教教友派和卫理公会派的教徒常常拒绝向可能有利于奴隶贸易的活动提供资金，而且其他宗教教派也选择不购买与酒、烟草或赌博等存在任何关系的"有罪"的商品。实际上，第一个拒绝这种"有罪"的商品的基金，是成立于 1928 年的先锋基金，他们在 50 年代开始将"有罪"的投资项目拒之于门外，以满足信奉基督教的投资人的要求。再后来，洗心革面的天主教徒汤姆·莫纳根（Tom Monaghan）将达美乐比萨饼店从一间小作坊发展成为一家大公司，最后以 10 亿美元卖掉。卖掉达美乐比萨饼店后，莫纳根选择了许多遗产投资的项目，包括于 2001 年帮助创立万福玛丽亚共同基金，该基金的目标客户是那些希望自己的投资行为符合罗马天主教教会道德标准的投资人。

改变一个小小的字母就可以创造出一个不同的世界，就像多米尼社会责任投资基金偏左翼、万福玛丽亚基金偏右翼一样。2005 年，艾米·多米尼作为"世界上最有影响的人"之一成为《时代》杂志的封面人物，因为她的公司让社会大众认识到什么是道德投资。最重要的是，她还证明对社会负责的投资项目可以取得良好的财务收益。因为在 1990—2005 年该公司的多米尼 400 社会责任指数所带来的回报，比标准普尔 500 指数几乎高了

15%。同样，道琼斯可持续发展指数在 20 世纪 90 年代的业绩比标准普尔 500 指数高 15%。因此，用良心投资并不一定意味着你的钱包会瘪下去。

这种 SRI 发展趋势没有表现出任何放缓的迹象，因为高盛和美邦等主流投资银行现在都提供以遗产为己任的投资品种。根据纳尔逊信息公司的投资经理名录，我们发现，现在有超过 600 名的基金经理以某种形式提供屏蔽不利于社会发展的投资产品。2006 年，联合国与来自 16 个国家、管理的资产达 4.5 万亿美元的 70 多家机构投资人发起了"对社会负责的投资原则"运动，他们共同承诺要加强对有关环境、社会和公司治理的核心原则的重视，而这些原则确立了有利于可持续发展和对社会负责的投资项目的合法地位。多年以前蒂莫西·利里博士在我耳边低声说的话可能是完全正确的：对于我们曾经经历过的变革，企业界的作用最大。

目的推动利润

在说得太远之前，让我重申一下：绝大多数投资人不适合这种蜕变式的投资模式。但是，有一个难以争辩的事实：所有投资人都欣赏能产生健康利润的公司。大量研究表明，如果一个公司在平衡各个利益相关方的不同需求上具有持久的目标，那么他们源源不断地创造出利润的可能性就最大。柯林斯和波拉斯在《基业长青》中证明了这个观点是正确的。哈佛大学在最近发表的一份研究报告中称，"平衡各利益相关方"的公司的增长率，是只关注股东利益的公司的 4 倍。同时，一本非常好的新书——*Firms of Endearment：How World-Class Companies Profit from Passion and Purpose* 表明，这些以各利益相关方的利益为中心的公司，在投资上的业绩甚至更出色（10 年的投资回报高出 8 倍！）。这些作者指出，以各利益相关方为中心的公司采用的是一种成功的商业模式，而不仅仅是遵守道德规范。

接替创始人霍华德·舒尔茨担任星巴克首席执行官的奥林·史密斯（Olin Smith）说，拥有目标，虽然让自己的商业模式变得更复杂，但是这是他们成功的主要原因之一。他对《商业道德》杂志说："当你承担起有利于培养忠诚感的社会责任时，如促使环境和农民的生活发生改变，这种社会责任会让人们喜欢上这个公司。"由于星巴克认为成功离不开企业的社会责任，因此他们成为将社会责任制度化的领先者，如 2002 年发布了经过审计的、与星巴克的活动有关的社会发展报告。史密斯继续说："它是我们商业模式中的一个不可分割的组成部分，没有它，我们就无法运转。"

职业投资人乔治·麦考恩说，虽然大多数投资人不一定对投资项目能留下的遗产感兴趣，但他们都有兴趣寻找能够持久地创造巨额回报的公司。具有讽刺意味的是，许多这样的公司也拥有崇高的愿景和坚定的价值观。他解释说："最令我们感到骄傲的公司具有一种品质，当我们想到它们时，这种品质就会激励我们。我们认识到，这是因为它们改变了人们的生活。它们影响了它们所在的行业，它们吸引了最有才华的雇员，社区希望它们到本地区安家落户，供货商争着要获得它们的订单，顾客希望与它们做生意，它们的股东喜欢与它们持久合作。"麦考恩是一个达到自我实现境界的投资人，当他投资于私营公司时，他就获得了对所有权的自豪感。

但是，麦考恩不是普通的投资人。大多数僵化的机构投资人甚至分不清什么是遗产投资。然而，许多保守的投资人逐渐认识到，投资于一个具有远大目标的公司可以带来巨大的回报。因此遗产投资的观念正被远不只是社会事业网和"社会责任企业"等组织里的人所接受。

对社区的投资是有回报的

在第 4 章，我提到快乐生活酒店集团收购了歌舞伎温泉中心（现在改名为歌舞伎温泉水疗中心），而促使我们收购这家企业的部分原因，是我们希望向雇员提供独一无二的非金钱福利。但是，我们之所以在十年前收购了美国最大的日式公共澡堂和旧金山最大的水疗中心，其中是有更深层次原因的。

　　歌舞伎温泉中心于1971年开业时，成为旧金山日裔社区至高无上的荣耀。歌舞伎温泉中心采用了日本都市里传统澡堂的风格，是由几个按摩师创办的，他们想将指压按摩法和传统的公共澡堂引入美国式的生活方式中。由于旧金山人钟情于异国情调，而且民粹主义在这个城市已经根深蒂固，因此这家企业很快在这个城市成为非常受欢迎的城市服务机构——在很久以后，某些注意健康的企业家才在梦中闪现出尽情享受温泉的想法。

　　在开业15年后，歌舞伎温泉中心原来的所有者团队将它卖给了位于堪萨斯城的 AMC 电影院公司，因为这家庞大、多元的电影公司计划在隔壁建旧金山最大的电影院，并称为 AMC 歌舞伎电影院。因此，歌舞伎温泉中心这时准备接受一个远在堪萨斯城的公司的遥控管理，而他们对如何经营一个日本澡堂一无所知。正如麦考恩在第10章所说的那样，这是典型的"错误的所有人综合征"。

　　我恰好是歌舞伎温泉中心的常客，而且我最喜欢利用这种方式在工作了一天后除去所有的烦恼。虽然环境有点简朴，但我喜欢在这里待上一两个小时的感觉，就好像我到大阪度过了一个短暂的假期。但是，我和其他人开始明显地意识到，AMC 公司在对这个行业的重视程度上缺乏企业家的精神，而且当一个全新的、充满活力的水疗品牌在20世纪90年代开业时，这种感觉尤其强烈。我开始注意到这里的顾客越来越少，而且在日裔社区，甚至有人说这个有着近25年历史的社区服务机构可能要关门了。我用了将近5年的时间试图让 AMC 公司在本地的代表相信，在旧金山拥有一个大型的公共澡堂和水疗中心对于他们来说不太合适，而且我询问了如何把这种信息传达给远在堪萨斯城的决策者。

　　就在歌舞伎温泉中心看上去奄奄一息时，AMC 公司中与我关系最密切的人给我打电话，他告诉我，由于电影院的业务在当时遇到了困难，因此公司决定放弃非战略性的资产。在经历了短暂的谈判后，AMC 公司把歌舞伎温泉中心卖给了快乐生活酒店集团，并答应以大减价的方式向我们提供20年的租赁优惠（因为他们仍旧是房产的所有人）。

　　因此，现在的问题是筹措收购这个企业所需的几十万美元，并在装饰风格和服务上实现转型。在考虑这个项目的投资人时，我要确保我们能在交易上结成同盟。例如，我希望他们知道这项投资可能持续 20 年，因为我们对这个企业短期的扭转没有兴趣。我要确保我们能在关系上结成同盟，这有许多方法，例如我们最大的两个投资人负责这个项目的室内设计和工程承包，他们选择主要以所有权权益补偿他们所做的贡献。

最后，我还希望我的投资人认识到我们既是投资歌舞伎温泉中心，也是在投资社区的资产。虽然我们打算实施多项改造计划，给顾客带来更好的体验并扩大服务的范围，但在核心上，歌舞伎温泉水疗中心（为了说明现场没有含有矿物质的温泉，我们更换了名字）需要继续作为美国最大的日式公共澡堂传承下去，而且需要在价格上让人们承受得起传统日式澡堂的服务。我们不打算成为某种高档的、极具诱惑力和享受型的水疗中心，我们准备把这个本地性的、被人们遗忘的瑰宝重新打造成一个宁静的休息场所，使人们远离我们这个疯狂的、过度追求商品化的世界。

如果你认为越稀缺越有价值，那么你需要知道在 20 世纪 90 年代，在旧金山的网络时代，宁静就是一种稀缺。尽管大多数水疗中心都在兜售各种产品（如各种洁面乳等诸如此类的产品），但我们装进去的是宁静和正宗的日式澡堂体验（或者至少在美国能获得的正宗的日式澡堂体验）。这听起来有点不长久，因此我们就更加需要找到合适的投资人。

当我考虑这个项目的投资人时，由于美国人的特点和注重整体健康的趋势，许多投资人因此迷上了水疗行业。投资人喜欢在这种开创先河的投资项目上投入大量的资金，来证明它是一个随后可以在全国推广的原型。许多这样的投资人想改变我们的营销策略，关注高消费层次的顾客（这是大多数短疗程水疗中心采取的典型做法）。事实上，他们希望花很多钱重新装修，这几乎迫使我们以高端顾客为销售目标，意味着我们不得不放弃歌舞伎温泉中心创立之初所坚持的平民化原则。许多有希望向我们投资的人更注重短期回报，不太重视长期投资。他们对如何把投资收回来更感兴趣，而对如何投资于可以传承下去的遗产不太感兴趣。

幸运的是，我的许多朋友和合伙人十分欣赏我在这个陷入困境的小企

业上有悖于传统的观点。最后，我选择了这些人作为我的投资人。现在，歌舞伎温泉水疗中心每年吸引的顾客超过 7 万人，比旧金山的任何其他短疗程水疗中心的顾客多得多。同样是 1 万平方英尺的经营面积，我们实现的收入是当时 AMC 公司的 4 倍，而用在重新装修上的前期费用不足 50 万美元。通过回报社区，我们的投资人也获得了回报，他们还获得了相当大的对所有权的自豪感。他们唯一与我争论的问题是：为什么我们没有走出去，复制这种成功的商业模式。在我看来，遗产是无法复制的。

巅峰处方

下面是关于如何寻找和满足在传承遗产上有需求或愿望的投资人的一些建议：

（1）要认识到遗产投资人分两类：按层次循序渐进的投资人和乐善好施的投资人。有些投资人被潜在的投资项目留下的遗产所打动，但他们仍需要首先满足自己的交易和关系需求。换句话说，他们把遗产投资所获得的利益视为锦上添花。我称这些人为按层次循序渐进的投资人，这是因为他们是沿着投资人需求金字塔一步步地向上登到塔尖上的自我实现这一层的。但他们仍旧关心下面的两层。另一些遗产投资人永远都不会看你的年度财务报表，而且他们不会把你给他们的分红支票兑换成现金（这是因为他们把这种投资视为纯粹的慈善行为，或因为其他关系上的原因，比如他们是你的父母）。我称这些投资人为乐善好施的投资人。你可以把乐善好施的投资人当作按层次循序渐进的投资人，这没有错，但决不要错误地反过来。我发现，有些企业家想当然地认为他们对投资人的认识是正确的，他们错误地认为这些投资人纯粹是对公司改变世界的使命感兴趣。这种企业家忽略了定期寄送财务报表，而且没有与投资人保持密切的联系或努力建立关系。当投资人开始组织起来，把这样的企业家从组织中抛出去时，这样的企业家不应该感到惊讶。如果你有疑问，就假设所有遗产投资人仍需要一般的投资人所需要的那种关注。

（2）举办一次会议，把投资人召集在一起，发挥想象力，讨论公司会对世界产生什么样的影响。美国思想家梭罗说过："自己砍柴，能让你暖和两次。"[4] 这句话可以用于你的遗产投资人，他们不仅对自己的投资对世界产生的影响感觉良好，也享受"砍柴"或创建商业计划书的过程。柯林斯和波拉斯论述了"基业长青"公司创造的"宏伟、艰难、大胆的目标"，而这种目标让这些公司有使命感。通常，当谈到公司的最高抱负时，经营公司的人会将高层领导团队与投资人隔离开。因此，当高层领导者们与产品开发和市场营销部门在会议上讨论新产品如何让世界发生革命性的变化时，我们甚至没有想到投资人应该参加会议（有时候，对于他们为什么不应该参加，是有非常好的理由的）。但是，许多视自己为遗产投资人的天使投资人，在听到这种产品可能会产生什么样的影响的激情陈述时，会在心理上得到很大的激励。有时，投资人可能会提出富有见地、有助于产品发布的想法。公开的活动也是如此，无论是在新闻发布会上，还是在展览会上，在这些你让全世界了解到你的公司为什么如此特别和与众不同的会上，都可以让你的投资人参与。澳大利亚的几个教授在他们的文章 *Why Do We Invest Ethically* 中说，对于许多投资人来说，"参与的乐趣"是许多投资人非常重要的一种需求。不要忘了邀请你的投资人参与这种活动。这不仅让他们的自尊心得到满足，也将触及他们在更高层次上的对所有权的自豪感。

（3）考虑"领导者的遗产"。正如在本篇开头提到的那样，你可以运用我概括介绍的有关投资者需求金字塔的大多数原则来处理雇员与老板的关系。这时就变成：底层是拥有清晰的目标，中间层是密切的、充满人性的合作。在顶层你会感觉到，老板的遗产就是使雇员变得更聪明、更有效率，或者在许多情况下，老板的遗产是未来的接班人，这些接班人会把他们学到的这种知识传给其他人。这个原则同样也适用于投资人与企业家之间的关系。杰伊·亨特（Jay Hunt）担任快乐生活酒店集团顾问委员会的顾问已经十年了，一直与我同甘共苦。通过我们已有的谈话我明显发现，投资于这个公司给他带来的最大好处是看到我作为领导者逐渐成长起来，并且感到他在其中发挥了一些影响。在我们的顾问委员会中担任顾问时间和杰伊一样长的另一位就是我的父亲。我父亲因在这个公司投入的时间而体验到的心理收益，可以说是杰伊的三倍。詹姆斯·库泽斯和巴里·波斯纳所写的《留下你的印记》一书论述了领导者为什么希望自己能够被人们记住。他们的著作还谈到了许多投资人是如何看待自己的。

（4）问你的投资人你的公司应如何为这个世界服务。正如我在第10章提到的那样，伯克希尔·哈萨韦公司做到了这一点，他们让投资人选择公司应对什么样的慈善事业感兴趣。大多数传统型投资人对此不会在意，但对于遗产投资人来说，这可能意味着很多东西。快乐生活酒店集团的每一个酒店每个月都要按每间客房 200 美元的标准向社区的各种福利事业捐款，而这些都是由酒店的管理层和一线雇员选择的。对于一个有 150 间客房的酒店来说，这意味着我们每年要捐 3 万美元：如向当地的非营利组织提供免费的礼券、提供免费的客房或在慈善活动中提供食品，或允许我们的雇员作为一个整体把在公司工作的时间捐赠给特定的慈善团体。在选择作为捐赠对象的非营利组织时，我们的大多数酒店都邀请雇员参与讨论。但是，如果酒店的所有者或投资人表现得比较积极，酒店也会征求他们的意见，如哪些慈善组织或事业对他们的意义最大——这为这些所有者在投资上和在培养对所有权的自豪感上又增添了一种方式。

在提出这个投资人需求金字塔的过程中，我对潜在投资人的看法完全改变了。我知道，如果我们要为某个项目寻找长期投资人，就需要寻找遗产投资人。事实上，我们的高管们现在试图根据投资人需求金字塔三个层次中的哪一层最能恰当地体现我们的投资人或所有人的特点，来对他们进行分类。但是，我逐渐意识到，有一些投资人是无法简单地归入某一类的。有些投资人在某一个酒店上明显重视交易，却把另一个投资项目视为遗产型项目。这里的关键是要确保你和投资人的关系一开始就是和谐一致的。

因为如果你一开始就无法做到，它就可能给你和企业雇员带来灾难。

投资人对所有权的自豪感、顾客宣传口碑的热情、雇员的动力，这些都是在金字塔的蜕变层创造的。曾经攀登到任意一个需求金字塔塔尖的公司很少，能够同时攀登到所有这三个金字塔塔尖的更是罕见。我将在下一章举例说明，在这些罕见的公司中，它们的关系真理的中心是什么。

推荐读物

A Leader's Legacy by James M. Kouzes and Barry Z. Posner

Built to Last by Jim Collins and Jerry Porras

Firms of Endearment: How World-Class Companies Profit from Passion and Purpose by David Wolfe, Rajendra Sisodia, and Jagdish Sheth

From Success to Significance by Lloyd Reeb

Halftime by Bob Buford

Purpose by Nikos Mourkogiannis

Socially Responsible Investing by Amy Domini

"*Why DoWeInvest Ethically?*" by Diana Beal, Michelle Goyen, and Peter Phillips, University of Southern Queensland (2005)

"2005 Report on Socially Responsible Investing Trends in the United States: 10 Year Review," Social Investment Forum Industry Research Program (2006)

第 5 篇

将真理付诸实践

第13章　快乐生活心

商业很简单。管理层的职责是照顾雇员；雇员的职责是照顾顾客；愉快的顾客会照顾股东。这是一个良性循环。

——约翰·麦基，
全食超市创始人兼首席执行官[1]

我们已经登上了三个令人印象深刻的巅峰，我希望你没有筋疲力尽。在本书的前三章，我们看到了如何运用马斯洛的需求层次理论创造出一种经营模式，这种经营模式能够营造出使雇员、顾客和投资人获得更大的满足感并达到自我实现的环境。我们看到这三类人所获得的巅峰体验如何给公司带来了巅峰绩效。当我在几年前攀登到第三个金字塔（投资人需求金字塔）的塔尖时，我就像任何优秀的登山者一样感到有点兴奋，但是，随着这种兴奋感开始逐渐减弱，我必须弄清楚这三条关系真理是如何相互配合的，以及这三个不同的金字塔组合在一起会形成一个什么样的、既具有凝聚力又持久的系统。

当我从哲学的角度出发思考企业问题时，我经常问自己："赫伯会怎样做呢？"在我的办公室里，西南航空公司的创始人赫伯·凯勒赫的照片挂在桌子后面的墙上。我崇拜他，因为他在看到人们的潜能并使之转化为现实上是一个楷模。他在航空公司创办初期的秘书赫克（Heck）、柯林·巴雷特（Collen Barrett），三十年后成为该公司的总裁。在经济衰退时，赫伯成了我的企业家保护神。越是在困难时期，越是显得"高处不胜寒"。我的管理团队、我的朋友和家人都很支持我。然而在"9·11"事件后的几年里，当我为一个月如何支付 2 次工资而焦虑不安时，我所能做的有时只是试着引入一点赫伯的思想（当我的朋友们听到我所说的赫伯主义时，有些人可能以为我吸了点药草了（herb，药草。——译者注）。我经常会分享一点赫伯主义思想，如"服务的核心是精神上的，而不是机械化"，或"不要考虑利润，要考虑顾客服务；利润是顾客服务的副产品……利润本身不是最终目的"，或"顾客始终是次要的；我们的雇员才是最重要的"，或"在经济繁荣期或萧条期，盈利和保持稳定的关键是雇员的士气"[2]。我的管理团队逐渐习惯了听我发表这番言论，而且因为西南航空公司的企业文化与快乐生活酒店集团的企业文化如此相似，所以这些赫伯主义的思想，实际上让我们的经理和雇员感到非常真实和贴切。

我们的文化与西南航空公司的文化如此一致并不是巧合。在快乐生活酒店集团戏剧性地在"9·11"事件后经历了生死考验的五年前，我们的35名高管和经理曾经花三天时间，在一个幽静的场所闭门研究西南航空公司的文化。我们想了解西南航空公司如何在给雇员带来满足感、维持顾客的忠诚感和在业内保持稳定的盈利能力等方面始终如一地设定最高的标准。最近，《金钱》杂志发布了一份研究报告，指出在1972—2002年，如果按投资回报率计算，美国的任何一家上市公司带给投资人的回报都没有西南航空公司多。沃尔玛、通用电气、英特尔，它们都落后于西南航空公司。

我们用了三天时间研究《我为伊狂：美国西南航空为什么能成功》和其他任何能帮助我们理解西南航空公司成功原因的资料。（后来乔迪·霍弗·吉特尔的《西南航空公司模式》对这家受关系驱动的公司进行了深入剖析；一看这本书的副标题——"借助'关系'的力量实现优异绩效"，你就可以预先知道将从中学到什么）。虽然书中说明了许多问题，包括实施飞机点对点飞行的基本策略，从而有助于最大限度地利用飞机这种昂贵的资产（换句话说，他们的飞机在空中飞行的时间比竞争对手多得多），但我们得到的最重要的信息是：文化是促使西南航空公司这个组织的黏合剂。值得注意的是，对于一个在所有航空公司联盟覆盖率位居前列的公司（这是有关西南航空公司不为大多数人所知的情况）来说，这种信息反映了他们的实际情况。而且，随着西南航空公司的发展壮大，他们的文化强似乎变

得越来越强，这一点不同寻常，因为大多数公司会随着发展而丧失自己的文化。西南航空公司所具有的组织弹性使之成为"9·11"事件后唯一保持稳定的盈利能力的大型航空公司，而这种弹性显然与该公司借助独特的文化黏合剂所建立起来的关系有很大的关系。

快乐生活心的形成

20世纪90年代中期，我们开始研究有关企业文化的概念，以及如何利用快乐生活酒店集团的文化使我们达到巅峰状态。有些研究表明，组织的文化，特别是人们看待工作环境的方式，对企业绩效的贡献率几乎达到30%。在研究积极和消极的企业文化的过程中，我们逐渐认识到，文化就是"对组织中的人们应该有什么样的行为举止——特别是在相互的关系中——的标准和价值观念的定义"，或者换句话说，"文化就是人们在这里做事的方式"。我也喜欢文化的这一定义："它是当老板不在的时候发生的事情。"

在管理层参加这次静修活动后不久，我们提出了著名的"快乐生活心"，有关说明如图13-1所示。它让我想起了我在商学院学到的"服务利润链"理论。该理论认为企业文化、雇员的士气、顾客的满意度与盈利能力之间，存在着一种互补的关系。这种模式认为，盈利能力是衡量巅峰绩效的一种滞后的指标，而不是领先的指标。也就是说，大多数衡量财务绩效的标准指标，如按年编制的利润表，测量的是过去发生的行为所造成的结果。这些被称为滞后指标。滞后指标也许能预测未来的绩效，但真正对公司的发展方向影响最大的是领先指标。领先指标度量的是公司输入的东西，即投资，而滞后指标度量的是结果。例如，雇员是否根据公司对文化的投资不断地提高士气，这就是一个领先指标，而且它尤其适用于以顾客关系与雇员关系为主要产品的服务行业。总之，可持续获得的长期利润，是其他三种领先指标共同作用的结果，这三种领先指标是：①企业文化；②雇员满意度；③顾客忠诚度。

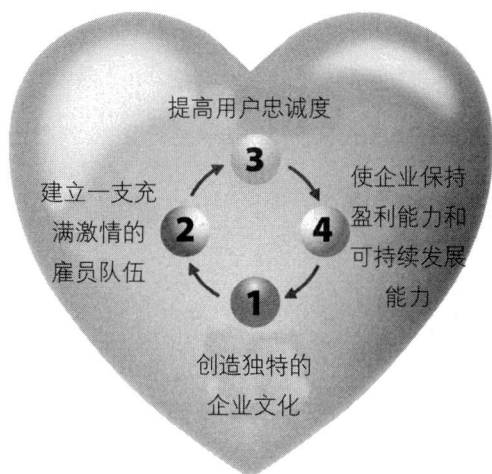

图 13-1　快乐生活心

服务利润链理论让我认识了"能力循环"。在《服务利润链》中，詹姆斯·赫斯克特、厄尔·萨塞和施莱辛格·伦纳德指出："感到满意的雇员是忠诚和多产的雇员，这就是支撑着能力循环的基本原理。至少那些最优秀的一线雇员会感到满意，因为他们愿意并且有能力把成果交付给顾客。为了向顾客交付成果，他们必须有能力与顾客建立良好的关系并解决他们的问题，在执行这些任务的过程中有运用自己判断能力的范围（在定义好的限制内），必须得到执行这些任务所需的培训和技术支持，必须因执行这些任务而获得认可和奖励。"在本质上，成功的公司创造的是一种能力文化，处于这种文化中的雇员做好了获得自主权的准备。这些雇员感受到他们与公司的文化形成了深刻的共鸣，而且他们还意识到他们有能力影响这种文化。

考虑到我们在 20 世纪 90 年代中期所取得的成绩，设计快乐生活心对于我们的组织来说是一个巨大的突破。它还创造了一个简单的符号，这种符号跨越了所有语言和文化障碍，并与我们所有不同类型的酒店、饭店、酒吧和温泉水疗中心都相关。在创造这颗心之前，当我试图向雇员和外人描述我们独特的经营方式时，我经常会说得磕磕巴巴。在创造出这张心形

图后，我们拥有了一个通用的可见的图标（心和金字塔——在这里我们有了一个图标式的主题）。我们都有一颗心，对吗？但是，这个图标还象征着快乐生活酒店集团向顾客提供发自内心的服务。这与雇员提供的人力服务或靠脑力完成的服务截然不同。当顾客感觉到我们的雇员提供的是发自内心的服务时，他们会感激我们所建立的情感联系。

在入职培训中，每一个新雇员都会学习这颗心的内涵。许多人会随身带着一张印有这张心形图的塑膜卡片。他们用快乐生活心，互相讨论我们是否说到做到。我们的前提很简单：独特的企业文化让雇员心情愉快，从而使顾客更忠诚，反过来使企业获得利润并实现可持续发展。

我永远也忘不了一次特殊的新雇员入职培训。当时我在介绍快乐生活心的概念，并问他们："血液通过什么输送到心脏？"有一位 60 岁的客房服务员举手，她是最近从越南移民到美国的。她眼含着热泪对我们说，血液是靠动脉输送的。她之所以知道，是因为她的丈夫 6 个月前做了一次心脏手术，但现在已经完全康复了。

她的故事打动了屋里的所有人，并促使人们对快乐生活心在我们的每一个企业里如何发挥作用展开更深入的讨论。我对她和在场的所有人说，在快乐生活心中，最重要的动脉是连接第一个点（企业文化）和第二个点（雇员）的纽带。我们的高层领导者的职责是创造独特的企业文化，并使之传播到我们的所有企业中。我们选出我们的"文化大使"（每一个企业挑选一名一线雇员，任职 6 个月，在这 6 个月内他们多拿一些工资），在他们工作的企业中带头发扬和推广我们的文化。第一个点是血液的始发站，但如果我们的动脉阻塞了，我们的雇员就不会在第二个点体验到积极的文化，那么我们就无法把血液输送到第三个点和第四个点，我们也就无法培养顾客的忠诚或获得可持续的利润。

现在，我知道你们当中的有些人可能认为这个心形的图标有点太像贺曼的贺卡了。我能理解这种想法。当我在 MBA 学员面前画出这个心形图标时，或当我面对世界各地的首席执行官发表演讲时，我开始都会听到几声傻笑。但是，我仍需要找到一个图标，它既要更好地反映出这种与服务利润链有关的良性循环，又要符合各种文化的特点。如果你认为这样做有点太做作了，那么不要忘了西南航空公司的股票代码是"LUV"（love，爱。——译者注）。

创造企业文化

许多管理者很难处理好企业文化的问题，这就像在金字塔的上面两层一样，人们有向无形发展的趋势。要搞清楚这个问题似乎有点无从下手或很困难。如果想要深入地了解这个问题，我推荐《企业文化与经营业绩》，这本书从学术角度研究了浓厚的文化氛围与巅峰绩效之间为什么是有关联的。但是，你们中的大多数人可能希望以更轻松的方式让这个问题变得更加有形化。在快乐生活酒店集团，我们决定在第二个点、第三个点和第四个点，利用衡量竞争基准点的标准确定我们在第一个点（无形的文化）所做的工作是否对组织的其余部分产生了影响。在第二个点，我们利用每年实施 2 次的工作环境调查所获得的详细数据，分析在与雇员的满意度有关的各种问题上我们的发展趋势。同样，我们可以以行业的平均值为参照，对比各项得分。在第三个点，我们每个月汇总的顾客满意度数据有助于我们确定血液是否被输送到这个居于中心位置的部分，而这些数据是以服务业的平均水平为基准点的。2010 年，我作为 CEO 的最后一年，我们因在美国高等酒店中获得顾客最高的满意度而自豪。最后，在第四个点（如第 10 章所述），我们选择了用市场份额作为我们对可持续利润的主要定义，因为在这一度量指标上我们的表现胜过竞争对手。但我们不能做一个很好的比较，因为我们的竞争对手主要是非上市公司。

你会注意到在谷歌、全食超市、星巴克等人们欣赏的企业文化中，大都带有创始人所具有的、被植入到公司 DNA 里的特征。保持优秀的文化体系比纠正不良文化氛围容易得多。在不毛之地上种出文化硕果不是不可能，但如果高层领导者们能够有所改变，效果就更好了。要改变文化，领导者

就必须改变定义人们要成为组织的一部分意味着什么的规则。这几乎就像是定义属不属于一个俱乐部的规则在一夜之间发生了变化一样。

成功地改变企业文化的领导者，是通过对组织行为有形的改变实现的：他们真正改变了习惯。肯·艾弗森和纽柯钢铁公司的管理团队接管了当时美国处境最糟的公司之一（Nuclear Corporation of America），将其转变成为蒸蒸日上的、带有积极文化的钢铁公司。艾弗森靠的是建立扁平的组织结构，而且高管们积极主动地与一线工人建立关系。后来，他坚持始终如一地遵循他在纽柯钢铁公司养成的新习惯。类似地，当戈登·贝休恩于1994年担任美国大陆航空公司的首席执行官时，他接手的是一个真正糟糕的公司。让我们看看贝休恩为了扭转他们的企业文化而采取的一些有形的措施吧。

在贝休恩接管公司前，实际上无论你用什么标准衡量，大陆航空都是美国最差的航空公司：航班正点率最低、行李处理错误报告率最高、顾客投诉最多、顾客满意度最低、利润最少，问题之严重，以至于根据《美国破产法》第11章的规定，该公司在过去的10年中2次进入破产保护程序。他们在10年中换了10名领导人，公司饱经风雨。虽然没有立见分晓的检验办法可以让我们度量那时候大陆航空及其竞争对手的文化，但我认为，所有其他的度量标准都是滞后指标，其领先指标很简单：大陆航空的文化是一种腐蚀的文化，这种文化可以追溯到1983年。当时弗兰克·洛伦佐以便宜的价格收购了这家航空公司，然后沿用类似的方式来经营，对其雇员表现出明显的轻视。如果用第10章的一个词来形容的话，大陆航空公司被"错误的所有人综合征"折磨了很长时间，而且在这种综合征的作用下，使得组织完全无法正常运作。

贝休恩在他的著作《从最差到第一》中指出，如果大陆航空不着手解决组织内部的你争我夺的问题，是无法击败外部的竞争对手的。当洛伦佐多年的影响逐渐消除后，在大陆航空人们彼此之间已经没有了信任。贝休恩决定"将改变人们对待彼此的方式作为企业的目标：找到对合作程度进行度量，以及对合作而不是内斗进行奖励的方法，并对相互信任和自信的雇员予以鼓励和奖励。这是真正解决我们的问题的唯一的长期的办法。"事实上，在大陆航空实现转变之后，贝休恩说："我们不只是改变了困扰大陆航空的症状。我们也改变了大陆航空。我们彻头彻尾地改变了自己的企业文化。"[3]

戈登·贝休恩如何改变企业文化？这对于你和你的组织又意味着什么？他从倾听开始。他所听到的是一群没有士气、对自己没信心的雇员。在新的领导者到任后，这是他可以做的最简单的但也最容易被忽视的事情。他写道："这些人需要认识到他们是可以发挥重要作用的，然后我们才能期望他们想要发挥重要作用。"他的最有名的解决办法之一是面向整个公司设定所有人都可以接受的目标。根据顾客满意度调查的结果，大陆航空发现让顾客感到满意最重要的决定因素是航班的正点率（飞机在预定时间的 15 分钟内到达登机口）。这种正点率标准似乎对顾客最重要，但遗憾的是，大陆航空在前十名航空公司中位居末位。贝休恩和他的团队还发现，由于航班无法正点到达，公司每个月要损失 500 万美元（如果晚点，公司就需要为顾客安排酒店过夜、供应膳食，有时还要向顾客提供今后乘坐飞机旅行的免费机票）。

贝休恩把他的高管们召集在一起，并提出了一些与大陆航空四分五裂和令人绝望的文化相反的大胆建议。他发誓说，如果大陆航空每个月能在正点率上跻身全国 5 大航空公司之列（由美国交通部度量），他们就向他们的 4 万名非经理雇员中的每一人发 65 美元奖金（如果你算一下，就会意识到如果实现了目标，他们每个月就要发 250 万美元奖金）。对于一个已经十年没有盈利的公司来说，这是一笔很大的支出。但是，贝休恩把它看作一种投资：如果他们完成了目标，他们肯定会减少每个月与晚点相关的那 500 万美元的成本；他们还可以提高顾客的满意度。然而，最重要的是，这种集体目标可能有助于他们扭转企业的文化，这样，一个四分五裂的公司就会因共同的目标而团结一致。

值得注意的是，大陆航空在 3 个月内由正点率的最后一名跃居第一名。随后，贝休恩加大了力度，开始每个月因为公司正点率位居第一而向每一名雇员支付 100 美元。当然，大陆航空的管理团队帮助公司在今后几年里始终在正点率上摘得桂冠。贝休恩和他的管理团队没有就此止步。为了提高雇员的满意度，他们在文化投资上采取了其他措施，包括改善餐厅和以更好的方式向经理提供反馈信息。他们改变了召开雇员会议的方式，包括在会议结束时，每一名雇员要谈谈他们最欣赏公司在哪些方面的改进。

在了解顾客方面，贝休恩甚至拿出了来自我们最喜欢的心理学家的一点智慧。他在书中建议：

> 在经营企业时，要牢记马斯洛的需求层次理论。对于我们大陆航空的人来说，这意味着我们不必如此关注我们提供的食品种类而无法让我们的飞机准点。如果我们将一个微不足道的因素做好却忽视了基础，我们就不会走得太远。看一看我们的常旅客积分项目，它年复一年地被评为业内最佳——然而同时我们一直有行李丢失、航班延误或取消、顾客流失这些问题。提供最好的常旅客积分项目是非常了不起的。但是，我们必须处理好基础问题——干净、安全和可靠的航班，将人们带到想去的地方（航空公司的食品、衣服和住所需求），只有这样，我们才能实现我们的目标。[4]

大陆航空通过改变企业文化，从亏损变为业内最好的公司之一。每一项与雇员、顾客、绩效和财务有关的度量指标都出现大幅增长，增长至业内最高水平。虽然大陆航空在过去十年中成为获得荣誉最多的航空公司之一，但我认为最不同寻常的荣誉是《财富》杂志于 2006 年把它评为美国最受欢迎的航空公司。它们击败了同在得克萨斯州的竞争对手西南航空公司（位居第二），而后者前几年一直稳居第一。

什么样的文化适合你的公司

盖洛普咨询公司在对销售与服务组织的"控制你的人性偏差"（Manage Your Human Sigma）研究中发现，与企业形成高度热情关系的雇员和顾客，可使企业的财务业绩平均提升 3.4 倍。例如，他们发现，在一个奢侈品零售连锁店中，如果某些分店在雇员和顾客的满意度上都获得相当高的分数，那么按每平方英尺的零售面积计算他们所实现的利润，比其余的分店高 21 美元，这相当于为整个连锁店带来了 3 200 万美元的额外利润。这种关系确实有效。我不敢保证，但许多受欢迎的公司都明确地创造了自己的快乐生活心。约翰·麦基在本章开头所说的话传达出了全食超市的承诺。由于西南航空公司是快乐生活酒店集团学习的榜样，因此我们知道他们信奉的是服务利润链。丹尼·梅耶在他的著作《布置好餐桌》中提到了他自己的服务利润链理论。

因此，为了确保你的企业文化有助于提升利润，你和你的公司需要做什么？首先，要知道文化的效果是很简单的，可以归结为《激情员工》论述的几个基本要点：

（1）员工及其士气对企业的成功发挥着至关重要的作用，包括顾客的满意度。

（2）雇员的士气取决于组织的领导方式以及领导力如何转化为日常的管理实践。

（3）成功培育出成功（反馈回路）。个人和组织的表现越好，雇员的士气就越高，这反过来又有助于提高和保持绩效。"[5]

没有哪一种文化是完美的。适用于旧金山湾区生物技术公司的，可能完全不适用于其他地区的设备制造公司。公司的历史、地理位置、雇员和顾客的特点，以及行业的性质，都将影响你的文化选择。任何密切关注雇员需求金字塔的公司（在第 4、5 和 6 章中讨论过），都可能会成功地创造

出一种独特的文化。这种文化有助于提升雇员的绩效和顾客的满意度。但是，提防士气或文化就意味着人们会和睦相处的神话。彼得·德鲁克曾经说过，文化是关于绩效，而非关于一致性的。

我借赫伯主义的一个观点再提出一个忠告。赫伯·凯勒赫说："我们这个时代的悲剧是我们在倒退……我们学会了热爱技术和利用人。"[6] 文化与技术不同。文化是由价值观和意义组成的一个框架。它不是由特定的、为效率和结果而特殊调整的程序组成的系统。文化是真实的，而且通常是非线性的。它不能简单地用一个框或一个公式来表示。它无法保证你按部就班地执行之后就能自动地得出一定的结果。然而，当你逐渐进行种植、修剪和收获时，它就发展成为一种稠密的、拥有强大繁殖力的系统，这种系统的产生超出了任何一个领导者所能想象的。

我发现，快乐生活酒店集团能在美国酒店业历史上最严重的经济危机中幸免于难的核心原因是文化。当投资银行家和金融家研究了我们在 2001—2004 年取得的辉煌成就后，问我们为什么能做到这么好时，我总是指指快乐生活心。

把所有要素汇在一起

快乐生活心是在 1996 年提出来的。雇员需求金字塔、顾客需求金字塔和投资人需求金字塔是当我的公司饱受 "9·11" 事件后遗症之苦时的宣言，它们创造于 2003—2004 年。我在某个时刻的确把这三个金字塔放到一个主金字塔里，并且这样中间就出现了一个空空的倒金字塔（请继续听我下去——如果你看到下面这张图，我保证这个金字塔完全是合理的），但对于我来说，这三者之间的关系我并不能立即明白。

我的顿悟，是在 2005 年的全球商业网络论坛上当我面对一群全球 500强企业的"未来领导者"发表演讲时。这些来自福特、杜邦和 IBM 等公司的领导者想了解快乐生活酒店集团独特的商业模式。我向他们讲述了公司的历史以及快乐生活心是如何帮助我们认识到文化对我们的组织的重要性。然后，我开始描述我在千禧年到来后的悲惨遭遇以及马斯洛如何给我带来灵感，让我搞清楚这些关系真理和提出这三个金字塔。看到我在演讲中展示的图后，有位听众让我讲讲在其他三个金字塔中间的那个空空的倒金字塔。我有可以填补这个空间的有效理论吗？在我思索这个问题和研究这张图时，一位坐在后面的女士很有礼貌地指出，我们的快乐生活心实际上在形状上就像一个倒金字塔，它底部细长，两翼宽阔，为什么不把这颗心放到金字塔的中央呢？

你是否有过这样的时刻？那一刻时间都停止了，你周围的世界变得黯然失色，而你的目光锁定在真正引起你注意的事物上。马斯洛称为"巅峰体验"。那一天在公开场合下我就有了一次这种体验——在 40 位年轻有为、雄心勃勃的管理者面前，当我意识到这颗心不仅与金字塔非常匹配，而且这颗心上的各个点都与每一个邻近的金字塔相对应时，我顿时热泪盈眶。在这颗心上，因培育独特的企业文化而产生的第二个点（"培养充满激情的雇员"）放在雇员需求金字塔的旁边，第三个点（"培养忠诚的顾客"）紧挨着顾客需求金字塔，第四个点（"维持能盈利、可持续的企业"）紧靠着投资人需求金字塔（见图 13-2）。

这可能无法与爱因斯坦发现 $E=mc^2$ 时所获得的体验相提并论，但我告诉你，它让我深深地感到我达到了自我实现的境界。这就是我在"快乐生活实验室"里学到的东西。这就是我一生所从事的工作的意义所在。这也是我因经营一个快速发展的公司时严重缺少睡眠的情况下，依然坚持写这本书的原因。

当你的组织从这些金字塔的第二层成功层上升到第三层蜕变层，就是一种质变。举个例子，在雇员金字塔中，最开始从金钱层到认可层可能是渐进的，但将一个组织从认可层带到意义层的火花则是非常强大的。它意味着雇员受外在激励转为受内在激励。类似地，其他两个金字塔上的质变也同样深远，组织的文化真正是组织的黏合剂和火力，使得组织朝着自我实现沿着金字塔向上攀登。

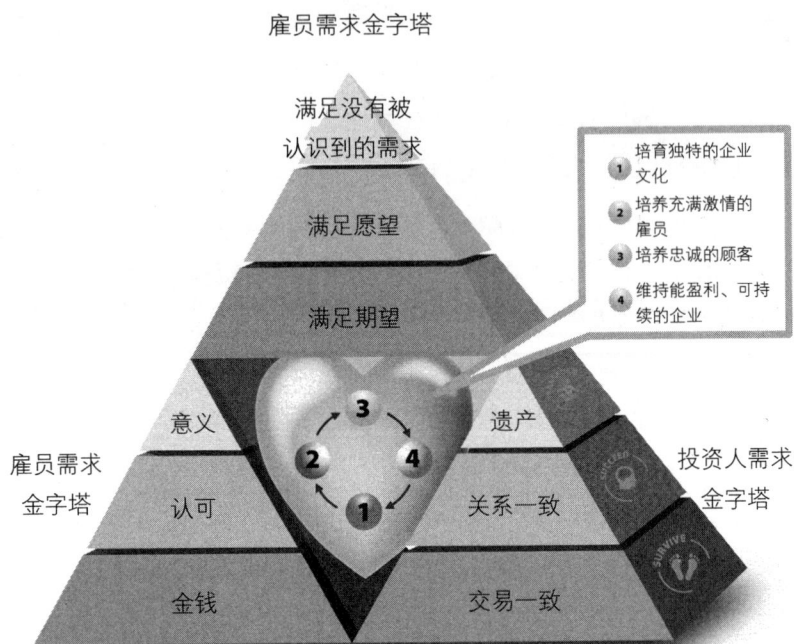

图 13-2　关系真理金字塔

总之，快乐生活心是将这三个金字塔维系在一起的核心。靠一种关系是不足以在今天的竞争环境中取得成功的。帮助我们创造出巅峰绩效的，是这三种关系共同作用的结果，而将它们组合在一起的是某种独特的经营模式，如服务利润链。

当我提出这三个受马斯洛启发的金字塔时，我本能地认为它们存在某种深层次的联系，但是在添加了快乐生活心，使之成为将它们组合在一起的黏合剂后，快乐生活酒店集团就可以利用关系真理金字塔，全面地从整体的角度出发，思考如何让我们的雇员、我们的顾客和我们的投资人产生忠诚感。

推荐读物

Corporate Culture and Performance by John P. Kotter and James L. Heskett

From Worst to First by Gordon Bethune with Scott Huler

Reflections on Leadership by Larry Spears

The Enthusiastic Employee by David Sirota, Louis A. Mischkind, and Michael Irwin Meltzer

The Rebel Rules by Chip Conley

The Service Profit Chain by James L. Heskett, W. Earl Sasser Jr., and Leonard A. Schlesinger

Nuts! Southwest Airlines' Crazy Recipe for Business and Personal Success by Kevin Freiberg and Jackie Freiberg

The Southwest Airlines Way by Jody Gittell Hoffer

The Culture Engine: A Framework for Driving Results, Inspiring Your Employees, and Transforming Your Workplace by S. Chris Edmonds

Uncontainable: How Passion, Commitment, and Conscious Capitalism Built a Business Where Everyone Thrives by Kip Tindell

第14章　巅峰领导力实践

实践并不能让你完美，但它确实使得你对巅峰原则的承诺被众人
所知。在这些实践上以身作则，你就已经走上通往巅峰绩效的道路。

——奇普·康利

医生实践医学，律师实践法律。那么，为什么商业领袖不实践商业呢？有涉及体育、艺术甚至宗教的实践，但我们不认为我们的专业是一种实践。我们只是做。而且，我们经常是无意识地做。

前面的 13 章内容是为本章做准备的。它们概述了巅峰组织的商业模式和原则。但是，商业原则只能与支持它们的实践一样好。这些实践要由领导人展示出来。领导者是影响一群人走向特定结果的人。在本章中，我们将介绍如何提高你的领导能力。

在我写这本书首版十年后，我亲眼见证了领导者如何在日常领导实践中运用巅峰原则来提升组织绩效。所以，我提出了一系列巅峰领导力的实践，帮助领导者或领导团队将其组织从平庸推向卓越。

当一家公司将这些原则和实践包含在他们培养领导者的过程中时，最终的结果是巅峰绩效：持续增长的现象——无论是对组织还是对组织内的个人来说。这八个实践的独特之处在于它们彼此相互依赖，并且支持它们的技能和习惯来帮助实现巅峰原则。虽然每一个实践都可以独立存在，但当将它们结合在一起时，巅峰领导者可释放存储在每个组织或团队中的人类潜能，从而更有可能实现巅峰绩效。它们不仅是基本信念，还代表了一种新的商业模式。

实践

↗ 实践一：体现人本善的观点

巅峰原则源自人文主义心理学，并有一个基本信念，即人应该做他所能做到的一切。所以，基本的第一个实践并不让人感到意外，即确保巅峰领导人相信，人类——在其本质上——会倾向于向好的方面发展，如果存在适当的条件任其发展的话。

在公司中营造正确的心理卫生环境，与关注人们的上乘品质、相信在半个世纪以来商业领域中被称为 Y 管理理论而不是 X 理论有很大关系。正如我们在第 2 章中提到的，根据 X 理论，管理层假设员工天生懒惰、会尽量避免工作并且内心不喜欢工作。因此，管理层认为需要密切监督员工，并制定全面的控制系统。根据 Y 理论，管理层认为员工可能雄心勃勃、自我激励并且能够自我控制。他们认为，把工作做好的满足感是一个强大的激励因素，并努力为员工创造条件，使员工发挥自己的优势取得成功。我经常称之为"创建合适的栖息地"。

虽然这看起来很简单，但是我们花了多少时间尝试改变团队中的人员而不是让他们成长——或者更好的，确保你拥有适合你的特定栖息地的合适人选？事实上，需要实践来真正体现这种观点，并且需要时间来建立信任从而最终取得成果。然而，这是走向自由的道路—— 一条不需要你参与每个决策或每次会议的路径。将许多年的业务都定义好的那种指挥与控制的结构正在减少。然而，对于一些组织来说，少了指挥与控制的结构就是一片混乱。这种实践帮助领导者挖掘其员工的最大潜力，同时也能形成一种秩序感和使命感，促使组织向目标迈进。

基于这种实践来运营真的很有勇气。看看谢家华和美捷步。他们选择了一种全新的组织结构和制定决策的方法，称为"全体共治"。虽然全体共治由于其一些过程的激进性而存在争议，但它用一种通过分配权力来实现控制的新方式取代了自上而下的预测和控制范式。这是一种新的运营制度，它基于所有员工都希望在如何运作上发挥作用和拥有发言权这一信念，为组织的核心流程注入快速发展的动力。它还基于这样一个前提，即应该将基层员工——不仅是管理者——也纳入决策制定过程：https://www.zapposinsights.com/about/holacracy/10-ways-leaders-limit-success/。

约翰·麦基在全食超市赋予小团队权力的方法有着类似于 Y 理论的观点。美捷步公司在转型过程中遇到了一些挑战，但该公司在尝试将离经叛道的、人性化的、最终转化为规范的想法上有着令人印象深刻的历史。例如，在 2009 年，亚马逊收购美捷步并继承了他们的报价。在他们的初级培训期间，新员工可获得 4 000 美元的离职费用（最初是 2 000 美元）。亚马逊创始人杰夫·贝索斯在 2014 年给股东的年度信函中解释说，该公司已经增加了一个仿照美捷步提出的计划。经过一番调整之后，贝索斯和亚马逊恰当地将该计划命名为"离职赔款"。X 理论的旧派思想可能认为，员工可能会试图在亚马逊或美捷步找到工作，只是为了获得离职奖金。但是，这两家 A-Z 公司都认识到，帮助员工和谐地离职并得到补偿，比让他们不满、低效地留在公司强。贝索斯解释道："目标是鼓励人们花一点时间思考他们真正想要的东西。"[1] 他写道："从长远来看，员工留在自己不想留的地方，对员工和公司都不健康。" 在编辑这个修订本时，亚马逊收购了全食超市，以后看到生鲜销售商的发展变化将会很有趣。

这里有几条建议可以考虑用来理解第 2 章开头道格拉斯·麦格雷戈的话背后的前提："每一个管理决策或行动背后都是关于人性和人类行为的假设。"

列出你的雇员实践的几个不同的例子——从打卡制度到休假制度——然后用 5 分制对其进行打分，理论 X 为 1 分，理论 Y 为 5 分，看看你的例子有多接近这两个理论。你的平均得分是多少？你如何创造更多偏向 Y 理论的实践？或者，按照第 2 章中麦格雷戈所说的："下次你参加讨论政策问题或行动的管理层会议时，尝试涂鸦消遣的另一种方法。记下与会者在讨论过程中所做出的对人类行为的假设（信仰、观点、信念、概括），其中一些是明确地表述出来的，大多数是隐含的，但很容易推断出来。"让你的高层领导者就发展更积极的人性观的风险与回报进行谈话。你能否在公司的某个部分里测试一些新的以人为本的方法，以了解其对员工投入度和客户满意度的影响？

彼得·穆林是我认识的最聪明的人之一。他在三十多年前创办了 M 金融公司，并成长为世界上卓越的人寿保险和金融服务公司之一。他深信 Y 理论的信念是，他的员工是聪明的问题解决者，却没有得到指导来正确地锻炼那种力量。所以，当一位员工遇到问题并寻找解决方案时，他会说："你已经想这个问题想了很多了，你认为最好的解决方案是什么？"然后他就等待对方回答，即使会有一个漫长而尴尬的停顿。通常，员工提出一个不是特别好的答案，于是彼得会问他们第二个和第三个想法，这时员工的脸上会现出恐慌的神色。随后彼得建议员工回去考虑一些解决方案，一周后他们会一起来看这些解决方案。当未来的会议发生时，绝大多数时候，员工已经提出两三种可靠的解决方案，彼得可以帮助稍微调整一点，这样员工和老板一样，会对自己解决问题的能力更有自信心。

↗ 实践二：创造让人们实现使命的条件

亚伯拉罕·马斯洛写道："人们可以创造条件让巅峰体验更有可能发生，也可以逆向地创造条件让巅峰体验更不可能发生。"[2] 优秀的领导者明白，你和你的工作只有三种关系。你的工作对你来说可能只是一份工作，也可能是一份职业，还有可能是一种使命。当你是在实现你的使命时，它会让你有使不完的干劲，而如果只是一份工作，它往往会耗尽你所有的精力。杰出的公司为员工创造条件让他们实现使命。

大多数雇员生活在工作的交易世界里。他们付出时间和精力，公司以薪酬和认可作为回报。然而，那些努力实现使命的人已经从外部动力转向了内部动力，而且这些员工往往不那么专注于他们执行的具体任务，而是更关注他们的影响或目标。所有雇员都是如此，无论他们是酒店管家、技

术工程师还是航空公司的乘务员。而且，为雇员创造受使命推动的环境，而不是因受任务驱动的规则而灰心丧气的环境，这是作为领导者要有的一项真正技能。

西南航空公司首席执行官盖里·凯利解释说，他的公司没有开始对行李进行收费——就像 2008 年石油价格在大衰退期间飙升时其他所有航空公司所做的那样——的主要原因之一是，他认识到这一决定会消极地影响他的乘务员在他们的工作中的使命感。西南航空公司的一个关键区别是公司的乘务员所提供的友好的、轻松惬意的和真诚的服务。然而，如果乘客现在要在飞机上携带更多的行李以避免托运行李的费用（这是其他航空公司最终发生的情况），这可能会影响其服务客户的飞机工作人员的快乐程度和参与度。

西南航空最初遭到华尔街分析师的抨击，因为他们没有追求手提行李额外收费的短期利润。但是，在这一期间，航空公司的准时性大大提高，而他们的竞争对手却因为乘客带了额外的行李，这些行李要到飞机的乘客座位区而延误。西南航空的市场份额快速增长，部分原因是这个不破坏乘务员快乐的决定。

杰出的领导人也会面临艰难的决定。他们需要从整体考虑他们的决策将如何影响员工工作氛围和员工渴望实现使命的能力。这里有两个问题，巅峰领导者可以问自己和他们的团队，以确保他们正在应用这种实践：

- 当你为公司做出重大的运营或战略决策时，你的团队中的哪些人将受到最大的影响？这个决定可能产生的潜在的额外损害是什么？如果你要追求这条道路，你如何减轻损害？

- 你如何定期从公司的各种工作职能中收集见解，以确定他们每个人工作的意义？洗碗机可能与调酒师有不同的答案，但都在同一家餐厅工作。一旦你确定了这个魔力创造者，你如何能够扩大这种特定工作分类的更多经验？

↗ 实践三：促进和衡量无形资产的价值

在商业领域，我们学的是，领导力是管理你可以衡量的东西。但最容易衡量的是生活中的有形事物。回答你的胃是否饥饿（基本的生理需求）这个问题，比回答你的灵魂是否饥饿（自我实现的需要）更容易。毫无疑问，有形的是重要的。在商业中，跟踪有形的东西的指标是众所周知的：盈利能力、成本结构和市场份额。然而，事实上，这些有形的指标是一系列推向卓越的无形资产的结果：品牌的忠诚度与声誉、员工的投入度、顾客的宣传和口碑、创新和创造智力资本的能力，或公司文化。这些无形资产是真正推动大多数公司用来评估其业绩的有形产出的输入。

这些无形资产推动了企业的成功，但它们更难以衡量。我们常常仅仅因为某些东西更难以衡量而认为它们的价值较低。或者，更可能的是，我们忽略它们，因为它们不适合放在 Excel 电子表格里。然而，现代领导者认识到无形资产往往是公司和品牌的最终差异。

在一个越来越受无形资产价值驱动的世界中，巅峰领导者可以通过采用一系列重视企业和生活中真正重要的实践，超越其同事。这一句话通常被认为是爱因斯坦说的："并非所有可以计算的东西都是重要的，并不是所有重要的东西都可以被计算的。"[3] 但爱因斯坦没有在 21 世纪经营过企业。今天，我们有远见但重实务的商业领导者知道无形的东西很重要，但他们也必须用一套新的、有意义的、推动组织绩效的度量指标来证明这一点。

我有幸在 2009 年前往不丹王国，与总理和该国的国民幸福总值委员会会面。早在 20 世纪 70 年代早期，不丹的年轻国王听起来像一个巅峰领导人，他问：为什么所有国家都关注国民生产总值（GNP）？因为传播幸福应该是每一个有效的政府领导人的愿望。全世界约有 40% 的人口位于其狭小的边界，就像一个由成熟的竞争对手包围的小型创业公司，不丹创造了最终的颠覆性指标，这是一种全球福利，现已在其他 50 多个国家采用。我从这次蜕变之旅回来，做了一次关于学习度量什么使得生命有意义的 TED 演讲，见 https://www.ted.com/talks/chip_conley_measuring_what_makes_life_

worthwhile。

要在公司中创造有意义的指标，有很多机会。在爱彼迎，我们的招聘团队会跟踪每年提供的在线申请人数量，以此来了解我们作为雇主的受欢迎程度。根据匿名在线员工评论网站玻璃门（Glassdoor）的数据，该公司在 2015 年因获得最佳工作场所的奖项——超越谷歌——之后，2016 年其人气指数增长超过 50%。其他公司追踪独特的指标，例如参与公司慈善活动的员工比例，或推荐朋友或家人到公司工作（没有额外的奖金）的员工比例，作为评估无形的员工投入程度的手段。众筹平台 Kickstarter 选择成为一家公益性公司（B-Corp 公司），因为他们赞赏 B-Corps 度量的指标，而其他一些公司则使用 WorldBlu 的计分卡作为跟踪组织民主制度的手段。你可以采取以下步骤来更加关注组织中的无形资产：

- 在你的公司中创建一个由多元化员工组成的小型工作组，专注于以下问题："有哪些对员工、客户或社区有价值的问题是我们目前没有度量的、需要开始计算的？"爱彼迎认真对待这个问题，并且正在研究可以度量公司为顾客和员工提出的使命"家在四方"的各种方式。我们提出了"家在此处的蜕变旅程"的项目，记录帮助我们的雇员在工作中找到归属感的时刻和影响，我们还重新设计了我们的入住体验，让雇员能够立即体验到他们在新团队中的归属感。最后，我们在一年两次的员工投入度调查中增加了一个问题，问他们在归属感上的感受。

- 在智能手机的 Notes 应用程序中创建你自己的意义索引。每一天，当你经历一段生活乐趣的时刻时，就记下促成它的原因——无论是有人赞扬你刚刚分配的行动计划，还是对你刚刚主持的会议感到满意。在本周结束时，收集有意义的时刻列表，并将这些时刻分类。经过几个星期之后，你将更好地理解什么能让您感到意义，并且可以开始为如何在工作生活中寻求更多的意义以及如何持续地衡量这些意义制定一个策略。

↗ 实践四：在交易型领导者和蜕变型领导者之间自如切换的流动力

交易型领导者是从金字塔底层进行领导，而蜕变型领导者是从顶层进行领导。大多数管理决策只需要交易思维，因为其目标纯粹是为了优化现有资源。但是，在一个不断变化的时代，蜕变型领导者能够将潜力形象化，并将其变为现实。他们以一种使组织充满活力、激励组织走向卓越的方式来做到这一点。巅峰领导人能解决人们的基本需求，同时也帮助他们超越短期，激发一种具有吸引力的愿景，帮助他们超越当下的挑战。他们能够在这两者自如切换。

我把具备这种流动力的人称为"金鹰领袖"。没有其他的鸟能像金鹰一样飞到 10 000 英尺高，或者每小时飞行 80 英里——最快的水平速度之一。而且，金鹰垂直下落的速度在所有鸟中最快，每小时达 150 英里。有远见卓识的人在发现运营操作挑战时也是这样，他们能立即深入到这些挑战中。这些领导者擅长左脑—右脑探戈，并能够立即从逻辑转向创造力。

我很感谢与我合作过的许多人将我视为金鹰领袖。但是，我见识过那些流动力比我高得多的人。斯坦伍德酒店的创始人，巴里·史特理克（Barry Sternlicht）可能会在一分钟内打电话谈论一项复杂的房地产交易，并且在他的办公室对一位设计师发表评论，谈论下一个新酒店房间的风格（如他推出 W 和 lhotel 品牌）。他可以在多个业务领域飞高飞低。

类似地，我也喜欢和爱彼迎首席执行官布莱恩·切斯基一起飞。他对公司成为旅行"超级品牌"的远见卓识与他在设计会议上对爱彼迎应用程序进行了微小而必要的变更的超人能力相匹配。许多人因他在事务和变革两方面的能力而将他与史蒂夫·乔布斯相提并论。

出生于埃及的技术专家、企业家和基瓦（Kiva）公司董事会主席朱莉·汉娜（Julie Hanna）反复问彼得·德鲁克提出的问题："我们正在做的是什么业务？"以确保基瓦正在其使命的指导下努力去实现资本的民主化。作为点对点贷款的先锋，全球最大的面向全球企业家的众筹市场，基瓦的目标是借款不足的借款人，其中大部分人都在发展中国家。当 2008 年经济

大衰退袭来时，他们看到了为基本上被传统银行抛弃的美国小企业创业者提供资金的需要和机会。基瓦的利益相关方（贷款人和雇员）相信它已经偏离了其使命，这让公司很痛苦。德鲁克提出的那个问题帮助领导团队放松下来，更开阔地思考他们的使命。

如果朱莉及其团队没有从他们的变革愿景切换到如何解决利益相关方阻挠的事务问题上，那么这个新的方向可能已经死亡。通过实践她所谓的"激进共情"并深入了解是什么没有在心灵和心灵间没有产生共鸣，他们发现了认为他们偏离了使命的利益相关方隐藏的无意识偏见，正是这一偏见使他们没有看到美国小企业未得到满足的资本需求。在基瓦证明了极端的贷款减少（10个贷款申请人中有8个，贷款下降44%）意味着曾经为美国经济和就业增长助力同时也帮助社区茁壮成长的数百亿美元已经被除掉，这也意味着他们可以改变和整合市场，转变为"思维全球化，行动本地化"的思维。

朱莉关于在事务领导力和变革领导力自由流动的可行动的建议：

- 如果你倾向于以具有远见的方式运营，要确保你总是抽查周围的事务，特别是负责执行的队友。他们能否将基层运营现实与公司要实现的目标联系起来？他们需要什么才能取得成功，他们的阻碍又是什么？

- 一年至少一次，最多可以是每季度一次，要求你的团队作为一个集体做以下练习。回答问题："我们的日常工作如何实现组织的最高目标和理由？"在第6章中，我们回顾了雇员在工作任务和工作岗位中可以得到意义的思想。这个练习有助于确保你的员工感受到他们在影响力方面的意义，这支持了公司的目标。它可以作为一种简单的方法来确定团队在工作任务和工作岗位上的意义的差距。它也帮助各级团队成员培养自己成为金鹰领袖的能力。

↗　实践五：培育、重视和发展企业文化，使之成为你的终极差异

蜕变型领导者不能单独做到这一点。研究表明，具有类似产品或策略的竞争公司之间的差异约 30%可以追溯到每个组织的企业文化的质量。企业文化——换句话说，在这里做事情的方式——就像一个池塘。在水面下可能会有鲜活的生命，但也有可能是发出恶臭的死水。投掷一块石头进入池塘，它会产生涟漪，就像组织具有感染力的传染性一样。影响大多数公司的头号情绪？恐惧。但是，健康的文化是公司抵御能使组织瘫痪的流行恐惧的疫苗。

伟大的领导者知道，公司文化是他们的秘密武器，需要培育和重视，并且必须与时俱进。创造令人瞩目的文化需要数年时间，但是要其功亏一篑只需做出一些糟糕的决定。这不仅仅是人力资源部门关心的问题。这与组织内的所有领导者有关，因为就像整体企业文化一样，部门文化也可以推动或阻碍团队。在这个实践中最有价值的经验教训是要更加意识到，你当前的文化是由什么构成的，以及你可以采取什么步骤使它们朝着最适合你的企业或部门长期目标的方向发展。

当投资人彼得·蒂尔（Peter Thiel）在爱彼迎上投资 1.5 亿美元时，他对三位共同创始人说了一句很著名的话："不要把文化搞砸。"[4]。联合创始人兼首席产品官乔·杰比亚认真听取了这些建议，并采访了数百名员工，以了解如何让他们拥有更大的归属感，然后由他们率先发挥公司核心价值观的作用。乔说："你越拥有一个充满活力的、所有人都认同的文化，组织中需要的流程就越少。"

爱彼迎在文化上的投资有许多种形式。公司有一些核心价值观面试官。这些人平时在公司的各个部门正常从事工作——有工程师，也有律师。他们接受过培训，对公司的候选雇员进行面试，看其是否符合公司的核心价值观。如果核心价值观面试官不认为这个人理解并欣赏公司文化，他就可以否决这个候选人。还有一个核心价值观理事会来考虑出现可能与爱彼迎核心价值不一致的业务问题。该公司还拥有一个庞大的地面控制团队，其

独特的作用是为全球 20 多个办事处的每个员工创造一个充满活力的文化，但是以一种适合当地文化的方式。

爱彼迎最大的文化投资可能是两年一次的"一个爱彼迎"和爱彼迎公开赛。想象一下，将全球 3 000 名员工中的每一位都带到母公司，重新与公司的使命联系起来。这需要时间和金钱的大力投入以及出色的后勤，因为在举行这种会议发生时，公司仍然需要正常经营。同样，由于这个全员活动取得了相当大的成功，我带头开发了爱彼迎公开赛，这是我们在全球房主社区文化上投资的一种方式。这一活动盛宴在旧金山、巴黎和洛杉矶举行，在 2016 年，我们有来自 100 多个国家的 20 000 名热心的口碑传播者参与了这一文化活动。毫无疑问，这是一个差异。正如一位房主对我说的，"我无法想象艾派迪（通过他们的家庭共享子公司 HomeAway）或 Booking.com 将这个列入他们的房主社区，而且，他们甚至都没有这种房主社区"。

你在担任公司文化的倡导者方面做得如何？你可以通过以下几种方法确保你的公司采取这种实践：

- 巅峰领导者在面对严峻的经济环境时可以提出的最重要的问题之一是："当我们经历完这段困难时期时，我们希望我们的文化看起来是什么样的？"如果你在经济衰退、合并或重大重组期间担任领导者，确保你的领导团队至少每月在定期会议期间问这个问题。如果你想强调文化的重要性，把它放在首席执行官的头衔中。莱德曼公司首席执行官（第 4 章介绍过）的哈维尔·卡尔沃·佩雷斯·巴迪奥拉在他的名片中包含了"文化守护者"的头衔，而爱彼迎首席执行官布莱恩切斯基在他的首席执行官头衔中增加了"社区主管"。

- 就像人们有个性一样，公司也有文化。你对你的文化了解越清楚、你就能越有意识地、更好地定义它。公司内部具有亚文化的各部门也是如此。在公司集会时，问问员工在想到公司文化时首先想到的动物名称，有定义这种动物和文化的一些形容词。以团体的形式来做这个练习，以了解共同点。然后，打破职能部门小组并定义你的团队或部门的个性。在爱彼迎，我们甚至会在大型标牌上放上定义各个团队工作场所的动物图。

↗ 实践六：校准自觉与资本主义的平衡

商业往往被视为零和游戏。一个人的胜利是另一个人的损失。在全球层面上，有人认为，资本主义的短期收益常常会对环境和某些社区造成长期的损害。然而，在过去十年里发生了一个模式转变，最明显的例子是美国最大的零售商沃尔玛。随着世界变得更加透明、公司变得更加负责任，巅峰公司必须成为有意识的资本家。今天很多公司都相信可以通过做善事将公司经营好，但他们也认为可持续性不只是生态友好。它也是关于拥有一个可持续的商业模式，这样的商业模式可以确保你明年还能继续开展业务。

这本书的书名最初本来是"业力资本主义"，约翰·麦基用了现在无处不在的词"有意识的资本主义"来作为他的书名。一个伟大的企业如何教给其主要领导者有意识的资本主义实践？教给领导者用长期的、系统的观点来进行领导的价值是这种实践的基础。毫无疑问，领导力就是关于平衡各种优先事项。在 21 世纪，最复杂的领导力问题将是怎样在意识到你的决定如何影响你周围的人和世界以及关注组织财务回报最大化这两者之间进行平衡。这可能听起来像只有首席执行官才必须考虑的那种问题，但事实上，中层领导人每天都会面临有关经济动机的决策如何影响其部门文化、员工的动机与他们或公司在社区中的声誉的问题。想想 2017 年 4 月，因为美联航的超额预订，他们的保安决定让警察上飞机，将陶成德博士从座位上拖下来——这是一个典型的无意识资本主义的案例。这种实践有助于为整个组织的领导者创建领导范式。

来福车公司的联合创始人兼总裁约翰·兹默尔是这一实践的伟大模范。作为康奈尔大学酒店管理学院毕业生，他说他受到康奈尔的一块匾额上引用的名言的影响："生活就是服务，进步的人是给他的同胞们更多更好一点服务的人。"这种人文主义精神是来福车比其主要竞争对手优步更令人钦佩

的原因之一。

这种对有意识的资本主义的方法在来福车的商业实践中是如何体现的？他们更重视他们的司机，对其提供更人性化的教育和指导选项，允许司机收小费（截至 2017 年中期已收取超过 2 亿美元），而这是优步所不允许的。他们还创建司机社区论坛，鼓励乘客收集捐款给慈善机构，公司经常与市政监管机构合作。毫不奇怪，超过 75%的来福车司机对他们的体验感到满意，而这个数字对于优步来说不到 50%。这种有意识成为颠覆者的方式为来福车创造了巨大的品牌价值，虽然他们今天的规模只是优步规模的一小部分，但其声势和市场份额因其声誉而不断增长。

下面是你可以很好地运用这种有意识的资本主义的几种方法：

- 阅读全食超市首席执行官约翰·麦基撰写的《有意识的资本主义》一书，看网站 www.consciouscapitalism.org，并考虑参加他们年度会议或参与当地的分会。

- 超越企业社会责任的那些典型的陈词滥调。你的公司做了哪些从更广泛的利益相关者的角度进行运营而且是竞争对手没有做的事情？你如何让你的员工更加积极主动地参与到决定你要支持哪些事业以及你可以在企业中改变运营的哪些方面以使企业更有意识？

↗ 实践七：用巅峰上不断的创新巅覆顾客金字塔

第六个实践有助于巅峰领导人超越其公司的边界，而这第七个实践则进一步扩展了思维。变革型的公司和领导者关注其显而易见的主要顾客的更高需求以及他们的竞争对手从未考虑过的顾客，常常可能会显得离经叛道。

巅峰领导者通常在顾客还没有开口之前就能理解客户的需求，并且他们也意识到，客户体验创新需要对顾客的心理具有一定的了解、需要具备一定的文化人类学知识。就像亚马逊一样，这意味着要找到观察客户的新方法。亚马逊现在创建实体店的部分原因是，杰夫·贝索斯喜欢让他的洞察团队观察购物者与公司的数字平台（如 Kindle 和 Alexa）之间的相互影响。

行业发生的变化越快，顾客没有被认识到的需求转变为愿望然后又转变为期望的过程就越快。这意味着你需要不断地用可能会颠覆你的核心业务的创新来攀登顾客金字塔，因为网飞首席执行官用其流媒体产品颠覆了其摇钱树产品邮寄 DVD。

弗雷德·史密斯（Fred Smith）在开办联邦快递时就学会了这一点。起初，他在美国各地推出了产品——隔夜快递服务——当时令人难以置信。这使得联邦快递成为该行业的领导者，直到这种独特的产品成为普通的商品，弗雷德和他的公司不得不考虑顾客的最新需求。弗雷德最终实现了一个新的差异，即每分钟电子追踪正在运送的包裹。联邦快递从包裹运送进入让人安心的业务。巅峰领导者一直在想象，一旦客户现有的需求得到满足，新的客户需求可能会出现。

亚马逊在 2017 年被评为"快速公司头号创新公司"，部分原因在于，尽管它规模巨大，但它同时也是一家创业公司，不断扩大顾客金字塔以提供新产品来解决未被认识到的需求。通常，他们通过从提供一种产品中学习并将其应用于另一种产品上来实现这一点。亚马逊的 Echo 智能扬声器来自 Fire Phone 系统的学习，后者并不是那么成功。其最新版本的流媒体音乐服务 Amazon Music Unlimited 从其最初的音乐商店 Amazon MP3 诞生。他们的新媒体工作室正在赢得各种艾美奖，这些工作室是由他们在 2010 年为有抱负的编剧制作的众包平台发起的。请关注亚马逊 Go，这是一种新型的便利店，可以终结在收银台排队等待的概念。

坚持不懈地投入创新，意味着，你不知疲倦地攀登顾客金字塔到巅峰，一次又一次地知道重力将吸引着你推出的任何新产品，将其转化为顾客的期望。以下是你可以通过新产品和服务发明寻求巅峰的几种方法：

- 确定你如何成为世界上最能读懂核心顾客未被认识到的需求的人。在快乐生活酒店集团，我们用我们定义杂志和五个形容词的过程，来帮助确定我们可以给细分市场的关键顾客提供身份更新。Intuit 用"伴我回家"的细分方法来了解客户的潜在需求。亚马逊正在创建零售店作为洞察力中心。给你主要的核心顾客创造一个角色并取个名字，定期更新你对他们是什么样的人以及他们喜欢市场上的哪

些新产品的定义。

- 承诺你未来收入的一定比例（假设五年后）将来自今天并不存在的产品、服务或业务。要小心，因为这些都是空话，如果它们后续没有你将如何实现的路线图的话。在内部和外部做出这种承诺，有助于加快建立一个不断以新创新、自我刷新的组织，并且这可能会迫使你看到你从未服务过的新顾客群。

↗ 实践八：引领通往巅峰的道路（换句话说，你总是一个模范和一个夏尔巴人）

正如夏尔巴人在喜马拉雅山所做的那样，伟大的领导者在金字塔巅峰与人们会合，并帮助他们看到到达巅峰的自然之路。巅峰领导者是忠诚的代表，并且通过支持个人发展与企业发展相结合，与员工建立情感的银行账户。他们理解在工作场所拥有自我实现的个人的协同效应。巅峰领导者也会无意识地计算其顾客、雇员和投资人关系的终生价值。因为他们知道在关系上进行投资能够建立信任。这对于经营良好的企业来说是终极的润滑剂。

最重要的是，巅峰领导者体现出真正的领导力，不仅仅是通过做，还通过自己本身的为人。他们做人的本质，帮助培养了一批其他的领导者，后者视他们为榜样并忠于他们——既视为领导者也视为自己钦佩的人。傅萍 24 岁时离开中国来到美国时口袋里只有 80 美元。她在适应这个新环境的道路并不容易，但最终在多年后，她创立了一家名为杰魔（Geomagic）的 3D 打印公司，该公司以数千万美元的价格出售给一家上市公司。她成为领导者的成功部分与她自己的为人有关——她不仅仅是一个清醒的领导者，而且是一位富有内在动力的人，曾在她的生活中攀登过许多高峰。

集装箱商店的共同创始人、董事长兼前任首席执行官基普·廷德尔（Kip Tindell）用尾迹——船只在水中留下的痕迹——来定义这个实践。就像一条船的尾迹对它背后的一切产生影响一样，每个人也都有尾迹，他们的决定对周围人的影响比他们自己意识到的还要大。他说："你的尾迹，我的尾迹，每个人的尾迹都远远超出你的想象，让你意识到自己对我们周围的公司和周围的世界有多大的影响。我们不仅仅是沙滩上的一粒沙子。在一个注意其尾迹的组织中，好的事情往往会发生——它将具有无懈可击的商业优势。"[5] 基普在领导者尾迹上以身作则的方式，是集装箱商店公司定期出现在《财富》杂志"最佳雇主"名单中的原因。

有意识的人会留心。精神领袖如此，商业领袖亦如此。巅峰领导者关注更高的需求，同时不忽视为其组织提供基础需求。领导力就是要做出有意识的选择，并且要知道你在公司中的地位越高，你的决定和行为就越会对整个组织产生影响。在一天结束的时候，一位伟大的领导者发挥了深远的影响作用，而不只是在小小的一角产生影响。

当我离开在爱彼迎的日常工作时，我收到来自雇员、我们社区的房主和客人的近百条不请自来的纸条，上面写的话令我感到惭愧。你可能会认为主要的信息会是对我为他们做的某些特定事情表示感谢。然而，远不是这样，这些信息基本上说的是："你是一个鼓舞人心的人，不管在哪里都能表达你的光芒四射的精神。你已经帮助我看到，做一个伟大的领导者意味着成为一个伟大的人。"

这里有几种方法可以磨练你作为榜样和夏尔巴人的实践：

- 领导者是他们所领导的人的情绪恒温器。当你真正理解这句话时，你就意识到自己是一个榜样。不要再称自己为领导者，开始称自己为榜样。真的，尝试这样做持续一周时间。问问你的榜样团队（而不是你的领导团队）以这种新方式解决问题的感觉。我确定最初会很尴尬，但随着时间的推移，你会发现它很神奇，因为身为榜样会迫使你意识到自己对别人的影响。

- 阅读罗伯特·格林里夫（Robert Greenleaf）的经典著作《仆人式领导》，并了解你和你的榜样团队可以实践本书所提出的原则的所有方式。

总结

定义巅峰领导者的八个实践可以用一个简单的段落来概括。巅峰领导者认为人类本质上是好的（实践一）。工作对于一个人来说是一种强有力的、实现自己使命的手段（实践二）。然而，生活和商业中最有价值的东西往往是难以捉摸的（实践三）。伟大的领导者知道，这些难以捉摸的无形资产位于"需求层次结构"中较高的层次，并且试图从这个蜕变的地方进行领导（实践四）。健康的企业文化可以帮助领导者和组织关注更高的需求（实践五）。但是，在我们生活的相互依存和透明的世界里，巅峰领导者认识到他们必须发现组织之外的更高需求（实践六）。要满足你的顾客或你的社区的未被认识到的需求，就需要坚持不懈地创新（实践七）。巅峰领导者随时都作为榜样来进行运营（实践八），从而与所有利益相关者建立忠诚联系。在为人方面作为一个榜样，又让领导者回到实践一。

领导力实践并不是你通过阅读书籍就能奇迹般学会的东西。这也不是你在商学院就能学会的。这是一种在自己的职业生涯中习得的能力。必须通过实践才能学会。实践的一个方面是，它让我们把注意力转向某种东西，比以前更有意识地注意它，它打破了我们大多数人无法自拔的无意识的或习惯性的循环。但是，这些实践并不局限于我们的商业生活，这就是为什么我们要在本书结尾有一章专门讲述如何将巅峰融入你的个人生活。

📖 推荐读物

Conscious Capitalism: Liberating the Heroic Spirit of Business by
John Mackey and Raj Sisodia
Delivering Happiness: A Path to Profits, Passion and Purpose by
Tony Hsieh

Emotional Equations: Simple Truths for Creating Happiness +
   Success in Business + Life by Chip Conley

Servant Leadership: A Journey into the Nature of Legitimate Power
   and Greatness by Robert Greenleaf

Start with Why: How Great Leaders Inspire Everyone to Take Action
   by Simon Sinek

Tribal Leadership: Leveraging Natural Groups to Build a Thriving
   Organization by Dave Logan, John King, and Halee Fischer-
   Wright

Uncontainable: How Passion, Commitment, and Conscious Capitalism
   Built a Business Where Everyone Thrives by Kip Tindell
   and Casey Shilling

Work Rules!: Insights from Inside Google That Will Transform How
   You Live and Lead by Laszlo Bock

第15章 创造自我实现的生活

我们害怕我们的最高潜能。我们一般都害怕我们成为在最大勇气的情况下可以瞥见的、在最完美时刻的自己。当我们在这种巅峰时刻在自己身上看到不一般的潜能时，我们感到喜悦甚至激动。然而，在这些潜能面前，我们同时又因软弱、敬畏和恐惧而颤抖。显然，任何人能体验到的最美好的命运、最令人惊奇的好运气，是从事自己热爱的工作。

——亚伯拉罕·马斯洛[1]

彼得·德鲁克曾经写道："我们对动机一无所知。我们唯一能做的不过是写一本关于它的书。"虽然我非常喜欢德鲁克及其留下的领导智慧，但在这点上，请恕我有与他不同的意见。

我想我们中的大多数人都对是什么促使我们自己和其他人产生动力具有一定的了解。然而，虽然我们可能了解激励理论的各种观点，但是，我不能肯定我们是否有一种适当的容器——全局的框架——来帮助我们整合与利用靠直觉认识到的东西。我希望本书可以提供一种运作模式，使你和你公司的领导者可以提高一点点意识。关系真理金字塔可以帮助你了解雇员、顾客和投资人的基本动机。

亚伯拉罕·马斯洛认为，达到自我实现境界的工作场所可以让世界变得更美好。我认为，创造一个让人获得意义的工作场所是一种有意义的回报社会的方式——接受做善事会促使你的企业做得较好的这种业力资本主义哲学。

　　但是，在变得太乐观之前，让我们谈谈如何把我们在前 14 章学到的内容整合起来。我想将适用于工作场所的哲学体系转到你自己的生活习惯上来。这就是我想借这最后一章要达到的目的。你如何在生活中实践自我实现的原则呢？不仅仅在工作场所中，而且要在生活的方方面面真正地让你的潜能得到充分的发挥，你需要在哪些方面发生转变呢？马斯洛在本章开头所说的话含蓄地表达了他的忧虑，在他看来，人们"错误地以为自己是渺小的"。他还把这种错误的认识称为"约拿情结"。约拿是《圣经》中的人物，他放弃了崇高的使命，后来被一条鲸鱼吞到了肚子里。马斯洛会经常问他的学生："在你们当中，谁认为自己会成为伟人？"当学生们茫然地盯着他看时，他会接着问下去："如果不是你，那么会是谁？"你可以对你的公司提这个问题，当然也可以对你自己。

　　在这个问题上，我十三四岁时上的高尔夫球课给了我一点点启发。我的祖父劳伦·康利（Lauren Conley）作为一个固执己见的银行家，不顾一切地要让我爱上高尔夫球。一到夏天，他就会带我去他的乡村俱乐部，我们会在练习场上打完一桶球，然后一边走，一边打完 18 洞球，而我会一路上打飞几十块草皮。

　　我记得在一个阳光灿烂的下午，我击出的草皮飞得比球还远。由于争强好胜的性格，我扔下球杆，大声叫道："我永远都不会成为阿诺德·帕尔默！"虽然我的祖父一般都不会说一堆哲学道理，但他慢慢地捡起球杆递给我，温柔而坚定地说："遇到很大的障碍并不意味着你会失去很多生活的乐趣。在生活中，你可以拿到各种各样的计分卡：你在球场上看到了多少只松鼠，你看到天空中有几片云，你讲的一个无聊的笑话会让你的祖父笑几次。你只需记住，你可以决定你想在生活中使用什么样的计分卡。"

　　五十多年后，祖父这番与他的性格不符的教导显然让我产生了共鸣。我因为过分关注某些不相干的计分卡，给生活制造了什么"障碍"？在与祖父打高尔夫球的那天，由于我被糟糕透顶的高尔夫球得分搞得心烦意乱，因此我必定没有体会到欣赏风景的乐趣。多年以后，我在萎靡不振的经济中想到了祖父的教导，而这时，我已经三年多没有给自己发工资，而且只

有几百元存款。由于我刚刚参加完斯坦福商学院 20 周年校友聚会，其间，与我那些富得流油的同学相比我感觉自己就像个叫花子，因此在与朋友吃饭时，我有点可怜我自己。

我的朋友问了我一个尖锐的问题，使我想起了祖父的计分卡："在你的工作经历中，对于你来说，什么是真正最重要的？"我回答说是独立自主地创办充满生气、独具特色的酒店，同时把公司里的一群人聚在一起，让他们通过合作真正地发挥自己的潜能。朋友的回答让我感到震惊，他说："奇普，用你那笨脑瓜想想吧。你生活的使命是以艺术家的身份经营企业。事实上，在本次经济危机前和在过去 10 年内，你可能是旧金山挣钱最多的艺术家。这么多人都羡慕你所做的事——包括你在自己创办的酒店里和在快乐生活酒店集团的企业文化上所做的事。你很富有，只不过在形式上不同于大多数美国人对这个词的认识而已。"

多么让人幡然醒悟的话！你如何度量成功？你使用什么样的计分卡？你的使命是什么？生活中的每一件事都是相互关联的。我的有些投资者认为快乐生活酒店集团的规模应该是现在的 10 倍，而有些不经常见我的朋友认为我的公司发展得太大了。最终，他们怎么想其实并不重要。在我的一生中，我把大部分时间都用在调整我的外部触角上，以便努力"研究人们的想法"，但我认识到在使用了我的内部触角后，我真正地获得了成就感。因此，让我们重温一下你如何与自己在这个星球上存在的意义联系在一起，以及你如何发现自己的使命。

▍职业、事业和使命

你可能听到过一个寓言，讲的是三个在路边干活的石匠的故事。当有人问他们在干什么时，第一个石匠回答说："我在谋生。"第二个说："我在做全国最棒的石匠活儿。"最后一个说："我正在盖一座教堂。"

这三种回答与我们在第 6 章讨论的内容有关：人们对他们所做的工作

通常带有的三种主观倾向。视工作为职业的人往往更多地关注工作所带来的金钱上的回报，他们对任何乐趣或成就感的关注都更少一些。其中的许多人可能在朝九晚五之外找到真正的乐趣。视工作为事业的人主要关注提高自己的才干和晋升。虽然他们可能对自己所做的工作相当满意，但是这种情绪通常与来自外部（如认可或升迁）的尊重有关。少数追求使命的幸运者能在不考虑金钱或升迁的情况下找到工作本身的成就感。这些追求使命的人大概会在自己的生活中认同马斯洛所说的话："一个人必须遵从命运的安排，否则就会付出沉重的代价。人必须屈服于命运；人必须听任命运的摆布。人必须让命运选择自我。"

如图 15-1 所示，你会发现在这三种对待工作的态度中，每一种态度都与蜕变金字塔（生存、成功和蜕变）和雇员需求金字塔（金钱、认可和意义）的不同层次相对应。

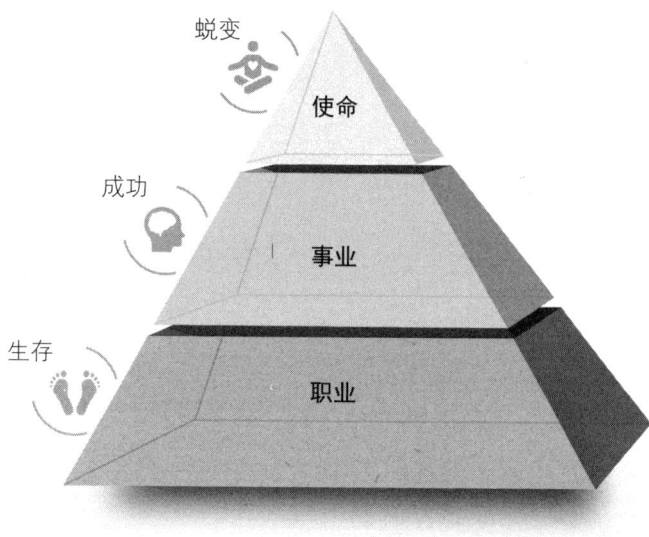

图 15-1　对待工作的三种方式

你如何知道自己、朋友、家人或工作上的合伙人处于这个金字塔的哪一层？做做下面的测验，注意你现在的心情会对你的答案产生影响，这意味着你可能需要做两次测验，两次试验之间至少相隔 1 个星期以便真正地

测出你的准确得分。阅读以下每一个句子，在最能恰当地描述你与你目前所从事工作的关系的句子旁边打钩。要注意，你可能很容易在某些句子应该如何反映你的工作生活上想得很广泛，我们在这里要看的是真正反映你今天工作生活的句子：

（1）虽然我喜欢我在工作中所做的事情，而且我非常善于做这些事，但我常常感到没有上升的空间了，我不得不到别的地方寻找动力或成就感，如我的家、精神生活、朋友、爱好、社区服务。

（2）我在工作中常常处于忘记自己的状态。我觉得我处于"心流"状态，而且我完全失去了时间感。

（3）我喜欢我所做的事情，但我不期望从工作中获得很多东西。工作只是向我提供我所需要的东西，以便做其他在我生命中更重要的事情。我喜欢休闲生活胜过喜欢工作。

（4）我的工作真正影响了世界。

（5）当我因我所取得的成就而得到了其他人的认可时，我获得了最美好的工作体验。

（6）如果我必须在加薪 10%和在工作中结识新朋友之间进行选择，我可能会选择加薪。

（7）我常常觉得我所做的工作不仅仅是靠我完成的，是更大的力量在帮助我。我好像是在运用这种能量或能力，而且这种力量让我感到惊奇。

（8）星期一早上上班时，我常常兴奋不起来。

（9）我的人生目标是成为我的工作领域内最优秀的人。

（10）有时，我会暗自盘算："如果我财务自由了，我可能还会做这种工作。"我做这种工作只是因为我喜欢。

（11）我曾经非常深入地思考过，在今后 10 年里，我的工作会让我获得什么样的发展机会，而且要在这方面脱颖而出，我需要做什么。

（12）我有意识地利用假期和病假，这样我可以更加均衡地安排工作与生活，并保证工作不会凌驾于生活之上。

（13）我常常感到我的工作让我能展现出"真实的我"。在工作中，我可以利用我最深层次的具有创造力的天赋。

（14）如果考虑工作与享受生活在生活中所占的比例时，我认为工作的价值被高估了。当我不工作时，我很少考虑工作上的事情。

（15）什么会让我在工作中取得成功，我就会做什么。

我知道这不容易。你可能发现只选择五个句子很难，或者连找到五个体现了你对工作看法的句子都很难。我在这里介绍我们是如何给它们评分的：认为工作就是工作的人符合第（3）、（6）、（8）、（12）和（14）条；视工作为"事业"的人符合第（1）、（5）、（9）、（11）和（15）条；视工作为"使命"的人符合第（2）、（4）、（7）、（10）和（13）条。

你在每一类里占几条？你的得分最大的那一类，能够说明你与你的工作的关系。如果你不属于"使命"类，请不要感到意外，因为大多数人的使命都来自工作之外，无论是作为女童子军的负责人，还是作为花匠、铁人三项运动员、忠实的朋友或热心的政治活动家。

迈克尔·诺瓦克写了一本十分吸引人的书《以经营企业为使命》（*Business as a Calling*），其中论述了使命在思想的神圣基础以及使命定义的特征。他提出的 4 个特点最恰当地描述了人们所体验到的使命：

（1）"每一个使命对于每一个人来说都是独特的。"

这说明，在我们如何受到与生俱来的天赋的召唤上，人与人之间存在着微妙的差别，这种差别就像我们的指纹一样，是具有个性化的。

（2）"使命是有前提条件的。它需要的不仅仅是愿望；它需要的是天赋。"

不是每一个人都可以拥有某种特定的使命。它必须符合我们的努力。而且我们必须愿意忍受在履行这种使命的过程中可能会被人认为是很单调的事情。散文家洛根·皮尔索尔·史密斯写道："要考验我们是否受到某种使命的召唤，就看我们是否乐于为它付出艰辛的努力。"

（3）"真正的使命，会让我们在实践它时感到有使不完的劲，而且乐此不疲。"

有些活动会耗尽我们的精力，而有些活动会让我们感到充实。虽然在履行使命的过程中，特别是在参与劳动强度非常大的活动时，受到使命召

唤的人会有片刻的疲劳感，但通过对这种活动的追求，他会感到自己恢复了活力和重新变得精力充沛。

（4）"使命通常是不容易发现的。"

使命不会拍着你的肩头说："我在这里。"社会教育领域甚至也不会教我们如何去发现它和追求它，因此我们早早地就与我们真正的使命失去了联系。被马斯洛称为"巅峰体验者"[2]的人比较有可能找到自己的使命。

虽然诺瓦克的书带有强烈的宗教倾向，但摆在我们面前的事实是，如果没有找到使命，民众同样也会感到失望。有些人有使命感，但他们被我们大家在生活中都需要应付的琐事缠得脱不开身。如果你在工作中没有找到或不能完成自己的使命，请不要灰心丧气。对于某些人来说，这只是时间的问题。桑德斯上校（Sanders，肯德基的创始人）和麦当劳的创始人雷·克洛克几乎都是在60岁时才开始打造自己的快餐王国。饱受争议的资本家阿曼德·哈默也是如此。还有我们熟悉的大器晚成的艺术家摩西奶奶，而他们可能都还没有劳罗兰·英格斯·怀德出名，她在首次出版《大草原上的小木屋》时已经65岁了。玛丽·贝克·埃迪在87岁时才创办了《基督教科学箴言报》。

米哈里·契克森米哈是心理学中"心流"思想的权威，在他看来，当一切事物似乎完美地结合在一起时，人们就会发现自己处于心流体验的状态。心流思想可以与达到自我实现境界的场所相提并论，我们可能在这种场所里发现努力实现自己的使命的人。他在他的著作《优秀企业》（*Good Business*）中提到，盖洛普咨询公司发现，"15%~20%的成年人似乎从未有过心流体验，而相同比例的人则声称他们每天都会有这种体验。其余60%~70%的人说他们每隔一段时间就会以极大的热情投入到他们所从事的工作中去，从几个月一次到至少每周一次不等。"[3]这些结果是非常振奋人心的，这说明，一旦找到了自己在生活中的特定位置，我们中的许多人是有能力登上金字塔中较高的层次的。

达到自我实现的人所具有的素质

马斯洛似乎同意盖洛普的调查结果，40 年前他写道："在我所谓的达到自我实现境界的人身上，这些插曲（巅峰体验）似乎来得比普通人频繁得多、强烈得多和完美得多，这似乎使得这些人显得与众不同。自我实现因此变得与程度和频率有关，而不是要么完全有、要么完全没有的问题。"[4] 马斯洛认为，努力实现自己的使命的人在达到自我实现境界的场所里度过了比较多的时间。他提出了处于自我实现状态的"巅峰体验者"所具有的一些素质：

- "对于超越自我的人来说，巅峰体验……是生活中最重要的事情，是闪光点，是检验生命意义的标准，是人生最弥足珍贵的部分。"

- "巅峰体验者养成了静思、冥想的习惯"，他们摆脱了日复一日、千篇一律的生活，为的是以全新的方式审视这个世界，并以这种方式"努力找回对生活中的不可思议的事物的感觉。"

- "他们似乎以某种方式相互认可，而且第一次见面几乎就表现得亲密无间和相互理解。"

- 在获得巅峰体验时，巅峰体验者的恐惧感减弱了，他们放弃了自我，有自发性，有追求感和一种"与世界合而为一"的感觉。

爱德华·霍夫曼编辑的马斯洛传记《洞察未来》就如何进入自我实现的状态提出了大量建议。在书中，他列举了马斯洛提出的 40 多条达到这种状态的建议。维克多·弗兰克在他标志性的著作《活出意义来》中提出了类似的建议，这些建议能给你带来寻找使命的勇气："在生活中，把今生当作你的第二次生命，而且你现在的生活方式要与第一次生命的截然相反。"[5]

利用需求金字塔确定优先考虑的事

正如我们在本书中看到的那样，需求金字塔很强大。它们代表的是一种独特的组织原则，这种原则指出在你的生活中有些东西是基础、有些东西则位于金字塔的塔尖。马斯洛的需求层次理论与动态平衡的原理相似，后者规定了炉子的恒温器是如何工作的。当炉子的温度太低时，恒温器打开加热开关。当炉子的温度太高时，热风开关关闭。同样，当我们的身体、头脑和精神缺乏某种物质时，它们就饥饿般地渴望获得这种物质。当我们补充了足够的物质后，饥饿感就消失了，我们就可以沿着金字塔继续向上攀登。

用这种思维方式，我能够利用需求金字塔确定在工作上和个人需要优先考虑的事情。我知道在探索巅峰前，某些基本的渴望是需要充分予以满足的。你也可以用这个金字塔，你所需要的就是愿意对自己优先考虑的事情予以关注。我在这里提出了几个简单的办法：想想你如何做新的一年的工作安排。你可能有一些底层需求需要得到满足，这种需求涉及加薪或获得某种金钱上的奖励。由于许多书籍都可以帮助你了解如何提出财务上的目标，因此我就不在这个问题上多费口舌了。你的中间层需求可能是通过优异的表现在公司内和在本行业内赢得某种认可。如果你在年初就能够对这种尊重上的目标有清醒的认识，并制订帮助你成功的行动计划，那么你会更有效地获得这种荣誉。最后，位于这一年计划的塔尖的可能是某些真正有意义的东西，如带头促使你的公司成为志愿者，以慈善事业的方式支持某些完全符合公司价值观和宗旨的社区活动。虽然三个不同层次上的这些想法并不是惊天动地的，但是它们确实提供了一种理解你在工作场所里的优先级层次结构的方法。

再举一个例子。假设你们全家准备去度假。你和配偶一直在疯狂加班，在这个时候终于调整好各自的时间表，可以一起休假了。你们应该去哪里？

应该做些什么？什么样的金字塔规定了你们在全家人度假上的需求层次？我想在底层，你可能寻找的是在价格上可以接受且让你们全家人感到舒服的地方。当上升到金字塔的上一层，你们全家人可能会列出你们追求的所有其他事情。然后，你可以确定它们的优先次序，如第一层、第二层或第三层需求，而且你知道最低的一层（第一层）是基本需求——即使这些需求可能有点俗，但它们是"必须满足的需求"。这是因为如果没有满足这些需求，更高层次的需求就无从说起，比如你为了参加野营活动而一定要有杀虫剂。你在此次度假期间可能追求的巅峰体验位于需求金字塔的塔尖，这些巅峰体验是你最有可能记住的时刻，例如，你的孩子们做第一顿营火晚餐的时候。

许多朋友和工作上的合伙人现在经常利用需求金字塔确定生活的优先次序。但是，他们经常在优先级层次结构上会犯一点错误——换句话说，某一个优先考虑的事情可能会被放在错误的层上。作为向导，我常常让他们参考我们在第 2 章讨论的蜕变金字塔。看一看这种活动或优先考虑的事情，是否属于生存需求（某些有助于提供基本的食物或舒适的东西）、成功需求（某些会提升绩效或体验的东西）或蜕变需求（某些不好预测、更加无形但基本上最令人感到满足或难以忘怀的东西）。对于用需求金字塔搞清楚自己的巅峰体验的人来说，我最重要的建议是：你一定要登对山。中年危机大概就是有些认识到他们可能登错了山的自然结果。

登得更高

要以需求金字塔作为向导，你需要一定的反省和警惕。你不仅需要认识到你想要或需要什么，还有责任为这些愿望或需求规定优先顺序。*Power vs. Force* 是一本体现深邃洞察力的书，它使我能够更加抽象地看待这种层次，同时我得出这样一个结论：在如何与生活形成互动方面，我们表现出三种生存状态（见图 15-2）。当然，我们可以用金字塔描述这三个阶段。

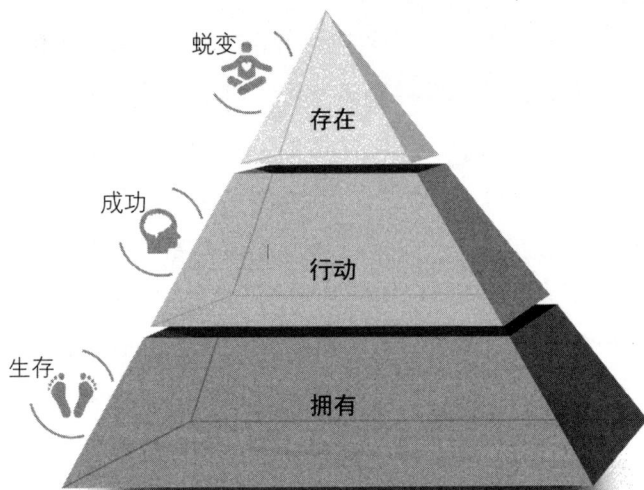

图 15-2　三种生存状态

你可以看到文化的发展和人类的成长显然都需要经历这三个阶段。在底层，典型的需求是"拥有"：我们在生活中所需要的、使我们感到安全、舒适、快乐或有地位的物质财富。随着人类和社会变得成熟起来，我们超越了"拥有"需求的范畴，感觉到需要"行动"。随着我们的物质需求得到满足，我们靠什么为生，更多地成为我们的身份象征。而在某个时刻，不懈地"行动"已经不能满足需求了，这时金字塔塔尖的"存在"需求就发挥着主导作用。你会在智者的身上或是在认识到拥有和行动只能让你达到一定层次的文化中看到这种需求。当某些人或某些事物处于"存在"时，会让人感觉是纯粹的、完美的、强有力的和有吸引力的。伴随着这种存在状态的是一种强烈的存在感。至于我，我在前些年致力于快乐生活酒店集团的发展，并关注我们能发展到多大的规模。我的计分卡是按照我们拥有多少家酒店给自己计分的。有时，我对成功的理解是以我可以为自己和为公司买到什么为标准的。在某个时刻，我超越了"拥有"需求，进入"行动"层，开始更多地关注我作为首席执行官要履行的责任，享受着受人尊重的乐趣，而这种尊重与人们如何看待处在这个位置上的我密不可分。最近，我发现自己又向前迈进了一步，来到了"存在"的位置，越过了我拥有的东西和我有责任做的事情，这样我就可以对改变商业社会的现状发表自己的意见。当我感觉自己似乎得到大师亚伯拉罕·马斯洛的真传时，我知道自己正在一步步地迈向自我实现的境界。当你意识到你以何种方式出现在世界上会对以你引以为楷模的人产生巨大的影响时，你就知道你已经到达了"存在"的位置。伟大的领导者不是以他们拥有多少辆汽车或他们的官职有多么地显赫来衡量成功的，他们知道成功取决于他们对其他人产生的个人影响力。人们通常认为企业是冷酷无情的。然而，通过近 20 年来经营我自己的企业，我发现这是一道非同寻常的、有关人性的练习题，它帮助我改变了我的人生，让我更好地了解自己和其他人，其效果是 20 年的心理治疗所不能比拟的。马斯洛是我的伟大的向导，他是第一位以病人为参照物研究健康人的知名心理学家。在人类动机方面，他敏锐的洞察力不仅仅对我们的工作具有意义，对我们的个人生活更是如此。

伟大的企业领导者在他们自己身上、他们的公司和他们的雇员身上创造蜕变。如果他们真的发生了蜕变，他们很可能还为他们的顾客和投资人带来巅峰体验。杰出的领导者不畏惧攀登很少有人愿意攀登的巅峰，他们认识到，虽然登顶的过程非常艰苦，但他们获得的成就感，以及更重要的对"这就是真实的我"的理解，会为他们带来无以比拟的兴奋感和强烈的幸福感。

我在本书中扮演的角色，就像是喜马拉雅山的夏尔巴人，带领你登上位于尼泊尔或中国西藏的空气稀薄的巅峰。我希望你享受到旅途中的乐趣。祝你一路顺风！我期待在巅峰上再次与你想见。

📖 推荐读物

Business as a Calling by Michael Novak

Conscious Business by Fred Kofman

Future Visions by Edward Hoffman

Pathfinders by Gail Sheehy

Power vs. Force by David R. Hawkins

Presence by Peter Senge, C. Otto Scharmer, Joseph Jaworski, and Betty
Sue Flowers

The Farther Reaches of Human Nature by Abraham Maslow

The Laws of Lifetime Growth by Dan Sullivan and Catherine Nomura

附录　巅峰管理评估

每个管理决策或行动背后都有关于人性和人类行为的假设。
　　　　　　　　——道格拉斯·麦格雷戈（Douglas McGregor），
　　　　　　　　　　　　　　　　　　　　　　《企业中人的方面》

作为管理者，你注意的是金字塔中的哪一层？回答下列问题，来看看你经常或不经常参与每种行为的频率。

1 分=从不　　　　2 分=有时　　　3 分=经常　　　4 分=总是

_____我了解并能够传达我的组织的薪酬方案与我们的竞争对手相比的排名。

_____我鼓励社交活动并举办独特的活动，以帮助员工感受到彼此之间以及与工作场所之间的更多联系。

_____我主动发起谈话，与我的员工谈论他们的角色和责任，以及他们希望如何改变以便更好地开展他们的工作。

_____我教育和指导管理者了解非正式认可的重要性和价值。

_____我主动与高级管理层讨论员工薪酬方案，包括非金钱激励措施。

_____我了解我的每一位员工的人生抱负或者他们的使命可能是什么。

_____我知道员工对他们的薪资报酬的当前想法，并问他们最看重哪一种非金钱的福利。

_____我鼓励员工追求他们的直接工作职责之外的、对他们有意义且对部门或组织有益的活动（例如，组织的委员会、慈善事业）。

_____我了解并能够沟通我们组织内部监督薪酬公平的方式。

_____我给员工个性化的、一对一的反馈，并感谢他们的贡献。

_____我教育或告知员工的整个薪酬方案，包括非金钱的福利。

_____我知道对我的每个员工和员工团体最有意义的认可类型。

_____我为我的员工创造机会，让他们可以直接听到客户对他们的描述。

_____我有意为员工腾出空间，让他们与团队或部门分享他们的精彩瞬间或有意义的时刻。

↗ 评分

看看以下三个类别，这 15 个句子都可以归到这三类中。计算你在每一类上的得分，看看你对雇员金字塔中每一层的意识怎么样。

金钱	认可	意义
1，5，8，10，12	2，4，7，11，13	3，6，9，14，15
总分：_____	总分：_____	总分：_____

高：16~20 分　　　　　中：11~15 分　　　　　低：5~10 分

你作为经理的倾向反映了你自己的个人需求或愿望。尽管人们有相同的需求，但并非所有人在金字塔中的位置都相同，记住这一点会对你有帮助。举个例子，如果你在认可和意义上的得分高但在金钱上的得分少，那就要确保你没有低估你的员工薪酬。或者，如果你在金钱和认可上的得分高，但在意义上的得分不高，那就要注意应该如何帮助你的员工发现他们在工作中和工作中的意义。

看看你的结果，你的分数分布有多均衡？是否有哪些类分数明显较高或较低？

_____

_____

根据这一评估，你作为管理者最常用哪一层金字塔进行管理？ 你倾向于强调哪些需求？为什么你这么认为？

_____

_____

_____

_____

　　你作为管理者，往往没有那么注意的是金字塔的哪一层（以及相应的行动）？为什么这么认为？

_____

_____

_____

_____

　　如果可以，你想做什么改变？你希望未来关注哪个或哪些领域？（在下面的线上列出来。）

_____

_____

_____

_____

注释

INTRODUCTION

1. Personal communication.
2. Gibran Kahlil, "On Work," *The Prophet* (New York: Knopf, 1923).

PREFACE

1. Frederick F. Reichheld, *Loyalty Rules: How Today's Leaders Build Lasting Relationships.* (Boston: Harvard Business School Press, 2003).

CHAPTER ONE

1. Abraham H. Maslow, *The Farther Reaches of Human Nature* (New York: Penguin/Arkana, 1993).
2. Abraham H. Maslow, *Motivation and Personality* (New York: Harper, 1954).
3. Jim Collins, "Foreword" in Maslow with Stephens and Heil, 1998. Available online: http://eqi.org/maslow.htm.
4. Abraham H. Maslow, *Motivation and Personality* (New York: Harper, 1954).
5. Abraham H. Maslow, *The Farther Reaches of Human Nature* (New York: Penguin/Arkana, 1993).
6. Ibid.
7. Abraham H. Maslow, *Maslow on Management* (New York: John Wiley & Sons, 1998).
8. Ibid.
9. Interview with Malcolm Gladwell, *New York Times*, Feb. 5, 2006. Audio file available at http://www.nytimes.com/audiosrc/books/gladwell-function.mp3.

CHAPTER TWO

1. Douglas McGregor, *The Human Side of Enterprise* (New York: McGraw-Hill, 1960), p. 33.

2. Abraham H. Maslow, *Maslow on Management* (New York: John Wiley & Sons, 1998).

3. Douglas McGregor, *The Human Side of Enterprise* (New York: McGraw-Hill, 1960), pp. 6–7.

4. Stephen R. Covey, *The 7 Habits of Highly Effective People* (New York: Free Press, 1989).

5. John C. Bogle, *The Battle for the Soul of Capitalism* (Collingdale, PA: DIANE Publishing Company, 2005).

6. Alan B. Goldberg and Bill Ritter, "Costco CEO Finds Pro-Worker Means Profitability", abc News, August 2, 2006, Available at http://abcnews.go.com/2020/Business/story?id=1362779.

7. Mihaly Csikszentmihalyi, *Good Business: Leadership, Flow, and the Making of Meaning* (New York: Penguin Books, 2003).

8. Abraham H. Maslow, Deborah C. Stephens (ed.), *The Maslow Business Reader* (New York: John Wiley & Sons, Inc.), p. 130.

9. Fred Reichheld, *The Loyalty Effect* (Brighton, MA: Harvard Business School Press, 1996).

10. Abraham H. Maslow, *Eupsychian Management: A Journal* (Homewood, IL: R. D. Irwin, 1965).

11. Quoted in *A Thousand Shades of Green: Sustainable Strategies for Competitive Advantage* by Peter Winsemius, Ulrich Guntram (London, UK: Earthscan Publications Ltd, 2013), p 185.

12. John Locke, *Two Treatises of Government* (London, UK: Awnsham Churchill).

13. Dennis Bakke, *Joy at Work: A Revolutionary Approach To Fun on the Job* (Edmonds, WA: Pear Press).

14. James MacGregor Burns, *Leadership* (New York: Harper Perennial Modern Classics, 2010).

15. Quoted in Dan Millman, *Living on Purpose: Straight Answers to Universal Questions* (Novato, CA: New World Library, 2000).

CHAPTER THREE

1. Margaret J. Wheatley, *Leadership and the New Science: Discovering Order in a Chaotic World* (San Francisco: Berrett-Koehler Publishers, 1999).

2. Ranjay Gulati and David Kletter, "Shrinking Core, Expanding Periphery: The Relational Architecture of High-Performing Organizations" in *California Management Review* (Spring 2005).

3. Daniel Goleman, *Emotional Intelligence: Why It Can Matter More Than IQ* (New York: Bantam Books, 1995).

4. Frederick F. Reichheld, *The Loyalty Effect: The Hidden Force Behind Growth, Profits, and Lasting Value* (Brighton, MA: Harvard Business School Press, 1996).

5. Jody Hoffer Gittell, *The Southwest Airlines Way: Using the Power of Relationships to Achieve High Performance* (New York: McGrawHill Professional, 2003).
6. Jill Rosenfeld "Here's an Idea!," *Fast Company*, March 31, 2000. Available at https://www.fastcompany.com/39461/heres-idea.
7. Abraham H. Maslow, *Eupsychian Management: A Journal* (Homewood, IL: R. D. Irwin, 1965).

Part Two

1. Studs Terkel, *Working: People Talk About What They Do All Day and How They Feel About What They Do,* (New York: New Press, 1997).

Chapter Four

1. Zig Ziglar, *Great Quotes from Zig Ziglar* (Wayne, NJ: Career Press, 1997).
2. Isadore Sharp, "How to Create a Great Workplace Anywhere in the World," keynote address at the 2006 Great Place to Work® Conference, April 7, 2006, Boston, MA.
3. Abraham H. Maslow, *Motivation and Personality* (New York: Harper, 1954).
4. Personal communication.
5. Peter F. Drucker, *Management Challenges of the 21st Century* (New York: Harper Business, 2001).
6. Frederick Herzberg, "One More Time: How Do You Motivate Employees?" (Personnel Policies column), *Harvard Business Review*, January 2003. Available at https://hbr.org/2003/01/one-more-time-how-do-you-motivate-employees.
7. Rich Teerlink and Lee Ozley, *More Than a Motorcycle: The Leadership Journey at Harley-Davidson* (Brighton, MA: Harvard Business Review Press, 2000).
8. Martin E. P. Seligman, *Authentic Happiness: Using the New Positive Psychology to Realize Your Potential for Lasting Fulfillment* (New York: Simon & Schuster, 2002).
9. Ricardo Semler, *The Seven-Day Weekend: Changing the Way Work Work* (New York: Portfolio, 2004).

Chapter Five

1. Quoted in Jack Wiley and Brenda Kowske, *RESPECT: Delivering Results by Giving Employees What They Really Want* (San Francisco, CA: Pfeiffer, 2011), p. 35.
2. https://www.goodreads.com/quotes/23215-the-deepest-principle-in-human-nature-is-the-craving-to

3. Maribeth Kuzmeski, *The Connectors: How the World's Most Successful Businesspeople Build Relationships and Win Clients for Life* (Hoboken, NJ: John Wiley & Sons, 2009).
4. Marcus Buckingham and Curt Coffman, *First, Break All the Rules: What the World's Greatest Managers Do Differently* (New York: Simon & Schuster, 2014).
5. Tony Schwartz, "Life/Work—Issue 40" in *Fast Company*, October 31, 2000. Available at https://www.fastcompany.com/40847/life-work-issue-40.
6. Jody Hoffer Gittell, *The Southwest Airlines Way: Using the Power of Relationships to Achieve High Performance* (New York: McGrawHill Professional, 2003).

CHAPTER SIX

1. Jim Collins, *Good to Great: Why Some Companies Make the Leap … and Others Don't* (New York: HarperCollins, 2001).
2. C. William Pollard, *The Soul of the Firm* (Grand Rapids, MI: Zondervan, 1996).
3. Lance Secretan, *Inspirational Leadership: Destiny, Calling & Cause* (Caledon, ON, Canada: The Secretan Center Inc., 1999).
4. Peter Katz, *The New Urbanism: Toward an Architecture of Community* (New York: McGrawHill Education, 1993).
5. Lance Secretan, *Inspire!: What Great Leaders Do* (Caledon, ON, Canada: The Secretan Center Inc., 2004).
6. Viktor E. Frankl, *Man's Search for Meaning* (Boston: Beacon Press, 2006 [original publication 1946]).
7. Quoted in ibid.
8. C. William Pollard, *The Soul of the Firm* (Grand Rapids, MI: Zondervan, 1996).
9. Betsy Morris, "Genentech: The best place to work now," *Fortune*, January 20, 2006, Available at http://money.cnn.com/2006/01/06/news/companies/bestcos_genentech/.
10. Richard E. Boyatzis and Annie McKee, *Resonant Leadership: Renewing Yourself and Connecting with Others Through Mindfulness, Hope, and Compassion* (Brighton, MA: Harvard Business Review Press, 2005).

PART THREE

1. David Lewis, *The Soul of the New Consumer* (London: Nicholas Brealey, 2000).

CHAPTER SEVEN

1. Theodore Levitt, "Marketing Myopia," *Harvard Business Review*, July-August 1960.

2. "Branding on the Beach," ContraBrand website, Available at https://contrabrand.wordpress.com/2003/07/01/branding-on-the-beach/.
3. Harry Beckwith, *Selling the Invisible: A Field Guide to Modern Marketing* (London, UK: Orion Business, 1999).
4. Abraham Maslow, *The Psychology of Science: A Reconnaissance* (Washington, DC: Gateway Editions, 1969).
5. Fred Reichheld, *The Ultimate Question: Driving Good Profits and True Growth* (Brighton, MA: Harvard Business School Press, 2006).
6. Patrick Barwise and Sean Meehan, *Simply Better: Winning and Keeping Customers by Delivering What Matters Most* ((Brighton, MA: Harvard Business Review Press, 2004).
7. Amy Zipkin, "Out of Africa, Onto the Web," *New York Times*, December 17, 2006. Available at http://www.nytimes.com/2006/12/17/jobs/17boss.html.
8. Bo Burlingham, *Small Giants: Companies That Choose to Be Great Instead of Big* (New York: Portfolio, 2007).
9. Patrick Barwise and Sean Meehan, *Simply Better: Winning and Keeping Customers by Delivering What Matters Most* ((Brighton, MA: Harvard Business Review Press, 2004).
10. Fred Reichheld, *The Ultimate Question: Driving Good Profits and True Growth* (Brighton, MA: Harvard Business School Press, 2006).

Chapter Eight

1. Abraham Maslow, *Maslow on Management* (New York: John Wiley & Sons, Inc., 1998).
2. Diana LaSalle and Terry A. Britton, *Priceless: Turning Ordinary Products Into Extraordinary Experiences* (Brighton, MA: Harvard Business School Press, 2003).
3. Don Peppers and Martha Rogers, *Return on Customer: Creating Maximum Value From Your Scarcest Resource* (New York: Crown Business, 2005).
4. Ibid.
5. Danny Meyer, *Setting the Table: The Transforming Power of Hospitality in Business* (New York: HarperCollins, 2009).

Chapter Nine

1. https://hbr.org/2011/08/henry-ford-never-said-the-fast.
2. Reicheld, *Loyalty Rules:How Today's Leaders Build Lasting Relationships.* (Boston: Harvard Business School Press, 2003).
3. "Profile your customers—don't build requirements!," Toolbox.com, July 12, 2005. Available at http://it.toolbox.com/blogs/bridging-gaps/profile-your-customers-dont-build-requirements-10466.
4. Gerald Zaltman, *How Customers Think: Essential Insights into the Mind of the Market* (Brighton, MA: Harvard Business School Press, 2003).

5. William C. Taylor and Polly LaBarre, *Mavericks at Work: Why the Most Original Minds in Business Win* (New York: William Morrow, 2006).

6. Diana LaSalle and Terry A. Britton, *Priceless: Turning Ordinary Products Into Extraordinary Experiences* (Brighton, MA: Harvard Business School Press, 2003).

7. Alex Williams, "Planet Google Wants You," *New York Times* October 15, 2006. Available at http://www.nytimes.com/2006/10/15/fashion/15google.html.

8. Susan Dominus, "The Starbucks Aesthetic," *New York Times* October 22, 2006. Available at http://www.nytimes.com/2006/10/22/arts/22domi.html.

9. Guy Kawasaki and Michele Moreno, *Rules for Revolutionaries: The Capitalist Manifesto for Creating and Marketing New Products and Services* (New York: HarperCollins, 1999).

10. Pamela N. Danziger, *Let Them Eat Cake: Marketing Luxury to the Masses—as Well as the Classes* (New York: Kaplan Trade, 2005).

PART FOUR

1. Deborah Stephens, ed., *The Maslow Business Reader* (New York: John Wiley & Sons, 2000).

CHAPTER TEN

1. Marcus Aurelius, *Meditations* (New York: Hackett Publishing Company, Inc., 1984).

2. Fred Kofman, *Conscious Business: How to Build Value through Values* (Louisville, CO: Sounds True, 2006).

3. Stephen M. R. Covey, *The Speed of Trust: The One Thing That Changes Everything* (New York: Simon & Schuster, 2006).

4. Robert F. Hurley, "The Decision to Trust," *Harvard Business Review*, September 2006. Available at https://hbr.org/2006/09/the-decision-to-trust.

5. Warren Buffet, *The Essays of Warren Buffet: Lessons for Corporate America* (New York: Cardozo Law Review, 1997).

6. Ibid.

7. Ibid.

8. Bill George, *Authentic Leadership: Rediscovering the Secrets to Creating Lasting Value* (San Francisco: Jossey-Bass, 2003).

9. Betsy Morris, "New rule: Admire My Soul—Old Rule: Admire My Might," *Fortune*, July 11, 2006. Available at http://money.cnn.com/sales/executive_resource_center/articles2/rule7.fortune/index.htm.

10. Bill George, *Authentic Leadership: Rediscovering the Secrets to Creating Lasting Value* (San Francisco: Jossey-Bass, 2003).

11. Jim Collins, *Good to Great: Why Some Companies Make the Leap . . . and Others Don't* (New York: HarperCollins, 2001).

Chapter Eleven

1. Ken Iverson, *Plain Talk: Lessons from a Business Maverick* (New York: John Wiley & Sons, 1997).
2. Ibid.
3. Carrie Coolidge, "Follow the Leader," *Forbes,* June 6, 2005. Available at https://www.forbes.com/free_forbes/2005/0606/138.html.
4. Warren Buffet, *The Essays of Warren Buffet: Lessons for Corporate America* (New York: Cardozo Law Review, 1997).
5. Jim Collins, *Good to Great: Why Some Companies Make the Leap . . . and Others Don't* (New York: HarperCollins, 2001).

Chapter Twelve

1. Personal communication.
2. Bob Buford, *Halftime: Changing Your Game Plan from Success to Significance* (Grand Rapids, MI: Zondervan, 1997).
3. Quoted in Bob Buford, *Finishing Well: The Adventure of Life Beyond Halftime!* (New York: HarperCollins, 2004).
4. Henry David Thoreau, *Walden* (Boston: Beacon Books, 2004).

Chapter Thirteen

1. Steven Shapin, "Paradise Sold: What Are You Buying When You Buy Organic?", *The New Yorker,* May 15, 2006. Available at http://www.newyorker.com/magazine/2006/05/15/paradise-sold.
2. Kevin Freiberg and Jackie Freiberg, *Nuts!: Southwest Airlines' Crazy Recipe for Business and Personal Success* (New York: Broadway Books, 1996).
3. Gordon M. Bethune and Scott Huler, *From Worst to First: Behind the Scenes of Continental's Remarkable Comeback* (New York: John Wiley & Sons, 1998).
4. Ibid.
5. David Sirota, Louis A. Mischkind, and Michael Irwin Meltzer, *The Enthusiastic Employee: How Companies Profit by Giving Workers What They Want* (New York: Prentice Hall Professional, 2005).
6. Kevin Freiberg and Jackie Freiberg, *Nuts!: Southwest Airlines' Crazy Recipe for Business and Personal Success* (New York: Broadway Books, 1996).

CHAPTER FOURTEEN

1. Martha C. White, "Amazon Will Pay You $5,000 to Quit Your Job," *Time*, April 11, 2014. Available at http://time.com/58305/amazon-will-pay-you-5000-to-quit-your-job/.
2. Abraham H. Maslow, *Toward a Psychology of Being*, 3rd ed. (New York: John Wiley & Sons, 1998).
3. http://quoteinvestigator.com/2010/05/26/everything-counts-einstein/.
4. Kristine Kern, "Peter Thiel's One Piece of Advice for Airbnb: 'Don't Mess Up Culture,'" *Slate*, May 3, 2014. Available at http://www.slate.com/blogs/moneybox/2014/05/03/brian_chesky_airbnb_co_founder_peter_thiel_s_one_piece_of_advice_for_entrepreneurs.html.
5. Shalene Gupta, "The Container Store's CEO Unpacks His Business Philosophy," *Fortune*, October 19, 2014. Available at http://fortune.com/2014/10/19/the-container-stores-ceo-unpacks-its-business-philosophy/.

CHAPTER FIFTEEN

1. Abraham Maslow, *The Farther Reaches of Human Nature* (New York: Penguin/Arkana, 1993).
2. Michael Novak, *Business as a Calling: Work and the Examined Life* (New York: Free Press, 1996).
3. Mihaly Csikszentmihalyi, *Good Business: Leadership, Flow, and the Making of Meaning* (New York: Penguin, 2004).
4. Abraham H. Maslow, *Toward a Psychology of Being*, 3rd ed. (New York: John Wiley & Sons, 1998).
5. Viktor E. Frankl, *Man's Search for Meaning* (Boston: Beacon Press, 2006 (original publication 1946).

反侵权盗版声明

　　电子工业出版社依法对本作品享有专有出版权。任何未经权利人书面许可，复制、销售或通过信息网络传播本作品的行为；歪曲、篡改、剽窃本作品的行为，均违反《中华人民共和国著作权法》，其行为人应承担相应的民事责任和行政责任，构成犯罪的，将被依法追究刑事责任。

　　为了维护市场秩序，保护权利人的合法权益，我社将依法查处和打击侵权盗版的单位和个人。欢迎社会各界人士积极举报侵权盗版行为，本社将奖励举报有功人员，并保证举报人的信息不被泄露。

举报电话：（010）88254396；（010）88258888

传　　真：（010）88254397

E-mail：　dbqq@phei.com.cn

通信地址：北京市万寿路 173 信箱

　　　　　电子工业出版社总编办公室

邮　　编：100036